城市轨道交通隧道
与站点主体施工技术

李江　白国鹏　菅升　主编

延吉·延边大学出版社

图书在版编目（CIP）数据

城市轨道交通隧道与站点主体施工技术 / 李江，白国鹏，营升主编． -- 延吉：延边大学出版社，2024.5
ISBN 978-7-230-06616-7

Ⅰ．①城… Ⅱ．①李… ②白… ③营… Ⅲ．①城市铁路－铁路隧道－隧道施工②城市铁路－铁路车站－建筑施工 Ⅳ．①U459.1②U239.5

中国国家版本馆CIP数据核字(2024)第109485号

城市轨道交通隧道与站点主体施工技术
CHENGSHI GUIDAO JIAOTONG SUIDAO YU ZHANDIAN ZHUTI SHIGONG JISHU

主　　编：李江　白国鹏　营升
责任编辑：董　强
封面设计：文合文化
出版发行：延边大学出版社
社　　址：吉林省延吉市公园路977号　　　邮　　编：133002
网　　址：http://www.ydcbs.com　　　E-mail：ydcbs@ydcbs.com
电　　话：0433-2732435　　　传　　真：0433-2732434
印　　刷：三河市嵩川印刷有限公司
开　　本：710mm×1000mm　1/16
印　　张：17.75
字　　数：320 千字
版　　次：2024 年 5 月 第 1 版
印　　次：2024 年 5 月 第 1 次印刷
书　　号：ISBN 978-7-230-06616-7

定价：90.00元

编写成员

主　　编：李　江　白国鹏　营　升

编写单位：中铁十九局集团轨道交通工程有限公司

中铁十九局集团轨道交通工程有限公司

中铁十八局集团有限公司

前　　言

改革开放以来，我国城镇化进程明显加快，取得显著进展。在许多城市中，地面建筑越来越密集，人口越来越多，交通量越来越大，造成的交通拥堵对社会发展产生了很大影响。要想解决城市交通拥堵问题，发展城市轨道交通是不错的选择。当前的城市轨道交通建设结构日益复杂，各类施工技术不断出现，掌握城市轨道交通隧道与站点主体施工技术，才能更好地提升城市轨道交通建设工程的质量。因此，研究城市轨道交通隧道与站点主体施工技术是很有必要的。

本书共六章：第一章概述了城市轨道交通的构成、经济特性、类型、优势、运营安全评估和发展趋势；第二、三章分别从暗挖施工技术和盾构施工技术两方面介绍了城市轨道交通的隧道施工技术；第四至六章论述了城市轨道交通站点主体基坑开挖施工技术、城市轨道交通站点主体洞桩法施工技术和超深盖挖逆作车站结构设计及施工技术。由于轨道交通涵盖内容广泛，本书主要针对其中最具代表性的地铁进行论述。书中融合了笔者的一些工作实际，并结合了其他一些城市地铁线的施工案例。

《城市轨道交通隧道与站点主体施工技术》一书共 32 万余字。该书由中铁十九局集团轨道交通工程有限公司李江、白国鹏，中铁十八局集团有限公司营升担任主编。其中第一章第四节，第二章第一节、第二节、第四节，第四章、第六章由第一主编李江负责撰写，字数为 11.2 万余字；第三章、第五章第一节由第二主编白国鹏负责撰写，字数为 10.6 万余字；第一章第一节、第二节、第三节，第二章第三节及第五章第二节、第三节由第三主编营升负责撰写，字数为 10.2 万余字。

在本书的撰写过程中，笔者收到了很多宝贵的建议，谨在此表示感谢。同时笔者参阅了大量的相关著作，在参考文献中未能一一列出，在此向相关著作的作者表示诚挚的感谢。由于笔者能力有限，加之编写时间较为仓促，书中难免存在错漏之处，还请广大读者不吝指教！

笔者

2024 年 3 月

目　录

第一章　城市轨道交通概述 ……………………………………………… 1

　　第一节　城市轨道交通的构成与经济特性 ……………………… 1

　　第二节　城市轨道交通的类型与优势 …………………………… 4

　　第三节　城市轨道交通运营安全评估 …………………………… 8

　　第四节　城市轨道交通的发展趋势 ……………………………… 12

第二章　城市轨道交通隧道暗挖施工技术 ……………………………… 15

　　第一节　地铁暗挖工程的破岩振动控制技术 …………………… 15

　　第二节　邻近深基坑地铁暗挖区间隧道施工技术 ……………… 25

　　第三节　地铁暗挖区间左线二次衬砌施工技术 ………………… 48

　　第四节　暗挖隧道岩溶地层灾害防治技术 ……………………… 79

第三章　城市轨道交通隧道盾构施工技术 ……………………………… 93

　　第一节　地铁盾构施工全过程安全风险管理 …………………… 93

　　第二节　地铁盾构施工对邻近桥梁桩基的影响及控制 ………… 118

　　第三节　地铁隧道盾构始发施工技术 …………………………… 123

　　第四节　地铁隧道 EPB 盾构施工技术 ………………………… 128

　　第五节　地铁隧道盾构进出洞土体改良加固技术 ……………… 142

第六节　地铁隧道盾构掘进技术 ·················· 149

第四章　城市轨道交通站点主体基坑开挖施工技术 ········ 165

第一节　地铁车站主体基坑开挖施工技术交底 ········· 165

第二节　富水圆砾地层地铁车站深大基坑开挖 ········· 170

第三节　上跨既有线地铁车站深基坑工程施工关键技术 ······ 189

第五章　城市轨道交通站点主体洞桩法施工技术 ········ 200

第一节　地铁车站黄土地层洞桩法施工技术 ·········· 200

第二节　地铁车站导洞开挖洞桩法施工技术 ·········· 217

第三节　地铁车站下穿桥梁洞桩法施工技术 ·········· 238

第六章　超深盖挖逆作车站结构设计及施工技术 ········ 263

第一节　超深盖挖逆作车站结构设计 ············· 263

第二节　超深盖挖逆作车站结构施工技术 ··········· 267

参考文献 ·························· 272

第一章　城市轨道交通概述

第一节　城市轨道交通的
构成与经济特性

一个国家或城市的发展状况在一定程度上可以从公共交通的质量上体现出来，而城市轨道交通正是公共交通现代化水平的鲜明标志。城市轨道交通正在以其诸多优势逐渐成为世界上各大中城市客运交通的主力，成为城市生活中不可缺少的一部分。

城市轨道交通为采用轨道结构进行承重和导向的车辆运输系统，也是依据城市交通总体规划的要求，设置全封闭或部分封闭的专用轨道线路，以列车或单车形式，运送相当规模客流量的公共交通方式。

一、城市轨道交通的构成

从技术设备的角度来看，城市轨道交通主要由以下几部分构成：

（一）线路与车站

线路按其在运营中的作用，分为正线、辅助线和车场线三类。正线是指连接车站并贯穿或直股伸入车站的线路。辅助线一般不行驶载客列车，是供车站进行接发列车、停放列车等作业的线路。车场线是进行车辆停放、编组、列检、清洗和调试等作业的线路。

城市轨道交通车站是乘客上下车、换乘的场所，也是列车到发、通过、折返或临时停车的地点。

（二）车辆及车辆基地

车辆是输送乘客的运载工具。

车辆基地是车辆段与停车场的统称。车辆段是城市轨道交通系统中对车辆进行运用管理、停放及维修、保养的场所。停车场除不承担车辆定期检修作业外，其余功能与车辆段相同。

（三）控制系统

控制系统的作用是保障列车运行安全、提高线路通过能力等。控制系统主要由信号系统、通信系统和控制中心等构成。

此外，城市轨道交通还包括牵引供电系统、环控系统、防灾报警系统、乘客服务系统等。

可以看出，城市轨道交通也是由活动设备（车辆）与各种固定设备（线路、车站、车辆基地、控制系统等）组成的复杂系统。

二、城市轨道交通的经济特征

城市轨道交通具有规模经济、范围经济等经济特征。

（一）规模经济

规模经济是指由于生产专业化水平的提高，企业的单位成本下降，从而形成企业的平均成本随着产量的增加而递减的经济状态。近年来，各大城市的轨道交通网络不断扩大，轨道交通运输能力迅速提高，轨道交通服务品质不断提升，城市轨道交通运输供给能力与运输需求互促共长。

城市轨道交通的规模经济特征主要体现为以下几点：第一，城市轨道交通作用的发挥以路网规模为前提，路网覆盖面越大，城市轨道交通效率越高。第二，城市轨道交通路网建设投资规模大，建设期长，资产的流动差，沉淀成本大。第三，在任何服务点上城市轨道交通所提供的服务都取决于路网的整体水平。可见，城市轨道交通存在最低效率规模，且规模效益递增，具有非常明显的规模经济特征。

（二）范围经济

当同时生产两种或两种以上的产品的费用低于分别生产每种产品时，就存在范围经济。城市轨道交通建设和运营的主体是所在地城市交通运输主管部门或者城市人民政府指定的城市轨道交通运营主管部门。城市轨道交通的运营和管理都是由一家或少数几家公司负责，因此一般不存在平行线路或同一线路被不同经营公司竞争的现象。城市轨道交通运营公司以线路运营为中心并由此延伸经营和服务范围。因此，城市轨道交通的范围经济特征十分明显。近年来，城市轨道交通企业已经不仅仅以向乘客提供位移为目标，还力求向乘客提供餐饮、报刊及其他多种休闲服务，以实现范围经济效益。

第二节　城市轨道交通的
类型与优势

一、城市轨道交通的类型

由于城市轨道交通在世界范围内发展较快，加之地域不同、服务对象不同等，城市轨道交通发展出多种类型。城市轨道交通种类繁多，技术指标差异较大，世界各国的评价标准不一，尚无完全统一的分类标准。根据不同的分类标准，城市轨道交通可以分为不同的种类。

（1）按照交通容量（运送能力）不同，城市轨道交通可分为高容量、大容量、中容量和小容量。

（2）按照线路架设方式不同，城市轨道交通可分为地下隧道、高架和地面。

（3）按照导向方式不同，城市轨道交通可分为轮轨导向和导向轮导向。

（4）按照线路隔离程度不同，城市轨道交通可分为全隔离、半隔离和不隔离。

通常人们所说的城市轨道交通按运输范围、车辆类型及主要技术特征等，可分为有轨电车、地铁、轻轨、单轨等。

（一）有轨电车

单厢或铰接式有轨电车，是一种低运量的城市轨道交通。电车轨道主要铺设在城市道路路面上，车辆与其他地面交通混合运行。根据街道条件，有轨电车又可分为三种情况：混合车道、半封闭专用车道（在道路平交道口处，采用优先通行信号）、全封闭专用车道（道路平交道口处，采用立体交叉方式通过）。

车辆以单车运行为主，车辆基本长度为 12.5 m，也可联挂运行，但不宜超过 2 辆车联挂。当前，车型发展趋势为低地板车厢，车站布置可考虑设在街道两旁人行道上的单侧布局或设在道路中央分隔带上的中央布局，具体选用应与地区规划、周围地形和环境密切配合，形式可灵活多样，站间距离通常不超过 1 km。

有轨电车是最早出现的城市轨道交通系统，一般设在城市中心穿街走巷运行，具有上下车方便的特点。有轨电车起源于城市公共马车，为了多载客，人们把马车放在铁轨上。随着电动机的发明和牵引电力网的出现，有轨电车得到了快速发展。旧式的有轨电车目前已停止发展，基本上完成了它的历史使命。一些国家还在使用改造后的现代有轨电车。

（二）地铁

地铁是一种大运量的轨道运输系统。地铁采用钢轮钢轨体系，标准轨距为 1 435 mm，主要在大城市地下空间修筑的隧道中运行，当条件允许时，也可穿出地面，在地上或高架桥上运行。按照选用车型的不同，可分为常规地铁和小断面地铁；根据线路客运规模的不同，又可分为高运量地铁和大运量地铁。

地铁车辆的基本车型为 A 型车、B 型车和 L_B 型车（直线电机）三种，A 型车车辆基本宽度为 3 000 mm；B 型车和 L_B 型车车辆基本宽度为 2 800 mm。每种车型有带司机室和不带司机室、动车和拖车的区分。

地铁系统的列车编组通常由 4～8 辆组成，列车长度为 70～190 m，要求线路有较长的站台相匹配，最高行车速度不应小于 80 km/h。

地铁是一种独立的有轨交通系统，拥有专用车道，不受地面道路情况的影响，安全性高。地铁的动力主要是电能，无污染，噪声小，车站及车厢内的环境好。但是地铁建设成本高，建设周期长，后期运营维护费用较高。

（三）轻轨

轻轨是一种中运量的轨道运输系统，采用钢轮钢轨体系，标准轨距为1435 mm，主要在城市地面或高架桥上运行，线路采用地面专用轨道或高架轨道，遇繁华街区，也可进入地下或与地铁接轨。

轻轨车辆包括C型车辆、Lc型车辆（直线电机）。轻轨C型车和Lc型车都采用钢轮钢轨体系，标准轨距为1 435 mm，车辆基本宽度为2 600 mm。

C型车辆的列车编组，通常由1～3辆组成，列车长度一般不超过90 m，最高行车速度不应小于60 km/h，站台最大长度不应大于100 m。

Lc型列车，通常可由2辆、4辆或6辆组成，站台长度应小于100 m。

（四）单轨

单轨也称为独轨，是指通过单一轨道梁支撑车厢并提供引导作用而运行的轨道交通系统，其最大特点是轨道只有一条，而非传统铁路的两条平衡路轨。根据支撑方式的不同，单轨通常分为跨座式和悬挂式两种：跨座式，即车辆跨骑在轨道梁上行驶；悬挂式，即车辆悬挂在轨道梁上行驶。悬挂式单轨，也被称为"空轨"，即"空中轨道"的意思，具有不占用地面路权、环境适应性强等优点，兼具通勤和观光功能。

单轨主要应用在城市人口密集的地方，用来运载乘客，相比于普通铁路有较强的爬坡能力，转弯半径小，适合起伏较大的地形。此外，单轨系统噪声小，符合环保要求，安全可靠，同时又具有建设费用低廉、建设周期短、易于维护等优点。部分游乐场内也建有单轨，专门运载游人。

随着科学技术的进步，单轨技术日臻成熟，轨道、车辆和通信信号都有了很大发展，再加上单轨可以利用道路和河流的上方空间，因而单轨技术受到一定的重视。中国首条跨座式单轨线路是重庆轨道交通2号线。跨座式单轨道交通十分适合重庆市坡陡、弯急、路窄等特点，同时由于其结构轻巧、简洁、易融于山城景色，取得了较好的景观效果。

二、城市轨道交通的优势

城市轨道交通的优势主要有以下几点：

（一）解决居民出行问题，缓解城市交通拥堵

城市轨道交通的便捷性体现为其强大的运输能力和较高的运行速度。城市轨道交通是城市交通的主力军，其运量之大是公共汽车、小汽车难以企及的。此外，由于运用了先进的自动控制系统，地铁可高速无阻地运行。城市轨道交通在提高城市运力、缓解交通拥堵方面具备显著优势。

（二）节约土地资源

城市轨道交通多在地下或高架桥上运行，即使在地面占地也有限，充分利用了城市空间，节省了日益宝贵的土地资源。

（三）节约能源，环境友好

从能源消耗与污染情况来说，城市轨道交通能耗低、污染少。随着工业化和城镇化的快速推进，城市能源需求速增，能源供需矛盾日益突出。城市轨道交通运力大、运行快，节约能源。

此外，城市轨道交通也具有环境友好的优势。通过采用轨道减震等技术和声屏障等措施，轨道交通可以大大降低对附近敏感建筑的振动、噪声影响。

（四）带动产业发展，促进经济发展

近年来，我国城市轨道交通快速发展，有助于带动产业发展，有助于促进经济发展。城市轨道交通的发展，有助于带动建筑业、城市轨道交通装备制造行业、信号系统行业、电力行业等的快速发展。

第三节 城市轨道交通运营
安全评估

城市轨道交通是城市公共交通系统的骨干，其安全运行对保障人民群众生命财产安全、维护社会安全稳定具有重要意义。运营安全评估是把好城市轨道交通运营安全关、提升运营安全水平的主要举措。

根据交通运输部于 2023 年 8 月 22 号印发的《城市轨道交通运营安全评估管理办法》，城市轨道交通运营安全评估主要分为初期运营前安全评估、正式运营前安全评估和运营期间安全评估。

一、初期运营前安全评估

城市轨道交通工程项目初期运营前安全评估工作应当按照城市轨道交通初期运营前安全评估规范开展。

城市轨道交通工程项目符合以下前提条件，方可开展初期运营前安全评估：试运行时间不少于 3 个月且关键指标达到要求，试运行期间发现的安全隐患和较大质量问题已完成整改；按规定通过专项验收并经竣工验收合格，且验收发现的影响运营安全和基本服务质量的问题已完成整改；有甩项工程的，甩项工程不得影响初期运营安全和基本服务质量，并有明确范围和计划完成时间；按照规定划定城市轨道交通工程项目保护区，根据土建工程验收资料勘界，之后绘制保护区平面图，在具备条件的保护区设置提示或者警示标志；城市轨道交通运营单位（以下简称运营单位）满足规定的条件，具备安全运营、养护维修和应急处置能力。

城市轨道交通工程项目符合上述前提条件，开展初期运营前安全评估的，由城市轨道交通建设单位（以下简称建设单位）会同运营单位提交下列材料：试运行情况报告及其主要测试报告；建设规划、工程可行性研究及初步设计、重大设计变更等批复文件，以及用地和建设许可文件（或多规合一许可文件）；工程质量验收监督意见、消防验收意见、特种设备验收意见、人防验收报告和备案文件、卫生评价报告和认可意见、档案验收意见、建设单位编制的环保验收报告和工程项目防洪涝专项论证报告等材料；竣工验收报告和验收发现问题整改情况报告，有甩项工程的，应附甩项工程清单及相关意见等材料；保护区平面图以及设置的提示或者警示标志位置清单；运营单位符合规定条件的情况说明和证明文件；对运营服务专篇意见的对照检查落实材料；城市轨道交通运营主管部门要求的其他材料。

城市轨道交通运营主管部门收到提交的材料后，于 7 个工作日内组织第三方安全评估机构对城市轨道交通工程项目是否满足初期运营前安全评估前提条件进行审核并回复。符合要求的，应当启动安全评估；不符合要求的，应当在回复中写明具体原因。

对初期运营前安全评估发现的问题，城市轨道交通运营主管部门应当会同建设主管部门督促建设单位和运营单位限期整改到位。建设单位要会同运营单位制定整改方案，明确整改计划和措施。其中，须在投入初期运营前整改的问题，建设单位会同运营单位整改完成后，经第三方安全评估机构复核确认，报城市轨道交通运营主管部门。

通过初期运营前安全评估的，城市轨道交通运营主管部门依法向城市人民政府报告评估情况并申请办理初期运营手续，运营单位与建设单位签订运营接管协议，正式接管线路调度指挥权、设备使用权、属地管理权，并向社会公告开通时间和运营安排。

城市轨道交通运营主管部门应当在线路开通初期运营后 1 个月内，将初期运营前安全评估报告、评估发现问题整改情况，线路初期运营时间、线路制式、里程、车站数、换乘车站数、配属车辆数、车辆类型、列车编组、线路设计速度、旅行速度等运营基本情况，以及线路示意图、线路平纵断面图、站场平面图、信号平面布置图等线路布局信息报省、自治区交通运输主管部门和交通运输部。

二、正式运营前安全评估

城市轨道交通工程项目正式运营前安全评估工作应当按照城市轨道交通正式运营前安全评估规范开展。

城市轨道交通工程项目符合以下前提条件，方可开展正式运营前安全评估：初期运营至少 1 年，向城市轨道交通运营主管部门报送了初期运营报告；全部甩项工程完工并验收合格，或者已履行设计变更手续；初期运营前安全评估提出的须在初期运营期间完成整改的问题，已全部整改完成；初期运营期间，土建工程、设施设备、系统集成的运行状况良好，影响运营安全的问题和隐患处理完毕；正式运营前安全评估开展前一年内未发生列车脱轨、列车冲突、列车撞击、桥隧结构坍塌，或造成人员死亡、连续中断行车 2 小时（含）以上等险性事件，最后 3 个月关键指标达到要求；全部设施设备按照设计要求全功能、全系统投入使用或具备使用条件，技术资料全部移交运营单位，相关人员按规定通过安全考核。

工程项目分段开展初期运营前安全评估的，应一并开展正式运营前安全评估。线路分为不同工程项目的，可根据运营需要按照线路开展正式运营前安全评估。

城市轨道交通工程项目符合上述前提条件，开展正式运营前安全评估的，运营单位应会同建设单位向城市轨道交通运营主管部门提交符合上述条件的材料。

城市轨道交通运营主管部门收到材料后，于 7 个工作日内组织第三方安全评估机构对城市轨道交通工程项目是否满足正式运营前安全评估前提条件进行审核并回复。符合要求的，应当启动安全评估；不符合要求的，应当在回复中写明具体原因。

对正式运营前安全评估发现的问题，城市轨道交通运营主管部门应当督促运营单位会同建设单位、设备供应商等制定整改方案，明确整改计划和措施，有关责任单位应按要求整改到位。

问题整改完成并经第三方安全评估机构复核确认、通过正式运营前安全评估的，城市轨道交通运营主管部门依法向城市人民政府报告评估情况，申请办理正式运营手续，并向社会公告。通过正式运营前安全评估后，运营单位应当与建设单位办理固定资产移交手续，包括经批复的竣工财务决算。

城市轨道交通运营主管部门应当在线路正式运营后 1 个月内，将评估报告和线路正式运营日期报省、自治区交通运输主管部门和交通运输部。

城市轨道交通工程项目原则上在初期运营 3 年内转入正式运营。满 3 年仍未转入正式运营的，城市轨道交通运营主管部门应当会同建设等相关部门组织建设单位、运营单位对未转入正式运营的具体情况进行分析研究，并在 3 个月内将原因、转入期限和各方工作任务向城市人民政府报告。

三、运营期间安全评估

城市轨道交通运营主管部门应当对投入运营（含初期运营阶段）的城市轨道交通线网进行运营期间安全评估，每 3～5 年组织开展一次。

城市轨道交通运营期间安全评估工作应当按照城市轨道交通运营期间安全评估规范开展。

城市轨道交通运营主管部门决定开展运营期间安全评估时，应提前 1 个月通知线网各运营单位，线网各运营单位应按要求提交运营期间安全评估准备材料。

针对运营期间安全评估发现的问题，城市轨道交通运营主管部门应当督促运营单位制定整改方案，明确整改计划和措施。整改完成的情况由城市轨道交通运营主管部门组织专家或第三方安全评估机构复核确认。

　　城市轨道交通运营主管部门应当在第三方安全评估机构出具运营期间安全评估报告之日起 1 个月内，向城市人民政府报告评估情况，并将评估报告报省、自治区交通运输主管部门和交通运输部。

第四节　城市轨道交通的发展趋势

　　《国家中长期科学和技术发展规划纲要（2006—2020 年）》提出："以提供顺畅、便捷的人性化交通运输服务为核心，加强统筹规划，发展交通系统信息化和智能化技术，安全高速的交通运输技术，提高运网能力和运输效率，实现交通信息共享和各种交通方式的有效衔接，提升交通运营管理的技术水平，发展综合交通运输。"城市轨道交通的主要发展趋势为智能化、集成化、网络化。

一、智能化趋势

　　近年来，我国城市轨道交通行业发展迅速，建设智能化的城市轨道交通已成为业内关注的焦点。所谓城市轨道交通的智能化趋势，就是将大数据分析、人工智能等技术应用到城市轨道交通行业，以使城市轨道交通管理更高效，在提高城市轨道交通经营水平的基础上保障安全、降低成本。

　　城市轨道交通的智能化趋势具体表现在不同的系统上，如综合监控系统、综合安防系统、乘客资讯系统、通信系统、自动售检票系统和信号系统等。下面重点介绍几种系统：

综合监控系统是以现代计算机技术、网络技术、自动化技术等为基础的大型计算机集成系统。综合监控系统集成和互联了多个地铁自动化专业子系统，主要集成环境与设备监控系统、电力监控系统、火灾自动报警系统等，并与其他子系统互联。在集成平台支持下，相关人员可借助综合监控系统对各专业子系统进行统一监控，实现各专业子系统的信息共享，提高城市轨道交通运营效率，为实现城市轨道交通现代化运营管理提供信息化基础。

综合安防系统一般由安防网络子系统、安防集成管理子系统、综合电视监视子系统、门禁子系统、电子围墙系统以及车站紧急告警子系统等构成。借助综合安防系统，相关人员可对车站、车辆段、停车场、主变电所的设备和管理用房、出入口、票务室、银行等重点区域进行监控，从而有效保障地铁运营安全。

乘客资讯系统指的是依托多媒体网络技术，通过列车的显示终端，让乘客及时准确地了解列车运营信息和公共媒体信息的多媒体综合信息系统。在正常情况下，乘客资讯系统可提供列车时间信息、政府公告、出行参考、股票信息、广告等信息。如遇火灾等情况，乘客资讯系统可提供动态紧急疏散指示。运用乘客资讯系统，有助于提高城市轨道交通的运营服务水平和质量。

二、集成化趋势

城市轨道交通的集成化趋势主要体现为城市轨道交通系统的集成化管理。城市轨道交通系统是集多工种、多个专业于一体的复杂系统。科学、合理地运用城市轨道交通系统，才能有效地解决城市交通问题。

从单一的线路布置，发展到采用先进技术组成的复杂而通畅的轨道交通网络，城市轨道交通的集成化对城市轨道交通的高质量发展具有重要意义。城市轨道交通往往与城市其他交通方式互不干扰，具有强大的运输能力、较高的服务水平、显著的资源环境效益，是解决特大型城市交通问题的重要措施。

三、网络化趋势

随着城市轨道交通线路的逐条建成，城市轨道交通的运营由单线运营发展为多线运营，由多线运营进一步发展为网络化运营。网络化是城市轨道交通线路重要的发展趋势。

城市轨道交通网络化运营不是单线运营的简单叠加，网络化运营面临许多新的问题，如换乘规划、设备兼容、资源共享、网络管理构架和列车共线运行等。

下面，笔者简单介绍换乘规划和设备兼容的问题：

第一，换乘规划。在城市轨道交通网络中，换乘站多设置在中心城区的交通枢纽、城市副中心、重要商业街区等大型客流集散点，是城市轨道交通网络中的重要节点。可总结已建成换乘站的经验教训，在线网规划、建设阶段积极解决换乘的优化问题。在解决换乘规划问题时，应注意城市轨道交通线路间的换乘连接是否最佳、乘客换乘行走距离是否最短、与停车场等周围设施的联系是否良好、规划实施的难易程度等。

第二，设备兼容。技术设备不兼容会对城市轨道交通网络化运营产生不利影响。为了适应城市轨道交通网络化，应提高运营效率、服务水平与经济效益，网络内各条线路的信号、自动售检票等设备应能兼容。

第二章　城市轨道交通隧道
暗挖施工技术

第一节　地铁暗挖工程的
破岩振动控制技术

本节主要以青岛地铁 1 号线为例，介绍地铁暗挖工程中的破岩振动控制技术。

一、工程概况

青岛地铁 1 号线为连接黄岛市中心、青岛市中心和城阳现状城区的南北骨干线路，线路起自黄岛区王家港站，过海后穿越主城区，终至城阳区东郭庄站。青岛地铁 1 号线全线设两段一场：安顺车辆段、东郭庄车辆段和瓦屋庄停车场。青岛地铁 1 号线全长 59.97 km，均为地下线，共设车站 40 座，与线网中 11 条线路换乘，其中换乘站 12 座。青岛地铁 1 号线平均站间距为 1.524 km，最大站间距为 8.383 km，最小站间距为 0.698 km。

青岛地铁 1 号线瓦屋庄至贵州路站区间为下穿胶州湾的过海段，线路沿既有胶州湾隧道东侧向北下穿胶州湾湾口海域后，接入青岛主城区贵州路站，线路全长约 8.1 km，其中海域段长度约 3.49 km，区间最大坡度 25‰，最长纵坡 2 600 m。

二、破岩振动控制技术机理

（一）液态二氧化碳相变致裂技术机理

作为一种常用的物理爆破技术，液态二氧化碳相变致裂技术具有爆破威力大、爆破过程无外露火花、无须验炮、操作简便等特点。如今，液态二氧化碳相变致裂技术广泛应用于采煤、清堵以及建筑物拆除，是一种技术先进、效果显著的环保、绿色的爆破新工艺。

液态二氧化碳相变致裂技术的注液过程对环境的要求较低，既能在地面完成，也能在井下进行。充装设备的原理是：使用空气压缩机驱动增压泵，通过增压泵将高压钢瓶内的液态二氧化碳充入致裂装置的储液管中。储液管在运输过程中受到碰撞、冲击等不会引发装置启动，只有当液态二氧化碳吸收足够的热量后才会产生相变。

应用液态二氧化碳相变致裂技术，须借助二氧化碳致裂器、智能云安全发爆器等。

1.二氧化碳致裂器

致裂设备是本项技术的核心。致裂设备的发热管是由一种特殊处理的化学药剂制成的。通电后，储液管内的电流达到 0.8 A 以上时，发热管才会发生反应，反应产生大量的热，进而激发整个系统。储液管是一种由特种钢材制成的中空管体，虽然不需要焊接，但坚固耐用，在 1 000 MPa 的压力下仍可以正常使用，并且使用次数可达到 2 500 次。可将阶梯型卡插槽置于储液管的两端，在一端安装加热管和注液接头，在另一端安装破裂片和排气头，进而组装成一个充入液态二氧化碳的高压容器。不同规格的储液管填充液态二氧化碳的量也不同，这也使得爆破的威力不同。因此，可根据实际现场情况选择不同规格的储液管。泄能片由一面平整、一面稍有凸起的圆形钢板制成，具有一定的抗剪强度，在二氧化碳致裂器中至关重要。它一般在储液管排气方向的一端，在管内膨胀压力大于自身承载能力时破断。在泄能片破断后，高能二氧化碳气体从储液管喷向释放管。泄能片在正常情况下起到密封的作用。泄能片加工简单，为易耗品。爆破之后，泄能片会被剪切成一个环圈和一个小圆板，小圆板会自动落入排气管中。因此，应将残留的环圈取出，放置新的泄能片，以用于下一次爆破。不同型号与厚度的泄能片，配合不同的储液管和加热管，可产生不同的致裂威力。

2.智能云安全发爆器

智能云安全发爆器是启动爆破管内加热器的核心设备。智能云安全发爆器由各种参数检测模块（时间、虹膜、摄像、振动等）、无线传输模块、起爆模块、自动闭锁模块等组成。它具有多种闭锁方式，如人员闭锁、时间闭锁和地点闭锁等。在无法确保安全的情况下，智能云安全发爆器无法起爆。

液态二氧化碳在突然受热的情况下，会迅速气化膨胀，同时产生强大的冲击力。具体来讲，先采用充装机将液态的二氧化碳装入爆破管内，并装入爆破片、加热器等，将爆破管装入炮孔，对炮孔进行密封。然后，采用智能云安全发爆器激活爆破管里面的加热器，使液态二氧化碳在快速加热的条件下，急速膨胀 1 000～2 000 倍。之后，强大的冲击力（200～400 MPa）会冲破爆破片，沿着设定的出气孔快速冲出，但由于爆破钻孔封闭，不能自由外泄，因此会对周围的岩石造成冲击，产生破坏作用，形成破岩效果。

（二）大直径中空孔直眼掏槽减振机理

在进行空孔直眼掏槽爆破时，周围会生成应力波并向四周传播。这种冲击作用从起爆炮孔的孔壁开始，并随机作用于附近岩体中的微小裂隙。在冲击作用下，这些裂隙将迅速扩大。当冲击的强度超过岩石的抗压强度时，岩石便会破碎。应力波传到空孔时，会变成反射拉伸波。当反射拉伸波传播到爆源附近的拓展裂隙时，爆生气体会渗入已破碎的岩石中并产生气楔作用，使岩石进一步碎化、胀裂并抛出，形成槽腔。

1.空孔的应力集中效应

空孔的应力集中作用机制，如图 2-1 所示。U 为起爆孔，O 为空孔，O 孔对 U 孔具有应力集中的效应。假设起爆孔中的炸药同时起爆。当 U 孔起爆后，进入岩石的透射冲击波会不断衰减，很快成为应力波，其衰减生成的应力波将从 U 孔周围向外传播。当 O 孔孔壁接收到应力波时，由于空孔的存在，应力波会发生反射。反射后的应力值明显大于无空孔时的应力值。这就是空孔的应力集中效应。切向应力的大小随着空孔孔径的增加而增大，这说明空孔的应力集中效应与空孔孔径呈正相关关系。

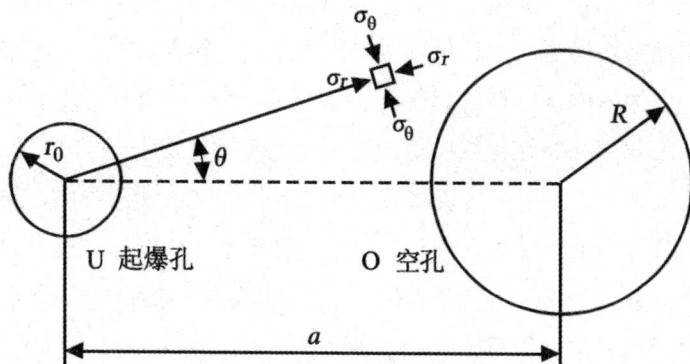

图 2-1　空孔的应力集中作用机制

2.空孔的自由面效应

由两相流体力学的基本原理可知，装药炮孔起爆后，发出的压缩波以径向传播的方式到达空孔表面，经空孔表面反射形成发散的拉伸波。此时的空孔表面就相当于自由面，对破碎岩石起到了导向作用。由于岩石的动抗拉强度较低，经空孔反射回弹形成的拉伸波，使岩石自空孔壁开始向装药孔方向呈片状脱落，形成槽腔。如图 2-2 所示，U 为起爆孔，O 为空孔，r_0 和 R 分别是起爆孔和空孔的半径。U 孔起爆后，形成的压缩波沿 D2 方向向 O 孔表面传播，到达

O 孔表面经反射形成拉伸波向周向传播。由于岩石的抗拉强度低，O 孔反射的拉伸波便使岩石从 O 孔附近开始呈片状脱落并沿 D1 方向发展，以 O 孔为自由面沿 D2 方向依次脱落。

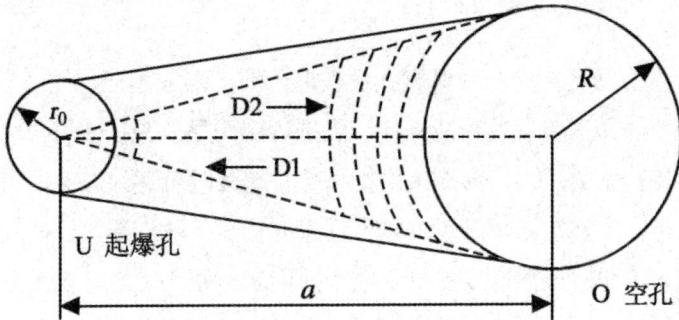

图 2-2 空孔的自由面效应

岩石的破碎受空孔壁反射回岩石的拉伸波影响较大。空孔壁反射回岩石的拉伸波随空孔的增大而增多，且作用范围变大，这对岩石的破碎有利。此外，当反射拉伸波传播到爆源时，岩石裂隙中将会进入压缩波和拉伸波产生的爆生气体，引起岩石破碎。此时，空孔为爆落的碎石提供一定的补偿空间，这相当于一个小型临空面。空孔孔径越大，掏槽孔获得的自由面就越大，爆落产生的碎石也就越容易利用自由面效应。

3.空孔的卸压效应

深部隧道和软岩隧道的地压较大，在爆破掘进时，炮孔周围的大部分岩石将处于三向不等压应力场中。由于有地压的存在，爆破后会留下残眼。因此，在直眼掏槽中，适当钻取一个或一个以上的空眼，能够释放炮孔深部岩石的地应力，改善岩石的三向不均匀受压状态，使岩石破碎效果更佳，以提高掏槽的效率。

（三）静态破碎剂破岩机理

静态破碎剂破岩是近年来发展迅速的一种破碎岩石和混凝土的方法，就是利用灌装在炮孔中的静态破碎剂的水化反应，使晶体变形、体积膨胀，从而缓慢产生巨大膨胀压力并施加于孔壁，当压力在孔壁上引起的拉应力大于混凝土或岩石的抗压强度时，混凝土或岩石即被破碎。

（四）楔形掏槽减振机理

两排及两排以上对称的倾斜炮孔爆破后，即可形成楔形掏槽。

爆破振速与最大单段药量成正比，要想达到明显的减振效果，可以从减少最大单段起爆药量着手。楔形掏槽的掏槽孔，起爆时可逐级爆破。一级孔起爆时，虽然只有一个临空面，但倾角较小且深度较浅，最小抵抗线以及岩石的夹制作用也较小。爆破振动速度受自由面个数的影响很大。随着自由面数量的增加，场地系数和衰减系数会变小，爆破振动速度会降低。

三、竖井开挖中二氧化碳相变致裂技术

目前二氧化碳相变致裂技术在国内主要应用在煤矿中，其产生振动和噪声较小，对周边环境影响较小，效果较好。下面，笔者以青岛市地铁 1 号线一期西镇站竖井工程为例，研究如何运用二氧化碳相变致裂技术。

（一）西镇站竖井工程概况

1.工程简介

西镇站位于费县路、西藏路与郓城北路三条道路交叉路口之间，沿费县路东西方向布置，为地下两层岛式车站。车站上方地面起伏较大，东西高差达 8 m。现状道路交通流量较大，费县路为东西向双向四车道，西藏路为北向四车道，郓城北路为南北向双向四车道。车站周边多为多层砖混结构建筑物，车站主体中部位置南侧为多层砖混结构老宅区，北侧为两栋 32 层、33 层的西藏路小区，车站西北角为 33 层新建高层小区。

临时竖井位于 B 出入口西北侧，原西藏路小区绿地内，初期支护净空尺

寸为 5 m×8 m，前期作为临时竖井，后期作为西镇站的无障碍电梯井，竖井深约 30.55 m，采用倒挂井壁法施工。临时竖井初期支护厚度为 300 mm，由喷射混凝土、钢筋网片及钢筋格栅组成。井内采用临时中隔壁结合型钢支撑体系，井口设 2 000 mm×2 000 mm 锁口圈梁。2 号风井位于费县路与西藏路交叉口，风井上方为市南区人防工程口部管理房，风井的平面形状为矩形，初期支护净空尺寸为 15.5 m×9 m，井深 33.155 m，采用倒挂井壁法施工。2 号风井初期支护厚度为 300 mm，由喷射混凝土、钢筋网片及钢筋格栅组成。井内采用临时中隔壁结合型钢支撑体系，井口设 2 000mm×2 000mm 锁口圈梁。

2.周边建筑物情况

本站范围内，沿郓城北路、费县路、西藏路纵向分布了大量管线，分别为通信、给水、污水、热力、天然气、路灯、有线电视、供电等管线，其中有压及重力流管线 3 条。1 号风井基坑范围内，有 1 个电力管廊，埋深约 1.5 m，管廊宽 1.2 m，高 1 m，采用混凝土预制板进行包封，内有 8 根电力管线，施工时悬吊保护。临时竖井西侧距离基坑 1 m 处，有 1 条南北走向天然气管线，为聚乙烯管，管径 110 mm。2 号风井范围内，有 3 条通信管线，位于风井基坑西北角处。2 号风井上方为市南区人防工程口部管理房，施工前应拆除；2 号风道下穿费县路人防碉室，碉室尺寸为 2.0 m×2.3 m，底面标高为 9.75 m，距风道顶板 4.63 m。风道施工时，采用 CRD 法（交叉中隔墙法）分步开挖，小导管注浆加固，对人防碉室加以保护。

（二）二氧化碳相变致裂破岩现场试验

1.二氧化碳爆破现场试验

（1）施工准备

在熟悉核对设计图纸的基础上，对现场地质、地下管线及周边建筑物等情况进行核查。然后，根据围岩等级等调整炮孔间距和深度等参数。

二氧化碳爆破管充装前的准备工作：

①需要给充装机、拆装机供应 380 V 交流电。

②确保储液管有足够的液态二氧化碳。

③准备爆破管和相应的耗材（加热棒、爆破片、垫片）。

④准备万用表、钳子、扳手等工具。

爆破管组装步骤：

①将爆破管放在陈列架上，将铁丝插入储液管中，并将带钩的一端从储液管刻字的一端伸出。然后用铁丝钩住加热装置的导线并拉动铁丝，使导线从储液管的另一端伸出。

②给定压剪切片装上密封垫，并与加热装置的导线连接在一起。然后拉出加热装置，使定压剪切片完全进入储液管内。

③先拧紧释放管，再拧紧充装阀，一直拧到手无法拧动为止。

④将拧好的爆破管放在拆装机钳口上，并将充装阀一头插入拆装头里。然后顺时针旋转急停按钮，按下启动按钮以启动拆装机。

⑤按住夹紧按钮，压力上升至 10 MPa 后放开。然后按住紧固按钮，压力上升至 10 MPa 时放开。

⑥测量电阻，电阻在 1～2 Ω 为正常。

（2）充气

①将爆破管放在充装台上，对好充装孔，拧紧夹紧杆，并用内六角扳手打开充装阀。然后打开爆破管所对应的球阀，关闭没有爆破管的球阀。

②按下充装机上的清零键，将称重仪表清零。

③每天首次工作前需要放气，将整个管道排空。先打开充装台上的进口球阀和出口球阀，然后按下放气按钮，直到出口球阀喷出连续不断的白色气体后关闭出口球阀。

④按下放气按钮后，关闭进口球阀，然后打开出口球阀，将二氧化碳致裂器内的二氧化碳放出，放出一大部分后关闭出口球阀。这几个动作应重复 2～3 次。

⑤关闭出口球阀后，按下增压按钮，待爆破管充满后机器会自动停止。机

器停止后，用内六角扳手将爆破管的充装阀关闭，然后关闭进口球阀，再打开出口球阀将多余气体放出。

⑥将爆破管的充装阀和释放管分别放入水中，确保没有大量气泡，测试密封性。

（3）钻孔

第一，选择钻机类型。如果是硬岩，选择 YGZ90 凿岩机，按照施工技术措施打眼要求进行打眼。

第二，选择竖井爆破布孔方式。初始开挖时埋深较浅，为Ⅴ级围岩等，炮孔无角度竖直布置，一次起爆 3～4 排。随着埋深增加，需要制造自由面。由于现场条件限制无法打大直径中空孔时，采用梅花布置楔形掏槽向内倾斜70°，形成自由面后向外依次开挖，每次循环爆破 2～3 排炮孔，辅助眼的排距为 0.6 m，深度约 1.5 m。

开挖深入一定程度后，若制造初始自由面时存在较大困难，可根据现场工程经验，对二氧化碳爆破开挖方案进行优化。首先在矿井未搭设防护棚之前，在开挖中线打设一排密集的直径为 200 mm（或 150 mm）的中空孔，深度约为20 m，并在空孔内填塞海绵等物质，防止爆破产生的渣石堵塞空孔。打设间距为 0.5 m、排距为 0.6 m 的炮孔，每循环爆破 2～3 排炮孔。由于现场工程条件限制，优化方案需要通过现场试验进行验证。

（4）堵眼、固定爆破管

把爆破管分段位放入打好的炮孔内，先用砂子灌入炮孔与爆破管的缝隙中并捣实，然后将木楔或者砂子打入缝隙，将爆破管固定牢固。爆破管安装完毕后用 $\phi 20$ mm 的钢丝绳把每一个爆破管尾部的环扣串联在一起，最后将钢丝绳固定在井壁的连接筋上，防止爆破过程中爆破管从孔中飞出，造成"飞管"现象。

（5）连接起爆网络线

将每根爆破管的起爆线以 20 根左右为一组分段位进行串联，串联后检测线路电阻，以串联爆破管数量确定电阻值范围，以一个爆破管的电阻 2 Ω 为标准进行计算。若测得电阻不正常，则检查线路连接情况；若测得电阻正常且没有搭铁现象，再将各段位线路并联在一起，形成网络，由两根主线引出，用于连接智能云安全发爆器。最后检测总起爆网络电阻值，测得电阻值正常后准备连接智能云安全发爆器。

（6）起爆

起爆前，将所有人员疏散至安全区域，将竖井口隔音盖板关闭，拉起警戒线，发出起爆警戒信号。

在所有检查完毕后，由专人发出起爆信号，再操作智能云安全发爆器。

起爆后，对作业面进行通风除尘，半小时左右后使用气体检测仪对作业面气体进行检测。安排专职人员对爆破管进行检查，在确定没有未起爆的爆破管后用吊钩将爆破管吊出竖井。然后，清洗并拆解爆破管。

2.安全技术措施

安全技术措施主要有以下几点：

（1）作业前，对所有相关人员进行培训，并在地面进行各种操作的模拟试验，确保每一个人都掌握操作方法。

（2）钻孔施工应严格按照实施方案和相关安全技术措施进行。

（3）起爆前必须检查确认每一个爆破管，确保其已与保安钢丝绳相连。

（4）最好由专职爆破员操作智能云安全发爆器。

3.二氧化碳爆破监测数据分析

由于二氧化碳爆破振动较小，测振点可布置在距离爆源最近的位置。由于现场周边环境的限制，将测点布置在费县路施工围挡外，二氧化碳爆破发生最大振动的时间为 0.1 s 左右，整个振动时间在 0.5 s 以内。

第二节　邻近深基坑地铁暗挖区间隧道施工技术

本节主要以石家庄地铁 3 号线中山广场至东里站区间隧道项目为例，介绍临近深基坑地铁暗挖区间隧道施工技术。

一、工程概况

（一）工程简介

中山广场至东里站区间隧道位于石家庄市区中华南大街下面，而华润中心基坑项目在左线区间隧道的左侧。中华南大街为双向 8 车道，交通繁忙，人流以及车流量大，且周边建筑物较多。左线区间隧道起点里程为左 DK7＋122.122，终点里程为左 DK7＋485.690，左线隧道全长 361.238 m（短链 2.33 m）。右线区间隧道起点里程为右 DK7＋122.122，终点里程为右 DK7＋485.690，右线全长为 363.568 m。该段区间隧道的左线隧道与右线隧道的间距为 15.2～17.2 m，线路最大纵坡为 28‰。隧道最大埋深（至内轨顶面）为 23.6 m，最小埋深（至内轨顶面）为 16.4 m。

华润中心基坑项目位于区间隧道的左侧，与左线隧道边墙的距离仅有 24.98 m，基坑深度为 21.5 m，桩的直径为 1.0 m，桩长为 26 m，桩间距为 1.6 m，基坑主要采用钻孔灌注桩＋锚索（6 道）的支护方式。在地铁的修建过程中，相关人员发现华润中心基坑项目支护结构的预应力锚索侵入区间隧道，造成隧道涌水，故对其进行封堵。在隧道的开挖过程中，相关人员发现预应力锚索侵入区间隧道后，及时与华润中心基坑项目的施工单位取得联系，经设计单位同意，将基坑支护中第三层锚索截断 1.39 m，第四层锚索截断 2.64 m，并对隧道进行封堵，重新调整锚索的张拉锁定值，保证基坑的稳定。

（二）工程环境

石家庄市位于太行山东麓，是河北省省会以及华北地区重要的交通枢纽，京广、石德、石太铁路在市区通过。石家庄市西面依靠太行山，其余三面均依靠广袤的河北平原，全市总面积为 $1.58 \times 10^4 \text{ km}^2$。石家庄市的地理坐标为北纬 $37°27'\sim38°47'$、东经 $113°30'\sim115°20'$。石家庄市所处的平原是由河北平原中的太行山前的滹沱河冲洪积形成的扇形平原，地势西高东低，地面坡降为 1.5‰～2.0‰。地面高程一般在 60.0～95.0 m，建筑物和道路密集，局部地段由于人工挖掘，地面坑洼不平。

中山广场至东里站区间隧道位于中华南大街之下，经专项调查发现，区间隧道附近主要建筑物为中国银行永安支行、石家庄桥西区妇幼保健站、桥西区城管局、中国建设银行、河北省财政厅等。中华南大街两侧地下管线密集交错、种类多，主要为管线及下水管道，在地下 2 m 以内均有分布。

中山广场至东里站区间隧道以及华润中心位于市中心，中华南大街地面道路交通繁忙，且基坑开挖深度较深，场地周围既有建筑物基础等对施工场地布局和施工方案的选择具有较大的影响。

线路周围如果修建高大建筑物，将改变地铁隧道结构周围土体土压力平衡，可能使隧道结构变形，所以地铁工程建成后将影响其周围一定范围内建筑物的规划，其建筑规划应考虑该建筑物的修建对隧道结构的影响。

二、预应力锚索截断对基坑稳定性分析

在隧道的施工过程中，基坑支护结构的预应力锚索侵入区间隧道，给隧道的施工带来一定影响。为确保隧道施工的安全以及基坑的稳定，经设计单位同意，将预应力锚索侵入隧道的部分截断。为研究预应力锚索截断的影响，从锚索截断 2 m、4 m、6 m、8 m、10 m 的角度，研究预应力锚索截断一定长度对锚索的轴力、桩的水平位移以及地表沉降的影响，以期能够为实际施工中的问题提供有效的解决措施。笔者阅读了大量的参考文献，结合实际施工中遇见的问题，建立数值模拟计算模型，以锚索未截断时基坑开挖产生的受力变形为基础，分析锚索截断不同长度对预应力锚索、灌注桩以及地表的受力变形规律，提出有效的解决措施。

（一）预应力锚索锚固作用的分析

预应力锚索作为深基坑支护中的重要结构，主要作用是把加固后的土体与锚索的顶端连接在一起，同时将锚索的另一端固定在结构层中，使锚索能够承受一部分的拉力，与土体能够有效连接在一起形成新的结构体。预应力锚索主要是通过向土体施加压应力，来减少土体中由各种因素引起的有害变形。预应力锚索由于其经济适用的特性，越来越受到各行各业的认可和重视。因此，认真分析预应力锚索的作用，才能正确认识锚索使用过程中存在的问题和不足，从而在施工中更好地发挥锚索的作用。

1.预应力锚索的基本组成

根据受力的特点进行划分，预应力锚索主要分为拉力型锚索和压力型锚索。目前的工程多采用拉力型锚索。拉力型锚索一般由索体、黏结体、锚头以及锚墩四部分组成。在大多数情况下，索体的材料为钢绞线。以滑动面为界，索体可分为锚固段和自由段。

2.预应力锚索锚固段长度分析

整个预应力锚索的锚固段处于弹性受力状态，在自由段内不会出现局部屈服或者破坏的现象，锚固段尾部的剪应力与预应力成正比。

随着施加的预应力不断增大，锚固段的剪力峰值向后偏移，在自由段的附近开始出现屈服或者破坏。

随着施加的预应力增大到一定程度，与自由段较为接近的锚固段也开始出现局部屈服或破坏，锚固段的尾部产生的剪应力分布范围也在增大。

锚索锚固段出现的屈服或者破坏开始迅速增大，在预应力的作用下，锚索提供的锚固力会减弱，但是在锚头处会增强。锚固段的剪应力分布逐步扩散到尾端，最终导致锚索被破坏。同时，预应力锚索的抗拔力不会随着锚固段长度的增加而增强。因此，预应力锚索的锚固段并不是越长越好。

3.预应力锚索张拉锁定值的确定

为了保证基坑的稳定，使用预应力锚索时要确定施加在锚索上的初始预应力值，即锚索的张拉锁定值。一般情况下，为了保证预应力锚索能够充分地发挥锚固作用，需要考虑其预应力的损失。大量的施工经验证明，在预应力锚索上施加的预应力值越大，土体的承载力提高幅度越大，即在锚索上施加的预应力对土体的应力场改变具有显著的作用。但在施工过程中，锚索上不能随意地施加过大的预应力，以防超过锚索的极限承载力，需要综合考虑锚索的承载能力以及施工区域的土层安全系数。

（二）基坑数值模型建立与开挖顺序

1.基坑数值模型建立

根据大量参考文献可知，深基坑的开挖影响范围主要跟基坑的深度、形状以及土层的地质条件有关。基坑的开挖影响范围一般取 3～4 倍的开挖深度，影响深度取 2 倍的开挖深度，以求满足计算精度、速度的要求。

这里选取距离隧道较近的部分基坑建立数值模型进行计算。本工程中基坑的开挖深度为 21.5 m，结合实际情况以及基坑的开挖影响范围，模型的基本尺寸为 90 m×32 m×70 m，其中左右方向为 90 m，正方向向右；上下方向为 70 m，正方向向上；Y 方向沿着深基坑的边缘，总长为 32 m，正方向向里。

数值模型主要通过 ANSYS 软件进行网格划分，然后通过有限差分软件 FLAC3D 来模拟基坑的开挖过程，分析基坑支护在开挖过程中的受力变形情况，从而研究锚索截断对基坑稳定的影响。模型大部分采用的是实体单元，而锚索主要采用锚索单元进行模拟，钻孔灌注桩主要采用桩单元进行模拟，以此建立数值模型。

通过 FLAC3D 模拟基坑开挖，须对模型的边界进行约束，这样才能真实地反映基坑的受力变形情况。模型除地表采用自由边界外，其余各边界均须施加法向约束。基坑的开挖进尺为 0.5 m，循环总步数为 40 步。

对模型边界进行约束后，对土层赋予参数，将其视为理想的弹塑性材料。在实际施工中，钻孔灌注桩是直径为 1.0 m 的钢筋混凝土桩，桩长为 26 m，桩的间距为 1.6 m。土层参数根据地质勘查报告以及相关试验进行选取。

2.基坑开挖顺序

根据工程的实际施工情况，基坑开挖主要分为以下七个阶段：阶段一，当基坑开挖至距离地表 4.0 m 处时，在距离地表 3.5 m 处施加第一道锚索（锚索 1），并对锚索施加预应力；阶段二，当基坑开挖至距离地表 7.5 m 处时，在距离地表 7.0 m 处施加第二道锚索（锚索 2），并对锚索施加预应力；阶段三，当基坑开挖至距离地表 11.0 m 处时，在距离地表 10.5 m 处施加第三道锚索（锚索 3），并对锚索施加预应力；阶段四，当基坑开挖至距离地表 14.0 m 处时，在距离地表 13.5 m 处施加第四道锚索（锚索 4），并对锚索施加预应力；阶段五，当基坑开挖至距离地表 17.0 m 处时，在距离地表 16.5 m 处施加第五道锚索（锚索 5），并对锚索施加预应力；阶段六，当基坑开挖至距离地表 19.5 m 处时，在距离地表 19.0 m 处施加第六道锚索（锚索 6），并对锚索施加预应力；阶段七，基坑开挖至距离地表 21.5 m 处。

（三）锚索截断对基坑稳定性分析

为了能够更加直观准确地分析锚索截断后的受力变形情况，笔者根据施工设计图纸对深基坑建立模型进行数值模拟计算，截取基坑的中部断面作为参考对象，研究分析锚索截断 2 m、4 m、6 m、8 m、10 m 等的情况，通过与锚索截断前的受力变形作对比，得出锚索锚固段截断后锚索的轴力、桩的水平位移以及地表沉降的变化规律。

1.锚索的轴力变化规律分析

预应力锚索作为基坑的主要支护方式,将其锚固段截断一定长度必然会对锚索自身的受力产生一定的影响。锚索的自由段轴力基本保持不变,轴力变化曲线为平缓曲线,随后沿着锚索的长度方向,其轴力逐渐降低,最终在锚固段的尾部附近达到最小。随着锚索截断长度的不断增加,锚固段长度不断减小,锚索自身的轴力也在不断减小。由于每根锚索的锚固段长度不同,故将锚索截断相同长度后,每根锚索的受力变化略有差别。锚索的锚固段长度越短,则轴力减小得也越多。

6 根锚索的锚固段长度各不相同,因此在将锚索截断相同长度后,每根锚索的受力变化情况也略有差别。在将锚索截断后,将锚索的轴力与截断前进行对比发现:锚索 1 的轴力变化最为明显,接下来是锚索 2,然后是锚索 6,随后为锚索 3 和锚索 5(其轴力变化较为接近),锚索 4 的轴力变化最小。

同时,以锚索未截断时锚索产生的轴力值作为基准值。在锚索截断 2 m 的情况下,锚索 1 产生的轴力值比基准值小 8.68%,锚索 4 产生的轴力值比基准值小 1.01%;在锚固段截断 4 m 的情况下,锚索 1 产生的轴力值比基准值小 19.11%,锚索 4 产生的轴力值比基准值小 1.69%;在锚索截断 6 m 的情况下,锚索 1 产生的轴力值比基准值小 33.03%,锚索 4 产生的轴力值比基准值小 2.52%;在锚索截断 8 m 的情况下,锚索 1 产生的轴力值比基准值小 52.17%,锚索 4 产生的轴力值比基准值小 3.46%;在锚索截断 10 m 的情况下,锚索 1 产生的轴力值比基准值小 78.19%,锚索 4 产生的轴力值比基准值小 4.56%。

根据以上分析可知,在预应力锚索的锚固段长度不同的前提下,将锚索截断相同长度后,其受力的变化具有显著差异。将锚索截断相同长度时,其锚固段长度越短,轴力变化就越明显。这主要是因为预应力锚索要充分发挥其锚固作用,其锚固段的长度要满足一定要求。由于锚索 1 锚固段的长度仅有 12.5 m,随着锚索截断长度的不断增加,预应力锚索锚固段的长度小于其有效长度,锚索的支护效果降低,故而锚索的轴力变化较为明显;但锚索 4 的锚固段长度为

22 m，将其截断一定的长度，锚固段长度仍然能够满足其有效长度，其支护效果降低得不是特别明显，故而其轴力变化较小。

综上所述，在数值模拟计算中，将 6 根锚索的锚固段均截断 2 m 后，6 根锚索的轴力变化幅度较小，预应力锚索的支护作用没有较为明显的变化，故可重新调整锚索的锁定值，以确保锚索的支护效果，保证基坑的稳定性。

2.钻孔灌注桩的水平位移分析

将锚索的锚固段截断一定长度会对钻孔灌注桩的水平位移产生一定的影响。在锚索截断前进行钻孔灌注桩施工，钻孔灌注桩会产生一定的水平位移。对比锚索截断前、后钻孔灌注桩的水平位移可知，随着锚索截断长度的不断增加，锚索的支护效果不断减弱，钻孔灌注桩的水平位移逐步增大，且锚索截断的长度越长，桩的水平位移增大就越明显。

将预应力锚索的锚固段截断不同长度后，钻孔灌注桩的水平位移随着桩深的变化呈现先增大后减小的变化规律。支护桩的最大水平位移均发生在桩的中心处附近，距离桩顶约 13 m 的位置。与此同时，随着锚索截断长度的不断增加，桩体的水平位移在桩的中心处附近发生较大变化。随着桩深的不断增大，桩的底端附近水平位移变化浮动较小，基本可忽略不计。

若以锚索未截断时进行基坑开挖产生的水平位移值为基准值，则在锚索锚固段截断 2 m 的情况下，支护桩的顶端产生的水平位移值比基准值大 3.17%，桩身产生的最大水平位移值比基准值大 0.73%；在锚索截断 4 m 的情况下，支护桩的顶端产生的水平位移值比基准值大 8.29%，桩身产生的最大水平位移值比基准值大 2.64%；在锚索截断 6 m 的情况下，支护桩的顶端产生的水平位移值比基准值大 17.40%，桩身产生的最大水平位移值比基准值大 6.18%；在锚索截断 8 m 的情况下，支护桩的顶端产生的水平位移值比基准值大 29.78%，桩身产生的最大水平位移值比基准值大 11.58%；在锚索截断 10 m 的情况下，支护桩的顶端产生的水平位移值比基准值大 43.19%，桩身产生的最大水平位移值比基准值大 19.24%。

由以上分析可知，随着锚索锚固段截断长度的不断增加，锚索的支护作用逐渐减弱，桩的水平位移发生较大变化。相对于锚索截断前桩体的水平位移，锚索锚固段截断的长度越长，桩体产生的水平位移变化就越大。故而可以得出，预应力锚索锚固段的长度对发挥锚索的支护作用以及保证基坑的稳定性具有非常重要的作用。因此在实际施工中，应对锚索锚固段的长度进行合理设计，以求能够充分发挥锚索的支护作用，这样不仅可以节约材料，还可以确保施工安全。

3.地表沉降分析

在基坑开挖结束后，将预应力锚索的锚固段截断一定长度，会对地表沉降产生一定的影响。随着逐渐远离基坑，地表沉降的变化呈现先增大后减小的变化规律。基坑边缘处的地表沉降较小，主要是由于钻孔灌注桩、锚索可以提供较大的支撑刚度，使得支护结构处的沉降不是很大。随着逐渐远离基坑边缘，地表沉降开始逐渐增大，在距离基坑约 12 m 处地表沉降达到最大。随后，地表沉降开始逐渐减小，最终接近于零。

若以锚索未截断时进行基坑开挖产生的地表沉降值为基准值，在锚索截断 2 m 的情况下产生的地表沉降值比基准值大 1.76%；在锚索截断 4 m 的情况下产生的地表沉降值比基准值大 5.24%；在锚索截断 6 m 的情况下产生的地表沉降值比基准值大 11.65%；在锚索截断 8 m 的情况下产生的地表沉降值比基准值大 21.42%；在锚索截断 10 m 的情况下产生的地表沉降值比基准值大 36.55%。

根据以上分析可知，随着锚索锚固段截断长度的增加，地表沉降也在不断增加，且截断的长度越长，地表沉降的变化越明显。由此可见，预应力锚索的锚固段长度对于控制地表沉降具有显著的效果。因此，为了保证施工的安全，应对预应力锚索的锚固段长度进行合理设计，防止基坑在锚索截断时产生较大变形。

（四）锚索截断后的处理措施

在地铁开挖过程中，若发现基坑支护的预应力锚索侵入区间隧道，则应将锚索截断，然后重新调整锚索锁定值，以确保预应力锚索能够充分发挥支护作用。将锚索截断后产生的轴力与锚索截断前产生的轴力进行对比分析，通过分析锚索的轴力变化以及预应力锚索的轴力损失，以及大量的数值模拟计算，分析锚索最终产生的轴力，调整锚索的张拉锁定值，使其与锚索截断前的轴力相接近，得出锚索截断后的处理措施。

将锚索锚固段截断后，由于其锚固段长度的减小，锚索的轴力也会减小，故应调整锚索的锁定值，以确保锚索能够提供足够的支撑作用。由于 6 层锚索的长度各不相同，故截断后应根据每层锚索自身轴力的变化调整其锁定值，使其轴力与锚索截断前较为接近。但锚索的锁定值并不能无限增大，当锚索锚固段截断长度较长时，即使将锚索的锁定值调整到极限，亦不能使锚索的轴力恢复到截断前。

根据前面分析可知，预应力锚索的张拉锁定值不宜超过一定范围。锚索 1 的锚固段长度最短，仅有 12.5 m，当其锚索段长度超过 8 m 时，其需要调整的锁定值已超过允许范围，并且随着锚索锁定值的增大，自由段的轴力增加并不明显，但锚头处的轴力急剧增大，且当截断 10 m 时，即使将其锁定值调整到极限承载力，也不能使其恢复到未截断时的状态；锚索 2 和锚索 6 的锚固段长度较为接近，分别为 15.0 m 和 16.5 m，当锚索截断 10 m 时，使其恢复到未截断状态下的锁定值，超过其允许值；而锚索 3、锚索 4 和锚索 5 的锚固段长度较长，将其截断一定长度后，虽然可以增大其锁定值，使锚索恢复到截断前的轴力，但施加荷载较大，较不经济。

根据施工中遇见的问题，在修建地铁过程中，由于第三层锚索和第四层锚索的长度较长，以致侵入区间隧道，给地铁的开挖造成一定影响，故根据实际情况，将第三层锚索的锚固段截断 1.39 m，第四层锚索的锚固段截断 2.64 m，然后重新调整这两层锚索的锁定值，使其与锚索截断前的轴力较为接近。第三层锚索的锚固段长 19.0 m，第四层锚索的锚固段长 22.0 m，将其截断上述长度对锚索的轴力影响较小，需要略微提高其锁定值。通过对实际情况进行模拟计算可知，将第三层锚索的锁定值调整为 317.93 kN，将第四层锚索的锁定值调整为 371.51 kN，基坑不会发生较大变形。

三、地铁暗挖区间隧道的施工方法分析

鉴于中山广场至东里站区间隧道施工中需要考虑邻近既有深基坑的影响，故笔者对不同跨度的隧道如何选取合适的开挖方法进行研究。笔者建立模型，并进行模拟计算，在有邻近深基坑的情况下，研究区间隧道采用不同的开挖方法对其稳定性的影响。本部分对不同跨度的隧道采用双侧壁导坑法、CRD 法以及台阶法三种开挖方法，并进行数值模拟。通过分析隧道周边监测点在隧道开挖过程中的应力以及位移的变化规律可知，选取合适的开挖方法可为实际施工提供理论指导，更好地保障施工安全。

（一）隧道数值模型建立与开挖顺序

1.隧道数值模型建立

建立隧道数值模型，在划分网格并拉伸成体后，通过有限差分软件进行模拟计算，通过分析在某跨度下的隧道采用不同开挖方法引起隧道初期支护、基坑的应力以及位移的变化的规律，选取合适的开挖方法。在模型中，主要采用实体单元进行拉伸，隧道的尺寸根据施工设计图纸进行选取，模型尺寸为 100 m×32 m×45 m，其中左右方向为 100 m，正方向向右；上下方向为 45 m，正方向向上；Y 方向为隧道的开挖方向，总长为 32 m，正方向向里。模型的边界除了上侧边界采用自由边界，其余各边界均采用固定边界。

在数值模拟计算中将钻孔灌注桩等效成连续墙进行分析，在实际施工中钻孔灌注桩主要是由单独的桩体组成的，但其受力类型与连续墙的变形效果比较类似，在桩顶的上方需要加设冠梁来增强桩体的稳定性。按照等刚度的原则，将钻孔灌注桩等效成具有一定厚度的连续墙进行分析。根据以往的施工经验，将钻孔灌注桩等效成连续墙是较为安全的。故在模拟中将钻孔灌注桩等效成厚度为 0.717 m 的连续墙进行分析，将钢筋混凝土假定为线弹性材料进行研究。为了研究不同的开挖方法对隧道初期支护以及地表的影响，对隧道分别采用三种方式进行数值模拟计算。在隧道相同跨度的前提下，分析由于不同的开挖方法引起的初期支护的应力以及位移的变化规律。

对模型的边界进行约束之后，对模型进行赋值，将土层视为理想的弹塑性材料。参数参考石家庄地质相关报告以及相关规范进行选取。

2.隧道的开挖顺序

模型主要采用实体单元，隧道全长为 32 m，开挖进尺为 1 m。为了能够准确模拟施工现场的开挖情况，首先进行初始的应力平衡，保证隧道在开挖前处于平衡状态，然后将位移和速度归零，以保证隧道开挖时监测点的变形是从零开始的，以此证明监测点位移的增加是由隧道的开挖引起的，与其他的因素无关。

根据设计图纸以及施工现场的实际情况，选取跨度为 13.0 m、12.0 m、9.0 m、8.0m 的隧道，分别采用双侧壁导坑法、CRD 法以及台阶法三种开挖方法进行计算，开挖的步骤与实际施工一致。在隧道开挖过程中，在隧道以及基坑的四周布置监测点，监测隧道在开挖过程中初期支护以及基坑的受力及变形情况。根据施工设计图纸可知，中山广场至东里站区间隧道的初期支护采用 C25 喷射混凝土进行施工。将 C25 喷射混凝土的弯曲抗压与轴心抗拉强度设计值作为其稳定标准：C25 喷射混凝土的弯曲抗压强度为 13.5 MPa，轴心抗拉强度为 1.33 MPa。

（二）隧道跨度为 13.0 m 时的受力及变形规律分析

为了直观有效地反映当隧道跨度为 13.0 m 时，在邻近深基坑的情况下，不同开挖方法引起的隧道以及基坑的受力及变形规律，笔者截取模型的中部断面作为研究对象，通过研究监测点的变化规律，得出不同的开挖方法引起的隧道及基坑的受力及变形情况。

1.初期支护应力变化规律

在隧道跨度为 13.0 m 的情况下，采用双侧壁导坑法、CRD 法进行施工，隧道初期支护产生的应力以及大小略有差别。

（1）在采用双侧壁导坑法施工的情况下，隧道初期支护最大主应力主要表现为拉应力，且只在左右拱腰部位表现为压应力，在隧道左拱肩及右拱肩处产生的拉应力最大，基本左右对称，大小为 1.24 MPa；最小主应力均表现为压应力，在隧道左侧下拱腰处产生的压应力最大，大小为-3.42 MPa。

（2）在采用 CRD 法施工的情况下，隧道初期支护最大主应力大部分表现为拉应力，在隧道左侧靠近拱顶部位的拉应力最大，大小为 1.61 MPa；最小主应力分布与采用双侧壁导坑法时大体相似，在隧道左侧下拱腰处产生的压应力最大，大小为-4.23 MPa。

根据以上分析可知，隧道在采用不同开挖方法进行施工时，初期支护的应力均呈现一定的变化规律，但最终产生的应力大小不尽相同。随着开挖方法的改变，初期支护最大拉应力的位置逐渐向拱顶偏移，压应力的位置无太大变化。当采用双侧壁导坑法进行施工时，初期支护产生的应力均在 C25 喷射混凝土的安全范围内。采用 CRD 法进行施工时，初期支护产生的最大拉应力较大，超过 C25 混凝土的轴心抗拉强度。故当隧道跨度为 13.0 m 时，宜选双侧壁导坑法进行施工。

2.隧道拱顶沉降分析

在采用两种开挖方法进行施工时，监测点的拱顶沉降与开挖步数变化基本一致。当隧道开挖步数为 0~20 时，隧道拱顶沉降变化较小，呈缓慢增长趋势。随着开挖步数的增加，拱顶沉降也在逐渐增大，其中采用 CRD 法进行施工时增长速度较大。当开挖达到一定步数时，数据曲线逐渐趋于平缓，即隧道基本处于稳定。在采用不同的开挖方法进行施工时，隧道拱顶沉降也略有差别。以采用双侧壁导坑法产生的拱顶沉降终值为基准值，采用 CRD 法进行施工产生的拱顶沉降终值比基准值大 25.34%。由此可见，采用不同开挖方法进行施工对隧道的拱顶沉降具有较大的影响，建议在隧道跨度为 13.0 m 时选取双侧壁导坑法进行施工。

3.水平收敛分析

（1）隧道水平收敛分析

采用两种开挖方法进行施工时，隧道初期支护的水平收敛曲线变化趋势基本相同。在开挖步数为 0～32 时，隧道的水平收敛以相同速度迅速增加。随着开挖步数的增加，采用 CRD 法产生的水平收敛曲线逐渐趋于平缓，而采用双侧壁导坑法产生的水平收敛曲线以缓慢的速度增长后，最终趋于平缓。在隧道跨度为 13.0 m 的情况下，采用不同的开挖方法进行施工产生的水平收敛终值存在一定差异。以采用双侧壁导坑法产生的水平收敛终值为基准值，则采用 CRD 法产生的水平收敛终值比基准值大 6.61%左右。通过对比分析可知，不同的开挖方法产生的水平收敛虽存在差异，但是相差不大，均在安全控制范围内。

（2）基坑水平收敛分析

考虑到地铁的开挖是在邻近深基坑的基础上，通过分析隧道采用不同的开挖方法对基坑支护的影响，得出在邻近深基坑时隧道的开挖对基坑的影响。当隧道采用不同的开挖方法进行施工时，基坑的水平受力变化情况大体相同。在开挖步数为 0～32 时，基坑的水平收敛值逐渐增大，且变化趋势基本相同。但随着开挖步数的增加，采用双侧壁导坑法施工产生的基坑水平收敛曲线基本不会发生太大的变化，较为平缓，但采用 CRD 法施工产生的基坑水平收敛值仍以缓慢的速度增加，最终曲线趋于平缓。以采用双侧壁导坑法施工产生的基坑水平收敛终值为基准值，则采用 CRD 法施工产生的基坑水平收敛终值比基准值大 18.63%。综合考虑，在邻近深基坑的情况下，隧道采用不同的开挖方法对基坑的影响较小，故根据隧道自身的受力及变形规律，建议隧道跨度为 13.0 m 时，选用双侧壁导坑法进行施工。

（三）隧道跨度为 12.0 m 时的受力及变形规律分析

为了能够有效地分析隧道跨度为 12.0 m 时，在邻近深基坑的情况下不同开挖方法引起的隧道初期支护以及基坑的受力及变形规律，截取模型的中部断面作为参考，通过分析该断面上监测点的变化情况，得出隧道及基坑在不同开挖方法下的受力及变形情况。

1.初期支护应力变化规律

隧道跨度为12.0 m时，采用双侧壁导坑法和CRD法进行施工，初期支护产生的应力大小以及位置均有所区别。

①在采用双侧壁导坑法进行施工的情况下，初期支护的最大主应力以拉应力为主，最大拉应力在隧道左拱肩和右拱肩处产生，且左右对称，大小为1.07 MPa；最小主应力均为压应力，最大压应力主要分布在左侧的下拱腰处，大小为-3.12 MPa。

②在采用CRD法进行施工的情况下，初期支护的最大主应力大部分表现为拉应力，最大拉应力在隧道拱顶两侧附近产生，大小为1.21 MPa；最小主应力均为压应力，最大压应力为-3.99 MPa，在隧道左侧下拱腰处产生。

根据以上分析可知，隧道在采用不同的开挖方法进行施工时，初期支护的应力大小及位置均有所不同。当采用CRD法进行施工时，与采用双侧壁导坑法相比，初期支护的最大拉应力位置逐渐向拱顶移动，最大压应力变化较小，并且在安全范围内。综合考虑施工工期、经济性等，在隧道跨度为12.0 m时宜选取CRD法进行施工。

2.隧道拱顶沉降分析

在邻近深基坑的情况下，当采用不同的开挖方法进行施工时，隧道的拱顶沉降与开挖步数的变化曲线基本一致。在开挖步数为0～20时，隧道的拱顶沉降值增加较为缓慢，沉降变化较小。但随着开挖步数的逐渐增加，拱顶沉降值均开始迅速增加，采用两种开挖方法施工产生的隧道拱顶沉降增长速度略有差别。当开挖到一定程度时，隧道的拱顶沉降曲线逐渐趋于平缓，此时隧道达到稳定状态。但最终产生的隧道拱顶沉降具有一定的差异，采用双侧壁导坑法施工产生的沉降略大于采用CRD法施工产生的沉降。当隧道跨度为12.0 m时，采用不同开挖方法进行施工产生的拱顶沉降具有一定差距。以采用双侧壁导坑法进行施工产生的隧道拱顶沉降终值为基准值，采用 CRD 法施工产生的隧道拱顶沉降终值比基准值大 22.06%。由此可见，隧道拱顶沉降受开挖方法的影响较大，但其产生的沉降均在安全范围内。综合考虑施工工期、经济性等，跨度为 12.0 m 的隧道宜选取 CRD 法进行施工。

3.水平收敛分析

（1）隧道水平收敛分析

当隧道跨度为 12.0 m 时，在邻近深基坑的情况下，双侧壁导坑法和 CRD 法作用下水平收敛变化曲线趋势基本一致。在开挖步数为 0~32 时，水平收敛曲线开始迅速发生变化。随着开挖工作的推进，水平收敛的增长速度逐渐降低，但曲线仍在逐步增长。当开挖到一定程度后，曲线最终趋于平衡，此时隧道达到稳定状态。采用 CRD 法施工产生的水平收敛略大于采用双侧壁导坑法施工产生的水平收敛。以采用双侧壁导坑法施工产生的水平收敛终值为基准值，采用 CRD 法产生的水平收敛终值比基准值大 6.71%。通过对比分析可知，采用不同开挖方法进行施工产生的隧道水平收敛虽存在一定的差异，但相差较小，均在安全范围内。

（2）基坑水平收敛分析

当隧道采用不同开挖方法进行施工时，基坑的水平收敛与开挖步数的变化规律较为相似。在隧道开挖初期，基坑的水平收敛曲线变化浮动较小，随后基坑的水平收敛值开始逐步增大。当隧道开挖至 32 步时，采用双侧壁导坑法引起的基坑水平收敛曲线基本不再发生较大的变化，但采用 CRD 法进行施工引起的基坑水平收敛值仍以缓慢的速度增加，最终曲线趋于平缓。以采用双侧壁导坑法进行施工时基坑产生的水平收敛终值为基准值，则采用 CRD 法进行施工时基坑水平收敛终值比基准值大 26.77%。综合考虑，采用不同开挖方法进行施工对基坑的影响较小，故根据隧道自身产生的受力及变形情况，建议当隧道跨度为 12.0 m 时采用 CRD 法进行施工。

（四）隧道跨度为 9.0 m 时的受力及变形规律分析

为了能够清晰地表达当隧道跨度为 9.0 m 时，在邻近深基坑的情况下不同开挖方法引起的隧道初期支护以及基坑的受力及变形规律，截取模型的中部断面作为参考断面，通过分析该断面上监测点的变化，得出不同开挖方法引起的隧道以及基坑的受力及变形情况。

1.初期支护应力变化规律

当隧道跨度为 9.0 m 时，采用 CRD 法和台阶法进行施工产生的应力大小以及位置略有区别。

①当采用 CRD 法进行施工时，主要在拱顶附近表现为拉应力，其中在距离拱顶右侧不远处产生的拉应力最大，大小为 0.90 MPa；最小主应力均表现为压应力，在左拱腰下侧附近压应力最大，大小为 -3.45 MPa。

②当采用台阶法进行施工时，最大主应力只在拱顶附近表现为拉应力，其余均为压应力，最大拉应力为 1.83 MPa；最小主应力均表现为压应力，在两侧拱腰处产生最大压应力，大小为 -7.34 MPa。

由以上分析可知，隧道的开挖方法对初期支护的应力具有显著影响。当采用 CRD 法进行施工时，与采用台阶法施工进行比较，最大拉应力逐渐向拱顶部位偏移，而最大压应力也由拱腰下侧逐渐向拱腰处偏移。由于该跨度下的隧道采用台阶法施工产生的拉应力较大，为了保障施工安全，在该跨度下的隧道宜选取 CRD 法进行施工。

2.隧道拱顶沉降分析

当隧道采用 CRD 法和台阶法施工时，隧道拱顶沉降的变化曲线基本一致。在开挖步数为 0~20 时，拱顶沉降值以相同的速度缓慢增加，曲线变化幅度较小。在开挖步数为 20~28 时，采用两种开挖方法产生的拱顶沉降值开始迅速发生变化，增长速度基本相同。随着掌子面的不断推进，采用 CRD 法施工产生的沉降增长速度小于采用台阶法施工产生的沉降增长速度。当开挖到一定程度时，拱顶沉降曲线逐渐趋于平缓，但最终的拱顶沉降值具有一定差异。隧道分别采用 CRD 法和台阶法进行施工产生的拱顶沉降具有较大的差异。以隧道采用 CRD 法施工产生的拱顶沉降终值为基准值，则隧道采用台阶法施工产生的拱顶沉降终值比基准值大 41.71%。由此可见，采用不同的开挖方法施工对拱顶沉降具有很大的影响，而采用台阶法对隧道的稳定性影响较大。综合考虑施工安全以及经济性，在隧道跨度为 9.0 m 时宜选取 CRD 法进行施工。

3.水平收敛分析

（1）隧道水平收敛分析

当隧道跨度为 9.0 m 时，采用不同开挖方法施工产生的水平收敛与开挖步数的变化基本相同。在开挖步数为 0～32 时，水平收敛开始迅速发生变化，但采用台阶法施工产生的水平收敛增长速度略大于采用 CRD 法施工产生的水平收敛增长速度。随着开挖步数的增加，水平收敛也逐渐增加，增长速度基本保持不变。但随着掌子面的不断推进，水平收敛的增长速度开始降低，但仍在缓慢增长。当开挖到一定程度时，隧道水平收敛曲线逐渐趋于平缓，隧道达到稳定状态。隧道采用 CRD 法和台阶法进行施工产生的水平收敛终值基本相同，差别不大。以隧道采用 CRD 法进行开挖产生的水平收敛终值为基准值，则采用台阶法进行施工产生的水平收敛终值比基准值大 7.65%。通过对比分析可知，采用 CRD 法和台阶法产生的水平收敛虽然存在一定差异，但是差距不大，均在安全可控范围内。

（2）基坑水平收敛分析

当采用不同的开挖方法进行施工时，基坑的水平收敛变化曲线图基本相同。在隧道开挖初期，基坑的水平收敛值变化浮动较小。随着开挖步数的增加，基坑的水平收敛值开始逐渐增大。当开挖至 32 步时，采用 CRD 法产生的水平收敛以缓慢的速度增加，但变化浮动较小，而采用台阶法产生的水平收敛仍以一定的速度增加。当开挖到 45 步时，水平收敛曲线趋于平缓。以采用 CRD 法进行施工引起的基坑水平位移终值为基准值，则采用台阶法进行施工引起的基坑水平位移值比基准值大 12.04%。综合考虑，采用不同的开挖方法对基坑的影响较弱，故根据隧道本身的受力及变形情况选取开挖方法，当隧道跨度为 9.0 m

时宜选取 CRD 法进行施工。

（五）隧道跨度为 8.0 m 时的受力及变形规律分析

为了能够清楚地表达当隧道跨度为 8.0 m 时，在邻近深基坑的情况下不同开挖方法引起的隧道初期支护以及基坑的受力及变形规律，截取模型的中部断面作为参考断面，通过分析该断面上监测点的变化，研究由于不同开挖方法引起的隧道以及基坑的受力及变形情况。

1.初期支护应力变化规律

当隧道跨度为 8.0 m 时，采用 CRD 法和台阶法施工产生应力的大小以及位置具有一定的区别。

当采用 CRD 法进行施工时，初期支护主要在拱顶以及右拱脚附近产生拉应力，最大拉应力主要分布在拱顶右侧附近，大小为 0.81 MPa；最小主应力均表现为压应力，在左拱腰下侧附近区域，大小为-3.07 MPa。

当采用台阶法进行施工时，最大主应力在拱顶附近部位表现为拉应力，其余部位均表现为压应力，最大拉应力为 1.25 MPa；最小主应力均为压应力，最大压应力为-6.78 MPa，主要分布在隧道两侧拱腰处。

通过以上分析可知，隧道的开挖方法对初期支护的应力具有很大影响。最大拉应力主要产生在隧道拱顶附近，最大压应力主要产生在拱腰附近。综合考虑施工工期、经济性等，当隧道的跨度为 8.0 m 时宜采取台阶法进行施工。

2.隧道拱顶沉降分析

当隧道采用不同开挖方法施工时，拱顶沉降曲线随着开挖步数的变化规律基本一致。在隧道开挖步数为 0~20 时，隧道拱顶沉降值均以相同的速度缓慢增加，变化幅度较小。在隧道开挖步数为 20~28 时，采用 CRD 法和台阶法产生的拱顶沉降值以基本相同的速度迅速增加。随着掌子面的不断推进，采用台阶法施工产生的拱顶沉降值增长速度较大。当开挖到一定程度时，拱顶沉降曲线逐渐趋于平缓，但最终产生的拱顶沉降值不同。隧道分别采用 CRD 法和台阶法施工产生的拱顶沉降具有较大差异。若以隧道采用 CRD 法产生的拱顶沉降终值为基准值，则隧道采用台阶法进行施工产生的拱顶沉降终值比基准值大27.41%。由此可知，开挖方法对隧道的拱顶沉降具有很大影响。综合考虑施工工期、经济性等，当隧道跨度为 8.0 m 时宜选取台阶法进行施工，但在施工过程中应该密切监测隧道初期支护的应力变化，以确保施工的安全性。

3.水平收敛分析

（1）隧道水平收敛分析

当隧道采用 CRD 法和台阶法施工时，隧道的水平收敛与开挖步数的变化基本相同。在开挖步数为 0～32 时，水平收敛迅速开始发生变化，采用台阶法施工产生的水平收敛略大于采用 CRD 法施工产生的水平收敛。随着开挖步数的增加，隧道的水平收敛值也在不断增加，增长速度变化较小。随着掌子面的不断推进，水平收敛的增长速度开始变缓，但水平收敛值仍在增长。当开挖到一定程度时，隧道的水平收敛曲线逐渐趋于平缓，即此时隧道达到稳定状态。隧道采用 CRD 法和台阶法施工产生的水平收敛终值基本相同，差别不大。以隧道采用 CRD 法施工产生的水平收敛终值为基准值，采用台阶法施工产生的水平收敛终值比基准值大 7.09%。通过对比分析可知，采用 CRD 法和台阶法施工产生的水平收敛虽有一定的差异，但是差距很小，均在安全可控范围内。

（2）基坑水平收敛分析

在隧道开挖初期，基坑的水平收敛变化浮动较小。随着开挖步数的增加，基坑的水平收敛值开始逐渐增大。当开挖至 32 步时，采用 CRD 法施工产生的基坑水平收敛值以缓慢的速度增加，但曲线变化浮动较小，而采用台阶法施工产生的基坑水平收敛值仍继续增加。直至开挖至 45 步时，水平收敛曲线逐渐趋于平缓。以采用 CRD 法施工引起的基坑水平收敛终值为基准值，则采用台阶法施工产生的基坑水平收敛终值比基准值大 11.03%。综上所述，采用不同开挖方法施工对基坑的影响较弱，故应根据隧道施工自身的受力及变形情况选取开挖方法，当隧道跨度为 8.0 m 时宜选取台阶法进行施工。

四、现场监测与数据分析

中山广场至东里站区间隧道所处的地层主要为粉细砂，人工填土的厚度较大，且土层结构比较分散，故土层较不稳定。由于本工程邻近深基坑且建筑物较多，若在施工过程中处理不当则会造成较大的安全事故。为了能够随时掌握现场施工中各部位的变形情况，相关人员在施工中布设大量的监测点，方便及时分析隧道在施工过程中的稳定性，预防安全事故的发生。下面，笔者根据施工相关规范进行监测，选取监测断面下的现场监测数据，分析在开挖过程中隧道初期支护的变形规律，从而不断优化在开挖过程中的施工技术，以此确保施工的安全进行。

（一）现场监测的目的与原则

1.现场监测的目的

中山广场至东里站区间隧道位于石家庄市区内，在施工过程中需要注意很多问题，为了防止区间隧道的施工给自身以及周边建筑物造成较大的影响，在施工过程中有必要布设监测点进行现场量测。

在隧道的施工过程中，及时对隧道初期支护进行动态监测，根据监测出来的数据及时调整支护参数或者施工方法，对隧道的施工安全具有非常重要的作用。

2.监测网布置原则

进行监测之前，首先需要建立比较详细的监测控制网，以使相关人员准确掌握各监测点的变化规律，能够及时预测并应对施工过程中的各种问题。高程基准网由基准点以及工作基点组成。

关于监测点的布设，应该综合考虑土层条件、埋深和结构特点、支护类型、开挖方法以及环境状况等，尽量使用较少但准确的测点。监测点应布设在相对稳定、易于观察的区域。在监测过程中，应该每月对沉降控制点基准点进行复测，确保沉降观测数据精度。

在监测过程中，量测数据必须满足控制网的精度要求，对于不符合要求的数据必须重新进行测量，以确保数据的有效性。

（二）现场监测内容

为保障施工安全，在隧道的开挖过程中需要监测的内容很多。为了能够比较详细地反映中山广场至东里站区间隧道的受力、位移及变形情况，故在监测断面布置大量的监测点监测隧道结构的变形情况。在实际施工过程中主要利用天宝 DINI03 电子水准仪以及配套的水准标尺进行监测，监测内容主要包括：①隧道水平收敛监测；②隧道拱顶沉降监测；③地表沉降监测。

（三）现场监测点的布置及监测方案

中山广场至东里站区间隧道左侧邻近华润中心深基坑项目，施工的条件比较复杂，故为保证施工安全，监测成为施工过程中必不可少的程序。要想做好监测工作，还应注意量测仪器的选择、监测点的布置、监测的频率、监测数据的处理以及测量施工人员的组织等。

一般来说，由于地质以及施工的差异，不同的隧道施工监测项目也不尽相同。根据中山广场至东里站区间隧道的施工要求，按照施工组织设计以及相关规范的要求在施工过程中进行监测，然后通过分析监测数据来掌握隧道的变形情况，从而更好地指导现场施工。

（四）监测数据分析

这里选取 DK7＋122.122 监测断面上的数据进行分析，原因在于此断面的跨度最大，施工较为危险。监测是一个不断循环的过程，若是发现监测数据突然急剧增大等异常情况，应该及时通知施工单位处理并及时上报，将施工过程中可能存在的隐患消除在萌芽状态。监测数据的准确性会直接影响施工的进度，因此在监测中必须保证数据的及时性和准确性。

1.隧道水平收敛分析

隧道的水平收敛是隧道稳定的一个重要体现。相关人员可在开挖断面上布置监测点，观察在隧道的开挖过程中水平收敛的变化规律。在监测过程中，要每天对监测点进行读数。施工现场中监测点的水平收敛变化规律与数值模拟计算的变化规律相似。在隧道开挖初期，随着隧道掌子面的开挖，土层的应力逐渐释放，隧道的水平收敛变形开始加剧。在 6 月 7 日左右，水平收敛位移值增长速度开始提高，原因在于随着隧道下部左侧部分的开挖，土层受到扰动，并且未能及时施作初期支护，土层应力突然释放，水平收敛位移值在土层应力的作用下突然增大。随后在 6 月 20 日左右，隧道水平收敛变形速率开始降低，但水平收敛曲线仍在逐步增长。最后在 7 月 2 日左右，随着隧道开挖结束以及土层应力释放完毕，水平收敛的变形速率进一步降低，曲线的变化趋势逐渐趋于平缓，变形速率最终降为 0.03～0.12 mm/d，小于规范中规定的 0.2 mm/d，说明隧道的变形已趋于稳定，不存在安全隐患，可进行下一步施工。在监测过程中，隧道的水平收敛的最终变形量为 15.96 mm，小于数值模拟计算得出的 16.94 mm，表明数值模拟计算的结果偏于安全。

2.隧道拱顶沉降分析

一般在现场的施工过程中，监测的项目有很多，而拱顶沉降是必测项目之一。为了研究拱顶沉降在开挖过程中的变形规律，相关人员将施工过程中该断面下各监测点的实测数据进行整理、汇总，发现由在实际施工现场获得的监测数据得出的拱顶沉降变化规律与由数值模拟计算得出的变化规律相似。该断面下隧道开挖采用双侧壁导坑法。在隧道开挖后，隧道拱顶的土层应力得到释放。在 5 月 28 日至 6 月 6 日期间，隧道的变形有所加剧。随后从 6 月 7 日起，随着隧道左侧部分的开挖，隧道的拱顶沉降开始发生较大的变化，其变形速率也迅速变大。随后掌子面的不断向前推进对拱顶造成一定的影响，拱顶沉降以不同的速率逐步增长。在 6 月 27 日左右，隧道开挖结束，拱顶沉降的变形速率进一步减小，最终降为 0.06～0.12 mm/d，小于规范中规定的 0.15 mm/d，曲线的变化逐渐趋于稳定，说明隧道的变形已趋于稳定，可进行下一步施工。在监测中隧道的拱顶沉降最终变形量为 24.12 mm，小于数值模拟计算得出的 25.61 mm，表明数值模拟的计算结果偏于安全。

　　3.地表沉降分析

　　在现场的施工过程中，通过在暗挖区间隧道正上方的地表布置大量的监测点，能够监测在隧道开挖过程中地表沉降的变化规律。为了分析地表沉降在开挖过程中的规律，将得到的现场监测数据进行整理分析，发现由现场监测数据得出的地表沉降变化规律与由数值模拟计算得出的变化规律基本一致。在隧道开挖初期，由于隧道的开挖，地表发生不均匀沉降，该监测点处地表沉降开始发生变化。随着隧道的不断开挖，监测点的地表沉降以不同的速率逐渐增加。当开挖到 6 月 27 日左右，地表沉降的变化速率趋于稳定，该监测点在这段时间内地表沉降达到最大，约 23.86 mm。随后，随着掌子面的继续开挖，该监测点的地表沉降的变化浮动逐渐变小，地表基本趋于稳定。随着隧道开挖结束，地表沉降呈现一定的变化规律。地表沉降的最大值发生在右线隧道的正上方，因为右线隧道采用台阶法施工，相对于左线隧道采用双侧壁导坑法进行施工产生的地表沉降略大，随后随着逐渐远离右线隧道，地表沉降开始逐渐减小。

第三节　地铁暗挖区间
左线二次衬砌施工技术

本节主要以佛山地铁 3 号线佛山西站至兴业路站区间为例，介绍地铁暗挖区间左线二次衬砌施工技术。

一、工程概况

（一）工程简介

佛山西站至兴业路站区间，西侧为佛山地铁 4 号线后期实施工程。沿线控制性建构筑物为单层营房、两层营房和防空洞。本段为矿山法施工段，设计范围为：左线 ZDK67＋398.999～ZDK67＋637.245，左线长 238.246 m，宽度为 12.02～13.12 m；右线 YDK67＋398.999～YDK67＋681.045，右线长 282.046 m，宽度为 6.68 m。此外，因区间疏散要求，须在左线明挖风井与右线矿山法隧道之间设置一条联络通道，其中心里程为 YDK67＋658.580，长度为 3.49 m，宽 3.8 m，高 4.27 m，联络通道为直墙圆拱形断面。覆土厚度约为 17.47 m。

暗挖隧道工作井距山坡约 2.0 m；右线隧道进入山体最宽处横向距离为 45 m，右线隧道穿越山体长度约 224 m，左线隧道穿越山体长度约 175 m。

区间线路纵断面为单坡度，出佛山西站后，右线以 0‰、5‰的坡度接明挖段，线路轨面埋深 20.90～33.30 m，隧道覆土 15.85～28.18 m；左线以 0‰、5.072‰的坡度接明挖段，线路轨面埋深 20.90～33.30 m，隧道覆土 13.74～26.69 m。隧道洞身主要穿越强风化泥质粉砂岩、粉砂岩、细砂岩和强风化中粗砂岩，隧道综合围岩分级为Ⅲ～Ⅳ。

（二）工程条件

1.工程地质

（1）暗挖隧道

隧道下穿军用区范围内地层从上到下依次为：填土层，粉质黏土层，全风化碎屑岩，强风化泥质粉砂岩、粉砂岩、细砂岩和强风化中粗砂岩，中风化泥质粉砂岩、中风化粉砂岩、中风化细砂岩。

①填土层。本场地揭露的人工填土层主要为素填土，局部为杂填土，湿度以稍湿为主，主要由黏性土、砂组成，含少量碎石。填土大多为近代人工堆填，基本上未完成自重固结。该地层在线路范围内均有揭露，揭露到层厚 0.80～5.90 m（高程 4.63～10.64 m）。地下水基本位于填土层及全风化碎屑岩，水位高程2.70～8.16 m。

②粉质黏土层。该地层为红褐色、灰褐色，可塑至硬塑，黏性一般，韧性及干强度中等，主要由黏粒、粉粒组成，局部含较多石英颗粒。该地层在线路YDK67＋455～YDK67＋637 内分布均有揭露，揭露到层厚 0.80～5.90 m（高程4.64～9.37 m）。

③全风化碎屑岩。该地层为棕红色，风化剧烈，原岩结构基本破坏，但尚可辨认，呈坚硬土状，岩芯浸水软化易散。该地层在线路范围内均有揭露，揭露到层厚 3.70～6.0 m（高程-2.7～6.14 m）。

④强风化泥质粉砂岩、粉砂岩、细砂岩和强风化中粗砂岩。该地层为棕红色、黄褐色、灰褐色，岩石风化强烈，原岩组织结构大部分破坏，节理裂隙发育，钻孔揭露岩芯呈半岩半土状，局部呈碎块状，岩芯浸水软化易散。该地层在线路范围内广泛分布，揭露到厚度 5.4～25.4 m（高程-37.79～2.27 m）。

⑤中风化泥质粉砂岩、中风化粉砂岩、中风化细砂岩。该地层为棕红色、红褐色、灰色、灰白色，原岩组织结构部分破坏，砂状结构，层状构造，泥钙质胶结，裂隙较发育，岩芯呈短柱至长柱状，岩质软，锤击声哑。该层在线路YDK67＋401～YDK67＋540 内均有揭露，揭露到厚度 1.2～5.3 m（高程-

37.79～-23.44 m）。

本段隧道主要穿越强风化泥质粉砂岩、粉砂岩、细砂岩和强风化中粗砂岩。隧道顶部有较深厚的强风化岩层，整体地质情况较好，地层较稳定。

（2）联络通道

联络通道拱顶主要位于粉质黏土层、全风化碎屑岩层、强风化中粗砂岩层，洞身主要位于强风化中粗砂岩层，覆土厚度约为 17.470 m。

2.水文地质

地下水稳定水位埋藏深度 0.10～7.20 m，标高-3.57～18.57 m。地下水位的变化与地下水的赋存、补给及排泄关系密切，每年 4～10 月为雨季，大气降雨充沛，水位会明显上升，而在冬季因降水减少，地下水位随之下降。水位年变幅残丘地貌与平原地貌略有差异，年变幅约 0.5～3.5 m。

地下水按埋藏条件性质分为上层滞水、潜水、承压水等。按赋存方式分为第四系土层孔隙水、层状基岩裂隙水。

二、施工部署

（一）施工总体部署

佛山西站北端配线段左线起讫里程为 ZDK67＋398.999～ZDK67＋637.245，左线长 238.246 m，宽度为 12.02～13.12 m；右线起讫里程为 YDK67＋398.999～YDK67＋681.045，线路右线长 282.046 m，宽度为 6.68 m。结构断面类型为：左线为单洞双线断面，右线为单洞单线断面。

根据施工要求，首先施工采用台阶法的右线隧道，右线隧道土方开挖及初支超出左线 1.5 倍洞径距离后，施工采用 CRD 法的左线隧道，左线隧道首先施工远离左线一侧洞室。右线暗挖段初支施工完成 75～100 m 后，进行联络通道施工。先进行超前注浆，再进行联络通道施工。

单洞双线断面起讫里程为 ZDK67＋398.999～ZDK67＋637.245，左线长 238.246 m，采用 CRD 法施工，中间风井施工完成后进行单洞双线断面洞门位置的中间风井围护桩破除及初期支护，共分为 4 个洞室施工初支。首先凿除单洞双线断面第 1 洞室洞门上台阶初支混凝土，密排三榀加强工字钢并与工作井格栅焊接成整体，开挖时按设计要求预留上台阶核心土、架立工字钢并挂网喷射混凝土，及时封闭成环，在第 1 洞室进尺达到要求后，依次施工第 2～4 洞室。

单洞单线断面起讫里程为 YDK67＋398.999～YDK67＋681.045，长 282.046 m，采用台阶法施工，工作井施工完成后进行单洞单线断面洞门破除及初期支护，共分为 2 个洞室施工初支。具体参见上面做法。

为满足总体施工工期要求，先进行中间风井施工，中间风井完成后进行暗挖段初支施工，暗挖段初支施工完成后，拆除初期支护临时仰拱及中隔壁，进行二衬结构施工。

本工程施工采用市政用水。施工现场配备 1 台 800 kVA 箱式变压器，以满足临时用电需求。施工场地采用三相五线制供电，严格按"三级配电、二级保护"，开关箱"一机、一闸、一箱、一漏"配置。

（二）人员管理

对于人员，本工程采用项目管理法。公司总部与现场管理和组织机构之间为直接领导关系，总部全力支持现场实施项目管理，项目经理对项目资源全权调配，对总部全权负责。同时，经理部接受总部领导层的业务指导，并获得总部领导层强有力的支持。

经理部执行有关计划部署、措施安排，在实施的本合同范围内根据业主、监理工程师与总部批准的施工组织设计方案，合理、及时调配和安排现场物资、资金、人员和设备，在保证安全、质量、工期的前提下，优质高效地完成施工任务。

根据本工程的特点及管理跨度，本着"精干高效，功能完备"的原则，采用一级管理，项目经理部由上至下分为管理层和作业层。

（1）管理层管"面"，即进行生产、质量、安全、文明施工的综合管理。本工程管理层由项目经理、生产副经理、项目总工以及各职能部门（工程技术部、物资设备部、计划合同部、财务部、综合办公室等）组成。

（2）作业层管"线"，各尽其职，各负其责，进行专业化作业，实行专业化管理。本工程作业层由施工项目队组成。

管理层负责组织管理、协调控制，负责与业主、设计、监理及其他相关单位的联系；作业层负责现场施工，按照计划完成施工任务。

（三）施工进度计划

本区间左线洞门准备约 1 个月→左线初期开挖及支护约 16 个月→左线二衬约 4 个月→右线洞门准备约 1 个月→右线初期开挖及支护约 9 个月→右线二衬约 4 个月→联络通道准备约 8 d→初支约 16 d→二衬约 16 d。在实际施工过程中，根据工序的进度指标、现场实际情况进行优化调整。各工序的进度指标如表 2-1 所示。

表 2-1　暗挖施工进度指标

序号	工序名称	工程量	计划时间	计划进度指标
1	左线洞门准备	238.246 m	2021.6.1～2021.6.30	1 个月
2	左线初期开挖及支护	238.246 m	2021.9.1～2022.11.30	15 m/月
3	左线二衬	238.246 m	2022.12.1～2023.3.30	60～80 m/月
4	右线洞门准备	282.246 m	2021.6.1～2021.6.30	1 个月
5	右线初期开挖及支护	282.246 m	2021.7.10～2022.4.28	30 m/月
6	右线二衬	282.246 m	2022.4.29～2022.8.30	60～80 m/月
7	联络通道准备	3.49 m	2022.8.10～2022.8.17	8 d
8	初支	3.49 m	2022.8.18～2022.9.2	16 d
9	二衬	3.49 m	2022.9.3～2022.9.18	16 d

（四）材料配备计划

根据设计图纸等计算材料使用工程量，现场需进场材料的种类、型号、数量如表 2-2 所示。

表 2-2　主要材料配备表

序号	材料名称	型号	单位	数量	备注
1	超前小导管（洞身）	ϕ42 mm t＝3.5 mm	m	40 080.69	超前支护
2	超前大管棚（进洞）	ϕ159 mm t＝6 mm（无缝钢管）	m	3 400	
3	锁脚锚管	ϕ42 mm t＝3.5 mm	m	18 033.28	
4	喷射 C25 混凝土	抗渗等级 P6	m³	5 978.67	初期支护
5	钢筋网	ϕ8 mm 圆钢	t	149.26	
6	砂浆锚杆	ϕ22 mm	m	32 832.67	
7	纵向连接筋	ϕ22 mm	t	82.79	
8	工字钢	工 22b	t	787.55	
9	槽钢	36a	t	22.61	
10	格栅钢架	钢筋	t	117.92	
11	格栅钢架	18 号工字钢	t	180.09	
12	C35 混凝土	防水等级 P10	m³	6 663.14	二次衬砌
13	钢筋	—	t	983.5	
14	防水卷材	PVC（聚氯乙烯）塑料防水板	m³	27 776.93	
15	施工缝	—	m	1 166.4	二次衬砌
16	仰拱填充	C35	m³	2 344.28	
17	轨顶风道钢筋	—	t	58.17	轨顶风道
18	轨顶风道混凝土	C35	m³	415.56	

（五）施工资源配置计划

1.施工机械设备配置

主要施工机械配备如表 2-3 所示。

表 2-3　主要施工机械配备表

序号	机械名称	规格型号	指标	数量（台）
1	混凝土喷射机	PZ-5	5 m³/h	6
2	双液注浆泵	G2JB	11 kW	2
3	水泥罐	100 t		1
4	灰浆搅拌机	RM-100	4.6 kKW	4
5	潜孔钻机	120		2
6	管棚钻机	MDL-80		2
7	自卸汽车	FV313	15 t	4
8	提升架	电葫芦	10 t×2	2
9	混凝土拌和机	JZC-350	350 L	1
10	灰浆泵	PH-5	3 kW	1
11	箱式变压器		1 000 kVA	1
12	空压机	13 m³、20 m³	90＋180 kW	2
13	通风机	SDF（C）-NO11.5	2×55Kw	5
14	水泵	8DA-12	扬程 30 m	4
15	污水泵	Z1/2PW		4
16	交流电焊机	BX3-300-2	5.5 kW	16
17	调直机		1.4 kW	2
18	砂轮机		2 kW	2
19	切角钢机		25 kW	1
20	切筋机		5 kW	2
21	弯筋机		5 kW	1
22	等离子切割机		4 kW	2
23	三相异步电动机		5 kW	1

续表

序号	机械名称	规格型号	指标	数量（台）
24	手提焊机	BX3-300-2	5 kW	2
25	照明灯		2 kW	2
26	插入式振捣器		1.1 kW	6
27	混凝土输送泵		55 kW	2
28	木工刨床		7.5 kW	1
29	木工电锯床		4 kW	1
30	钢筋套丝机		5 kW	2
31	钢模板	10 m		4

主要测量、实验设备配置计划如表 2-4 所示。

表 2-4 主要测量、实验设备配置计划表

名称	规格型号	产地	数量	来源
全站仪	Leica-TS15	德国	1 套	自有
水准仪	TrimbleDiNi03	美国	1 套	自有
试模	150 mm×150 mm×150 mm	中国	12	自有
坍落度筒		中国	2	自有

2.人员配置计划

本工程双线暗挖配置施工人员 360 人，配置情况如表 2-5 所示。

表 2-5 人员配置计划表

工班	工种	人数	备注
管棚班	钻探工	12	2 个作业面，4 个班组，每班组 3 人
	注浆工	12	2 个作业面，4 个班组，每班组 3 人
锚杆班	钻探工	12	2 个作业面，4 个班组，每班组 3 人
	注浆工	12	2 个作业面，4 个班组，每班组 3 人

工班	工种	人数	备注
开挖支护班	喷混工	4	9个作业面，4个班组，每班组1人
	电焊工	36	9个作业面，18个班组，每班组2人
	开挖工	90	9个作业面，18个班组，每班组5人
	注浆工	8	9个作业面，4个班组，每班组2人
二衬班	破除工	28	2个作业面，4个班组，每班组7人
	防水工	20	2个作业面，4个班组，每班组5人
	钢筋工	48	2个作业面，4个班组，每班组12人
	模板工	40	2个作业面，4个班组，每班组10人
	混凝土工	16	2个作业面，2个班组，每班组8人
综合班	电工	2	
	提升架司机	2	
	装载机司机	2	
	普工	12	
	信号工	4	
合计		360	

（六）隧道通风及洞内管线布置

1.施工通风

根据佛山市气候条件和暗挖施工特点以及以往的施工经验，在施工中采用压入式通风来解决防尘、降温问题。

两条隧道共配备 5 台 SDF（C）-NO11.5 螺旋轴流式通风机，左线 2 台，右线 3 台。通风机主要参数：风量 1 865 m³/h，风压 727～4 629 Pa，功率 2×55 kw。通风风管采用 ϕ1.0 m 的拉链式软风管，通过盾构风管储存箱进行延伸，将新鲜空气压入盾构机后配套通风管路，通过盾构风管将新鲜空气压入盾构机前端作业空间。

2.管线布置

根据暗挖施工的特点，在隧道内布置污水管、进水管、风管。电缆线包括施工电缆线、照明电缆线。

三、施工组织方案

本段隧道两端连接佛山西站和区间工作井，采用矿山法施工时由工作井设置工作面，施工计划小断面隧道（右线）应先开挖，大断面隧道（左线）应后开挖。二衬在右线初支开挖完成后进行施工，大断面隧道（左线）在小断面隧道（右线）初支超出 2 倍洞径距离的情况下方才进行开挖及初支。开挖方法为矿山法（分别为 CRD 法和台阶法），初支完成后进行二衬施工，本区间左右线大里程方向各设置一个中间风井。根据区间疏散要求，须在左线明挖风井与右线矿山法隧道之间设置一条联络通道（矿山法）。

（一）联络通道施工

本配线段设置一条联络通道，采用矿山法施工。

1.初期支护施工

正线初支施工完成后，对联络通道处进行断面止水注浆，加固范围为联络通道拱顶外 3 m 范围内、侧墙外 1 m 范围内和底部外 2 m 范围内。

在中间风井内部进行洞内超前帷幕注浆加固并止水，在中间风井主体结构位置范围内布置注浆孔。

中间风井围护结构及正线初支完成后，在中间风井主体结构上钻孔并布置注浆孔，对联络通道拱顶以外 3 m、侧墙以外 1 m 和底部以外 2 m 范围内进行洞内注浆加固。

正线二衬完成和联络通道加固完成后，破除联络通道处初支，开挖联络通道的土体，施作初期支护，然后施作夹层防水层和二次浇筑钢筋混凝土。

混凝土结构达到设计强度后，安装防火门等其他设备。

加固采用超前帷幕注浆方式，注浆采用孔径 52 mm 的 PVC 管、6 分镀锌注浆内管。浆液类型为水泥-水玻璃浆液。水泥浆与水玻璃体积比为 1∶0.8，水玻璃波美度为 35 °Bé，水泥浆水灰比采用 1∶1。浆液扩散半径约为 800 mm，注浆孔孔底间距为 1 400 mm。关于注浆压力，初压为 0.5～0.8 MPa，稳压为 1.0～1.5 MPa。

施工注意事项：

第一，扩散半径、注浆孔布置间距、注浆压力以及浆液配合比等施工参数仅供参考，以现场试验确定。注浆孔间距可根据实际情况进行适当调整。

第二，关于注浆顺序，为了防止浆液流失，先在注浆加固体四周注浆，使其形成一个封闭圈，然后先中间后周边，先下后上，隔孔交替注浆。注浆前应进行注浆试验，确定注浆参数，确保注浆期间矿山隧道的安全及加固效果。

第三，严格控制注浆压力、注浆量，若注浆量过大，应减小注浆压力，在扩散浆液凝固后加大注浆压力。

第四，注浆施工必须坚持先试后做的原则，以便调整注浆参数，选定最佳值。

第五，注浆时应加强监测，注意矿山隧道的变形，并根据监测情况及时调整注浆压力、注浆时间等注浆参数。严格控制注浆压力，避免压力过大。

第六，注浆应进行质量检验，检验合格后再进行施工，经加固的土体应有很好的连续性、均匀性、密实性、密贴性，其 28 d 无侧限抗压强度为 0.8 MPa，渗透系数不大于 1.0×10^{-6} cm/s。

第七，短进尺开挖，开挖后及时支护，及时封闭成环，同时加强监测，确保隧道安全。

第八，施工前应准备好应急处理材料。

在本次初期支护施工中，运用超前小导管是很有必要的。

在本次联络通道施工过程中，在联络通道拱部180°范围内打设超前小导管，预先加固地层，小导管选用 ϕ42 mm 钢焊管，$t=3.5$ mm，长度 3 m，沿初支拱部打设，环向间距 0.3 m，纵向间距 1.5 m（每两榀格栅打设一排），注浆浆液选用单液水泥浆，并根据围岩条件控制好注浆压力（0.3～0.5 MPa），要求加固体半径不小于 0.5 m。

根据设计的超前小导管位置，用全站仪进行小导管位置的测量放样工作，并用红油漆在作业掌子面上做好小导管位置的标记。钻孔直径应大于设计导管直径 3～5 mm，一般钻孔 ϕ50 mm，孔深大于设计长度 10 cm。

钻孔时一般采用风钻开孔，以设计的外插角向外钻孔，一般为 3°～5°。为保证超前小导管的有效搭接长度，施工过程中应严格控制隧道开挖的进尺，以使下一循环的施工顺利进行。

利用超前小导管注浆应注意以下几点：

第一，注浆浆液采用 1:1 水泥浆，导管施工完成后开始注浆，注浆前对所有孔眼安装止浆塞，同时对管口与孔口侧进行密封处理。

第二，水泥浆液采用拌和机制浆，采用液压注浆机将浆液注入导管内，注浆前先检查管路和机械状况，确认正常后做压浆试验，确定合理的注浆参数，并根据注浆过程的信息反馈不断调整注浆工艺。

注浆分两步完成，当第一次注入的浆液充分收缩后，进行第二次注浆，以使导管填充密实。注浆采取注浆终压和注浆量双控措施，注浆压力以 0.3～0.5 MPa 为宜，持压 3～5 min 后停止注浆，注浆量一般为钻孔圆柱体的 1.5 倍。若注浆量超限，未达到压力要求，则应调整浆液浓度并继续注浆，直至符合注浆质量标准。确保钻孔周围岩体与导管周围孔隙均为浆液充填，方可终止注浆。注浆过程中如压力突然升高，则可能发生堵管，应停机检查。

2. 水平探孔施工

洞门桩破除前应做水平探孔，其中 1#联络通道做 9 个水平探孔。为了探明通道内地质及流水情况，联络通道钻孔长度应为 3.5 m。探孔施工完成后，须对水平探孔长度进行检测，要检测每一根。取出芯样，检查水样及土体情况，如洞口出水量较大，则应及时注浆封水。在确定衬砌后方无水后，再进行拆除。

3.洞门桩破除

联络通道允许开挖后，须破除中间风井围护结构桩。中间风井围护结构桩设计桩径 1.2 m。须将影响联络通道初支范围内的桩体全部破除，可让相关人员使用风镐由上至下逐层破除。第一次洞门桩破除至起拱线位置，随后开挖上台阶，上台阶开挖完成后，破除下台阶洞门桩。在这一过程中，可用气割割断桩主筋。此外，要将联络通道结构内的主筋全部割断。

4.土方开挖

联络通道施工时严格遵循"十八字方针"开挖，即管超前、严注浆、短开挖、强支护、快封闭、勤量测。

为减轻地面沉降变形，应严格控制开挖轮廓，尽量减少超挖，严禁欠挖。确定联络通道开挖轮廓时，应预留围岩变形量 50 mm。在施工过程中，应根据施工监测及时加以调整，以防止通道施工引起地面变形。

联络通道开挖采用台阶法施工，超前帷幕注浆、超前小导管施工、洞门破除完成后，开挖过程中上下台阶错开 2.5～7.5 m，每循环进尺 0.6 m。每次开挖完成后，立即进行初期支护作业。由于联络通道所处位置为强风化中粗砂岩，开挖时可先用风镐进行岩层破碎，再由人工开挖。由于联络通道作业空间受限，采用人工加小型设备出土，挖出土方采用手推车运至渣土槽，由汽车吊吊出地面。开挖由左线向右线施工。

5.联络通道初支结构

（1）格栅钢架加工

①确保格栅钢架采用的钢筋种类、型号等符合蓝图所示要求。钢筋具有材质证明书或实验报告单，分批堆放整齐。焊条、焊剂应有合格证，防止锈蚀、受潮变质等。

②严格按相关规范加工钢格栅钢架，确保各类焊缝、搭接的质量。

③格栅钢架加工后应放在专用平台地面上试拼，其允许误差为：沿格栅钢架周边轮廓拼装偏差不大于±30 mm；格栅钢架由各单元钢构件拼装而成，各单元间用螺栓连接，螺栓孔眼中心间距公差不超过±0.5 mm；格栅钢架平放时

平面翘曲度应小于±20 mm。钢筋格栅第一榀制作好后应试拼，试拼合格后再投入批量生产。格栅钢架组成的钢筋表面不得有裂纹、凹坑、油污及其他影响使用的缺陷。

（2）格栅钢架安装

①格栅钢架安装前应清除底脚下的虚渣及其他杂物，超挖部分用混凝土垫实。

②在开挖作业面人工组装格栅钢架。各节钢架间应以螺栓连接拧紧，并且焊接牢固。

③格栅钢架与土层之间应尽量接近，留 5 cm 间隙作为保护层。在安装过程中，当钢架和土层之间有较大间隙时，应加设垫块。

④格栅钢架应精确定位，注意"标高、中线、前倾后仰、左高右低、左前右后"等各个方位的位置偏差。

⑤纵向连接筋焊接严格按照设计要求，双层钢筋网与格栅钢架要联结牢固，喷射混凝土时钢筋网不得晃动。

6.砂浆锚杆

（1）锚杆制作。

①锚杆采用 ϕ22 mm 螺纹钢筋加工，长度为 2.5 m。使用锚杆前，应调直、除锈、除油。

②制作好的锚杆钢筋应堆放整齐。

（2）锚杆钻孔。

①根据设计图纸，由测量技术人员对锚杆的施工位置进行描点、画线。

②先在岩面上画出锚杆孔位，采用 HYT-28 风钻钻孔，钻孔直径应大于杆体直径 15 mm。调整固定好钻杆角度。成孔后采用高压风从里到外进行清孔，将孔内积水和岩粉吹洗干净。

③钻孔内若残存积水、岩粉、碎屑或其他杂物，会影响灌浆质量，也不利于锚杆杆体的插入，从而影响锚杆效果。因此，锚杆安装前，可运用高压风、水清除孔内积水和岩粉、碎屑等杂物。

④成孔后，由现场技术负责人对孔深进行检查。对孔深不能满足设计深度要求的（允许偏差±50 mm）钻孔，进行补钻，直到满足施工规范要求。

（3）砂浆锚杆注浆。

注浆管在使用前应检查有无破裂和堵塞，接口处要牢固，防止注浆压力加大时开裂跑浆。注浆管应随锚杆同时插入，干成孔时在灌浆前封闭孔口，湿成孔时在灌浆过程中看见孔口出浆时再封闭孔口，并根据注浆过程的信息反馈动态调整注浆工艺。

7.喷射混凝土施工

初期支护采用 C25 喷射混凝土，抗渗等级为 P6。

（1）湿喷混凝土的施工方法

①喷射机械安装好后，先注水、通风、清除管道内杂物，同时用高压风吹扫岩面，清除岩面尘埃。

②保证连续上料，严格按施工配合比配料，严格控制水灰比，保证料流运送顺畅。

（2）原材料的要求

水泥：采用 P.O42.5 普通硅酸盐水泥，其性能符合现行相关标准。

细骨料：采用清洁、坚硬的中粗砂，砂粒不宜大于 2.5 mm，使用前应过筛。

粗骨料：采用坚硬耐久的碎石，粒径不大于 15 mm，级配良好。

水：采用不含有影响水泥正常凝结与硬化的有害杂质的自来水。

速凝剂：使用前与水泥做相容性试验及水泥凝结效果试验，其初凝时间不得大于 5 min，终凝时间不得大于 10 min。

（3）湿喷混凝土特殊技术要求

喷射混凝土采用潮喷工艺，喷射设备采用潮喷机，人工掌握喷头直接喷射混凝土。

喷射混凝土作业要满足《岩土锚杆与喷射混凝土支护工程技术规范》（GB 50086—2015）有关规定，还要注意以下几点：

①搅拌混合料采用强制式搅拌机：搅拌时间不小于 2 min。原材料的称量

误差为：水泥、速凝剂±1%，砂石±3%；拌和好的混合料运输时间不得超过20 min；混合料应随拌随用。

②混凝土喷射机具性能良好，输送连续、均匀，技术性能满足喷射混凝土作业要求。

③喷射混凝土作业前，清洗受喷面并检查断面尺寸，保证尺寸符合设计要求。喷射混凝土作业区应有充足的照明设备，作业人员要佩戴好作业防护用具。

④喷射混凝土在开挖面暴露后立即进行，喷射混凝土作业分段分片进行。喷射作业自下而上，先喷格栅钢架与拱壁间隙部分，后喷两钢架之间部分。在这一过程中，应注意以下几点：

a.喷射混凝土分层进行，一次喷射厚度根据喷射部位和设计厚度而定，拱部宜为5～6 cm，边墙宜为7～10 cm。若终凝后或间隔一小时后喷射，受喷面应用风水清洗干净。

b.严格控制喷嘴与岩面的距离和角度。喷嘴与岩面应垂直，有钢筋时应适当调整角度，喷嘴与岩面距离控制在0.6～1.2 m。

c.喷射时自下而上，即先墙脚后墙顶，先拱脚后拱顶，避免死角，料束呈螺旋轨迹运动，一圈压半圈，纵向按蛇形喷射，每次蛇形喷射长度为3～4 m。

d.采用潮喷工艺，混凝土的回弹量边墙不大于15%，拱部不大于25%。

e.喷射混凝土终凝2 h后开始洒水养护，应保证混凝土具有足够的湿润状态。养护时间不得少于14 d。

f.喷射混凝土表面应密实、平整，无裂缝、脱落、漏喷、空鼓、渗漏水等现象，不平整度允许偏差为±3 cm。

（4）湿喷混凝土工艺流程

采用喷射混凝土施工工艺，减少回弹及粉尘，创造良好的隧道施工条件。混凝土在洞外拌和，由运料车运至喷射工作面。混凝土配合比由现场试验室根据试验确定。

8.初支背后及初支与二衬之间的回填注浆

初支完成后应及时进行初支背后注浆，保证初支背后密实。注浆在距开挖工作面 3～5 m 的地方进行，注浆采用 ϕ42 mm 无缝钢管，t＝3.5 mm 钢管，单根长度 0.45 m。注浆孔沿隧道拱部及拱肩布置，拱顶布置 1 根，拱肩各 2 根，纵向间距为 2.0 m，梅花形布置，注浆压力为 0.1～0.3 MPa，浆液采用水泥砂浆，具体配比根据现场试验确定。

初支与二衬之间回填注浆采用水泥浆液，注浆管在二衬浇筑前预埋，采用 ϕ42 mm、t＝3.5 mm 钢管，注浆管沿拱部环向间距 2 m，纵向间距 3.0 m，梅花形布置。初支背后的注浆应在喷射混凝土后 7 d 进行，二衬背后注浆应在混凝土浇筑完成后 30 d 进行，注浆压力控制在 0.2 MPa 以内，注浆参数可根据地层条件现场试验调整。

（二）二衬施工

1.喷射混凝土基面处理

喷射混凝土面粗糙、凹凸不平，以及钢筋、铁丝头外露等对防水层质量有很大影响。为此，在喷射混凝土强度达到设计要求后，应对湿喷混凝土表面进行处理，处理过程中注意做好以下工作：

①确保处理后混凝土面凹凸度 D/L＜1∶8。

②将基面钢筋及凸出的管件等尖锐突出物从混凝土表面割除，并在割除部位涂抹砂浆，将砂浆面抹成曲面。

③通道断面变化处的拐角抹成 R＝5 cm 圆弧。

2.缓冲层（土工布）铺设

缓冲层采用一层 400 g/m² 的土工布环向铺设，搭接宽度为 50 mm，用射钉枪射钉，将 PVC 垫片和土工布固定在基层上，土工布搭接边用手动焊枪点焊连接。每副防水板布置两排垫片。每排距防水板边缘约 400 mm，矩形布置。垫片间距为 800 mm。将防水板环向铺设，搭接宽度为 100 mm。铺设防水板时，应注意根据基层的具体情况来确定 PVC 防水板的松弛度。

拱顶部分的铺设：先在通道拱顶部弹出通道纵向中心墨线，再将已剪裁好的土工布中心线与这一标志重合，然后从拱顶开始向两侧下垂铺设。

边墙部位的铺设：沿通道竖向垂直铺设。

底部的铺设：顺通道纵向铺设。

3.PVC 防水板铺设

PVC 防水板同缓冲层环向分两次铺设，其搭接处高度低于缓冲层搭接处 300 mm；铺设拱墙塑料防水板时，在拱顶的衬垫上标出隧道纵向中心线，塑料防水板由拱顶开始向两侧下垂铺设，边铺边与圆垫片热熔焊接。注意：钉子与钉子间的防水板不要拉得太紧。

PVC 防水板采用热风焊枪点焊连接，然后将 PVC 防水板空铺在土工布上，PVC 防水板之间的搭接宽度为 100 mm。下部 PVC 板应压住上部 PVC 板，接缝为双焊缝，单条焊缝的有效焊接宽度不应小于 15 mm。焊接应严密，两条焊缝之间应留出空腔以便进行充气检查。防水板全部铺设完后施作二衬，并设临时挡板，防止机械损伤和电火花灼伤防水板。

4.防水板收口、搭接以及热熔施工

防水板接缝焊接是防水施工最重要的工艺之一，焊缝采用 ZPR-210 型爬行热合机双缝焊接，即将两层防水板的边缘搭接，通过热熔加压有效黏结。防水板搭接宽度短边不小于 150 mm，长边不小于 100 mm，焊缝宽度不小于 10 mm。

防水层的接头处应擦拭干净，去除表面油污、灰尘，以保证焊接质量。在结构立面与平面的转角处，防水板接缝留在平面，距转角不小于 600 mm。

5.焊缝检查

用 5 号针头与压力表相连，针头刺入焊缝空腔中，用手动气泵充气。当压力表达 0.25 MPa 时停止充气，观察 15 min，若压力下降值小于 10%为合格。如果保持该压力时间少于 1 min，则说明有未焊好之处，要用肥皂水涂在焊缝上。若有产生气泡的地方，则用热风焊枪补焊，直到不漏气为止。

6.防水板修补

防水层施工必须精心，然后认真检查质量。若突然停电以致热合机不能前

进，破坏了防水板，则首先检查防水板的破坏之处，立即做出明显标记，以便修补。防水板修补通常采用热合等方法，修补后用真空检查法检查修补质量，具体遵循以下要求：

①补丁不得过小，离破坏孔边缘不小于 7 cm。

②补丁剪成圆角，不要有正方形、长方形、三角形等尖角。

7.防水层的保护

防水层做好后，及时用防水混凝土施工。

混凝土振捣时，振捣棒不得直接接触防水层，以免破坏防水层。振捣棒振捣时引起的对防水层的破坏不易被发现，也无法修补，故二次衬砌模筑混凝土施工时应特别注意，严禁紧贴防水板捣固。

如需进行钢筋焊接，必须在此周围用石棉板遮挡隔离，以免溅出火花，烧坏防水层。焊接作业完成后，要等钢筋冷却再撤除石棉板。进行其他作业时不得破坏防水层。

振捣棒不得接触防水层，混凝土输送管设弯头，减少对防水板的冲击。

进入施工现场的人员不得穿带钉子的鞋在防水层上走动。

加强对现场施工人员的教育，增强其保护意识。

8.施工缝防水施工

混凝土浇筑时，在施工缝处预埋 3 mm 厚的镀锌止水钢板，止水钢板安放在浇筑混凝土厚度的中心位置，埋入混凝土的深度为其宽度的一半。

混凝土振捣过程中必须严格按工艺操作，快插慢拔，布点均匀，防止漏振，振捣棒端头距施工缝 30～50 cm，防止过近破坏止水带，过远漏振使浆液不能到达接缝处，产生露骨。

9.洞口防水施工

防水板与环梁、隧道洞门用止水胶黏结，胶带的宽度为 150 mm，并增设一层外贴式止水带。在正洞与联络通道连接处设置注浆管和注浆导管。

10.二衬自身防水

确保二衬混凝土自身防水主要应注意以下两点：控制二衬混凝土的密实

度；控制二衬混凝土开裂。

混凝土结构自防水和接缝防水处理是结构防水的基本环节。混凝土结构自防水主要是由防水混凝土依靠其自身的憎水性和密实性来达到防水效果。增强混凝土的抗渗性就是提高其密实度，抑制孔隙的形成。施工中，通过控制水灰比、水泥用量和砂率来保证混凝土中砂浆质量和数量以抑制孔隙。此外，还可加入膨胀剂和高效减水剂，增强混凝土的抗裂性能。

11.穿墙管防水

①穿墙管在墙体混凝土浇筑前进行埋设。

②预埋套管安装时，采用焊接的方式将钢板止水环固定在钢筋骨架上。

③当管道伸缩量较小时，可采用将主管直接埋入混凝土内的固定方法；当管道伸缩量较大且有更换要求时，应采用套管式防水法。

④金属止水环应与主管满焊密实，并做防腐处理。采用套管式穿墙防水构造时，翼环与套管应满焊密实，并在施工前将套管清除干净。

⑤当穿墙管线较多时，可采用穿墙盒方法。穿墙盒的封口钢板应与墙上的预埋角钢焊接。

⑥结构内侧采用土工布、PVC 防水板及柔性防水层，进行间缝防水处理。

⑦穿过防水层的管道预埋套管，套管中间连接止水钢板，迎水面设置 PVC 板防水层。

四、暗挖隧道施工

（一）初支施工

1.洞门施工

正线洞门即工作井与区间正线交叉处，在工作井施工时预留正线洞门洞口。工作井洞门混凝土达到设计强度后，暗挖工程施工时要对洞门处围护桩进行破除施工。本工程共有两个正线洞门，洞门左线有 4 个洞室，右线有 2 个洞室，这几个洞室都需要破除。先破除的洞室达到进尺要求后，进行洞室开挖及初支，完成后方可进行下一洞室的破除施工。

2.掌子面超前注浆

本段隧道穿越强风化地层，采用超前注浆预加固地层，以控制地下水流失和加固掌子面地层。注浆孔开孔直径不小于 110 mm，每一循环段 23 m，采用信息化施工，以便随时掌握隧道围岩水量动态，确保注浆质量。掌子面超前注浆在一定程度上加固了围岩，减少了拱顶上方裂隙，降低了渗透系数，有助于控制拱顶围岩涌水量。

（1）注浆方案及孔位布置

根据地质报告和超前钻探情况可知，围岩以中风化和强风化灰岩为主，掌子面围岩具有自稳能力，可采取全断面帷幕注浆方式。

（2）注浆参数的确定

①注浆压力是浆液在地层中扩散、充填、压密的能量，浆液在裂隙中扩散、充填的过程就是克服流动阻力的过程。注浆压力的选择不仅要考虑静水压力的大小，而且要考虑裂隙的大小。裂隙大，浆液扩散阻力就小；裂隙小，浆液就不易扩散。根据隧道埋深和涌水压力，结合裂隙宽度等因素，确定注浆压力为静水压力 1～2 MPa。

②每一循环注浆长度为 23 m，开挖 20 m，保留 3 m 长止浆岩盘。

③注浆按扩散半径 0.5 m、孔底间距 3 m 布置，单洞双线每一循环共设置 7 环 125 个注浆孔，单洞单线每一循环共设 5 环 69 个注浆孔。

④注浆开孔直径为 110 mm，终孔直径不小于 91 mm，孔口管采用 ϕ108 mm、壁厚 5 mm 的热轧无缝钢管，管长为 3 m。孔口管应埋设牢固，并有良好的止浆措施。

⑤注浆范围为隧道开挖轮廓线外 3 m。

⑥钻孔和注浆顺序由外向内，同一环间隔施工。

3.注浆施工

（1）准备工作

超前钻探的目的是探明掌子面前方的工程地质和水文地质情况，为正确选择注浆参数和采取相应的技术参量提供依据。准备工作的主要内容是探测岩石的完整程度、涌水压力和涌水量。正确做法是用钻机在洞内工作面上向隧道前方钻探 30 m 左右的超前探孔，利用探孔进行探测和注水试验。

操作要点：

①埋孔口管：埋管钻孔的直径要大于孔口管外径。钻孔由外环向内环进行，先钻 110 mm 孔，安装 108PVC 管。施钻要严格按设计位置、方向进行。孔深要超出管前端 0.5 m。孔钻好后将孔口管置于孔内，外露长度为 60～70 cm。所有孔口管（包括注浆管）都安好后，关闭孔口阀，埋管结束。

②钻探孔：除必须按照钻孔操作要点施钻外，还要严格做好钻孔记录和岩芯取样。记录的内容有孔号、进尺、起止里程、钻具尺寸、岩石名称、岩石裂隙发育情况、出现涌水的位置和注水量等。根据岩芯标本、岩粉浆液、钻进速度、涌漏水情况来分析判断开挖面前方的工程地质、水文地质情况，为开挖措施提供选择依据。

（2）止浆墙施作

隧道开挖工作面至注浆设计高程后，施工人员可在工作面挂 ϕ6.5 mm、间距 20 cm×20 cm 钢筋网并喷射 C20 混凝土封闭掌子面，喷射厚 20 cm。止浆墙必须满足设计要求，以保证注浆效果。注浆过程中若止浆墙出现开裂、跑浆等现象影响注浆效果，则必须进行补喷。

（3）钻孔

钻孔位置要准确，按设计在掌子面上将开孔位置用红油漆标出。采用罗盘确定注浆外插角，调整钻机，满足设计钻孔方向要求。施钻时钻机要尽量贴近岩面，以减小钻杆的振动；要用清水钻进，开孔要轻减压，慢速，大水量，以保证钻孔质量。在施钻过程中，若单孔出水量小于 30 L/min，则可继续钻进；若大于 30 L/min，则应立即停止。

（4）制浆

关于制浆，可选用 JZ350 叶片式搅拌机为制浆设备。为了保证浆液的均匀性和在注浆间隙时不沉淀，另自行加工搅拌储浆桶两台，容量为 1 m³。在储浆桶外侧设两个以上取浆口，以保证大流量注浆时浆液的供应。根据选定浆液的配比参数拌好浆液，其中水泥浆拌好后用 1 mm×1 mm 网筛过滤，放入叶片立式搅拌机进行二次搅拌，确保浆液均匀。

（5）注浆

根据选定的参数配置浆液。注浆管须先检查，确认畅通后再接入注浆系统。注浆系统与孔口混合器接好后，开阀门，启动注浆泵，按照先稀后稠、（注浆量）先大后小、先注水泥单液浆再注双液浆的原则注浆。当注浆压力达到设计值时，维持 2～3 min，在进浆量达到设计数量时停止注浆，关闭球阀，随即卸下注浆混合器及注浆系统，并用清水清洗干净。注浆顺序为先注外圈，后注内圈，同一环孔由下而上间隔施作。

（6）检查注浆效果

所有注浆孔注满后，在开挖轮廓线范围内打设检查孔，检测注浆效果，每一循环设检查孔 5 个，其中拱部 2 个，左右边墙各 1 个，底部 1 个，检查孔径 110 mm，长度约 20 m，平均出水量小于 0.2 L/min，在 1.0 MPa 压力下，吸水量小于 2 L/min；加固体抗压强度不小于 3 MPa；岩石质量指标达到 75%～80%。若满足上述条件，则认为注浆达到效果，方可进行开挖。注浆检查孔在注浆效果检查完成后应及时采用 M10 水泥砂浆进行全孔封堵。

（7）单孔结束标准

①注浆压力逐步升高至设计终压，然后将泵量调至设计结束时的进浆量，并在该数值上稳定 10 min 以上。

②注浆结束时的进浆量小于 5 L/min。

③检查单孔涌水量小于 0.2 L/min。

（8）全段结束标准

①所有注浆孔均已符合单孔结束条件，无漏注现象。

②注浆堵水率不低于 90%，注浆后预测涌水量小于 3 m³/d。

③全断面注浆厚度、浆液有效注入范围满足设计要求。

④检查孔钻取岩芯，浆液充填饱满；7 d 单轴抗压强度不小于 5 MPa。

⑤全部注浆孔注浆完成后，在主要出水点附近设至少 5 个检查孔，测孔内涌水量或进行压水试验，若满足设计要求，则可以开挖，否则进行补注浆。

（9）异常情况处理

若钻孔过程中遇见突泥情况，立即停钻，拔出钻杆，安装孔口管及高压阀进行注浆。若掌子面小裂隙漏浆，则用水泥浆浸泡过的麻丝填塞裂隙，并调整浆液配比，缩短凝胶时间。若仍跑浆，则在漏浆处采用普通风钻钻浅孔，注浆固结。若掌子面前方 8 m 范围内大裂隙串浆或漏浆，则将止浆塞穿过该裂隙，进行后退式注浆。若注浆压力突然增高，则只注纯水泥浆或清水，待泵压恢复正常时，再进行双液注浆；若压力不恢复正常，则停止注浆，检查管路是否堵塞。当进浆量很大，压力长时间不升高，则调整浆液浓度及配合比，缩短凝胶时间，进行小泵量、低压力注浆，以使浆液在岩层裂隙中有较长停留时间，以便凝胶。有时也可以进行间歇式注浆，但停注时间不能超过浆液凝胶时间。

4.初期支护

（1）初期支护各项指标允许偏差

初期支护各项指标允许偏差如表 2-6 所示。

表 2-6　初期支护各项指标允许偏差表

项目	允许偏差/mm	检验方法	检查频率
工字钢、格栅高度与弧长	±20	用钢尺量	按批量抽检
组装高度	±30	用钢尺量	按批量抽检
组装宽度	±20	用钢尺量	按批量抽检
墙架长度	±20	用钢尺量	按批量抽检
工字钢、钢筋格栅组装扭曲度	±20	线坠及钢尺量	按批量抽检
辅筋	±10	用钢尺量	分组检测

项目	允许偏差/mm	检验方法	检查频率
工字钢、格栅安装步距	±50	用钢尺量	全频率
工字钢、格栅横向位移	±30	用钢尺量	全频率
工字钢、格栅纵向位移	±50	用钢尺量	全频率
安装高度	±30	用钢尺量	全频率
安装垂直度	$5\%H$	线坠及钢尺量	全频率
钢筋网间距	±10	用钢尺量	抽检
钢筋网搭接长度	≥200	用钢尺量	抽检

（2）工字钢、钢筋格栅

工字钢、钢筋格栅加工：

①拱架（包括顶拱和墙拱架）应圆顺，直墙架应直顺，允许偏差为：拱架矢高及弧长≤20 mm，墙架长度±20 mm，拱、墙架横断面尺寸（高、宽）≤10 mm。

②钢筋格栅组装后应在同一平面内，允许偏差为：高度±30 mm，宽度±20 mm。

工字钢、钢筋格栅安装：

①基面应坚实并清理干净，必要时应进行预加固。

②工字钢、钢筋格栅应垂直线路中线，允许偏差为：横向±30 mm，纵向±50 mm，高程±30 mm，垂直度5‰。

③工字钢、钢筋格栅与壁面应楔紧，每片工字钢、钢筋格栅节点及相邻工字钢、格栅纵向必须分别连接牢固。

架立注意事项：

①钢架安装前应清除格栅底脚下的虚渣及其他杂物，并用混凝土块、木块垫实。

②钢架在开挖作业面人工组装，各节钢架间用螺栓连接拧紧、焊接牢固，注意帮焊钢筋的焊接质量。

③钢拱架与土层之间应尽量接近，留 40 mm 间隙作为保护层。

④每榀钢架必须按照交底的里程和标高进行架设，保证中线和断面净空。

（3）纵向连接筋

①纵向连接钢筋必须按照设计要求布设。

②纵向连接筋焊接要保证质量，单面搭接焊长度满足 10d 要求，焊缝长度不小于 22 cm。

（4）钢筋网

①钢筋网加工允许偏差为：钢筋间距±10 mm，钢筋搭接长度±15 mm。

②铺设应平整，并与格栅连接牢固。

③采用 ϕ8 mm、150 mm×150 mm 钢筋网，钢筋网搭接长度不应小于 200 mm。

（5）喷射混凝土

①喷射混凝土应严格按照配合比进行施工，同时保证喷射混凝土面的表观质量。

②喷射混凝土应密实、平整，无裂缝、脱落、漏喷、漏筋、空鼓、渗漏水等，平整度允许偏差为 30 mm，且矢弦比不应大于 1/6。

③喷射混凝土作业应紧跟开挖工作面，并符合下列规定：

a.混凝土喷射应分片依次自下而上进行，先喷钢筋格栅与壁面间混凝土，然后喷两钢筋格栅之间混凝土。

b.每次喷射厚度为：边墙 70～100 mm，拱顶 50～60 mm。

c.分层喷射时，应在前一层混凝土终凝后进行，终凝 1 h 后再喷射。

d.喷射混凝土回弹量，边墙不宜大于 15%，拱部不宜大于 25%。

（6）回填注浆

在喷射混凝土达到强度后进行初支背后回填注浆，在初期支护施工时应预埋 ϕ22 mm 中空锚杆，注浆材料为水泥浆，注浆压力 0.5 MPa，拱部环向间距 0.5 m，梅花形布置。

（二）二衬施工

1.隧道二衬应遵循的原则

①因地制宜，根据隧道不同断面结构形式安排不同的二衬施工方法和顺序。

②二衬应由下向上依次灌注，有仰拱隧道应先施工仰拱，后施工墙及顶拱，以形成整洁的场地，确保运输道路平整，从而提高运输速度，加快生产进度，提高工程质量，改善作业环境，实现文明施工。

③二衬的每段长度根据隧道结构确定，标准段一般控制在 8～10 m，大断面控制在 4～6 m。

④隧道的标准段衬砌采用模板台车，大断面采用模板支架。

2.临时支撑拆除施工

根据施工监测情况施工，待各项数据稳定后，方可分段间隔拆除中隔壁、中隔板，根据断面结构尺寸确定拆除长度，左线单次拆除临时支撑长度小于等于 5 m，右线单次拆除临时支撑长度小于等于 10 m。注意：初支承受荷载过大会造成结构变形和混凝土开裂，影响结构安全。在临时支撑拆除施工过程中，要尽量避免初支承受荷载过大。

3.二次衬砌施工

（1）施工准备

①进行隧道断面测量工作，若发现有大面积超挖情况，则立即组织补喷，直至隧道断面达到设计要求；若出现欠挖情况，则凿除欠挖部分并补喷平整。

②做好材料的送检及新进场设备的报审、商品混凝土厂家的选定等相关前期工作。

③依据设计图纸，及时加工衬砌钢筋。

（2）清底、基面处理

地表及洞内监测数据趋于稳定后，根据一次衬砌底板浇筑长度（5 m、10 m），分段进行清底。清除底部淤泥、浮渣等杂物。对初支结构渗漏水处采取注浆堵漏措施，然后割除外露初期支护表面的注浆管头、钢筋头及外鼓部分，低洼处用 1∶1 水泥砂浆抹平。

（3）仰拱防水板铺设

基面验收达到要求后，铺设仰拱防水板。检查达到要求后，方可进行下一道工序施工。防水板铺设过程中注意保护防水板不受破坏。

（4）防水板保护垫层施作

为防止底板衬砌钢筋绑扎时损坏防水板，在防水板上铺设 5 cm 厚细石混凝土垫层。垫层混凝土用人工手推胶轮车输送，人工摊铺。施工过程中注意加强对防水板的保护，施工人员在操作过程中注意轻拿轻放，胶轮车支架底部及铁锹要求用布料包裹，避免扎破防水板。

（5）仰拱衬砌钢筋绑扎

①钢筋连接。本合同段区间钢筋连接采用钢套筒冷挤压连接技术。钢套筒冷挤压连接具有接头性能可靠、质量稳定、不受气候及焊工技术水平的影响、连接速度快、安全无明火、节能等优点，可连接各种规格的同径和异径钢筋（直径相差不大于 5 mm），也可连接可焊性差的钢筋。

②钢筋绑扎。绑扎前，要求对施工操作人员进行书面技术交底，进行现场放样。依据中线及标高，现场绑扎定位。钢筋底部要求布设足够的混凝土垫块，以保证底部混凝土保护层厚度。底板衬砌绑扎过程中注意保护防水板，架立定位过程中尽量避免焊接，以免烧伤防水板。

（6）仰拱模板支立、止水带安装

检查衬砌钢筋净空，若满足要求，则可进行底板模板架立。仰拱模板采用自制组装式模板进行施工。仰拱模板由 2 块侧模组成，仰拱模板采用液压缸辅以可调节的丝杠伸缩整个模板，以适应小空间快速施工。

为保证底板混凝土的密实度和流动性，混凝土坍落度为 160±20 mm。从两侧边模处对称进行混凝土浇筑，采用人工插入式振捣器振捣。用插入式振捣器振捣时要轻提轻放，以免破坏防水层和止水带。底板混凝土浇筑时，为便于控制底部弧度，施工时预先加工和仰拱弧度一致的钢模型。仰拱混凝土为非承重结构，强度达到 2.5 MPa 即可拆模，拆模后立即用麻袋片覆盖，洒水养护。

混凝土养护不少于 14 d。

（7）拱墙防水板铺设

拱墙基面验收达到要求后，铺设拱墙防水板。在防水板铺设过程中，要注意保护防水板不受破坏。

（8）拱墙衬砌钢筋绑扎

依据放设的隧道中线、标高，绑扎拱墙衬砌钢筋，避免撞破防水板。尽量减少现场焊接，若必须焊接，则应在防水板上面加垫木板或石棉板隔热层，以免防水板被烧坏。钢筋与模板间应设置足够数量和强度的混凝土垫块，以确保钢筋的保护层厚度。

（9）拱墙模板施工

组合模板体系由型钢拱架、钢管内支撑及钢模板组成。模板必须支撑牢固、稳定，不得有松动、跑模、超标准的变形下沉等现象。较大变断面处的模板支撑刚度经过验算方可投入使用。模板安装好后，必须复核中线及标高是否正确，中线、标高及净空是否满足设计断面的要求。

（10）拱墙混凝土施工

拱墙混凝土为钢筋混凝土，为保证混凝土的流动性，坍落度宜采用 180±20 mm。混凝土浇筑时应由下而上分层对称灌注，每层灌注高度不超过 400 mm，采用附着式平板振动器充分振捣。每层的浇筑顺序应从混凝土已施工端开始，以保证混凝土施工缝的接缝质量，以便于排气。混凝土灌注过程中应始终有技术人员和有经验的技术工人现场值班。此外，相关人员还应把握好放料、停料及振捣时机，特别是混凝土泵送满后的刹尖停泵时机。严禁强行泵送，既要保证拱顶混凝土饱满，又要避免压垮模板支撑体系。

根据洞内混凝土硬化时的强度增长规律和施工经验，混凝土拆模一般在24～36 h 后进行，拆模后应立即对混凝土进行养护，安排专人洒水，养护时间不少于 14 d。台车脱模后，下一组就位前应在台车表面涂刷水溶性脱模剂，采用自制喷淋式设备沿台车表面均匀涂刷，以避免脱模剂污染钢筋和脱模时混凝土黏附在台车上。

施工注意事项：混凝土灌注前应对模板（或台车）、钢筋、预埋件、预留孔洞、施工缝、变形缝止水带等进行检查，清除模板内杂物，隐蔽验收合格后，方可灌注混凝土。混凝土浇筑过程中应随时观察模板（或台车）、支撑、防水板、钢筋、预埋件、预留孔洞等情况，发现问题及时处理。

在拱部模板离两端头 100 cm 处以及模板中部，预留 ϕ50 mm 锥形检查孔 3 个。当灌注混凝土时，用锥形铁棒堵塞此孔，并在混凝土初凝前将此棒拔出，以检查混凝土灌注是否密实。此孔在二次衬砌背后回填注浆时，可作为注浆孔用。

（11）背后回填注浆

隧道及地下工程中的回填注浆具有堵水、加固结构、改善结构受力条件和控制地层沉降等作用。

五、混凝土浇筑及防水质量保证措施

（一）混凝土浇筑质量保证措施

①配合料均匀，颜色一致，计量准确，其允许偏差：水泥、水、外加剂、掺和料均为±1%；砂、石为±2%。

②外加剂加入搅拌机内，搅拌时间按外加剂的技术要求确定，且每盘拌和时间不少于 3 min。

③为加强对混凝土生产过程的控制，应严格监督检查各种原材料到货质量、计量情况、搅拌时间等，协助试验人员抽样。

④混凝土应分层浇筑，泵送混凝土最大摊铺厚度不宜大于 0.6 m，其他混凝土最大摊铺厚度不宜大于 0.4 m。

⑤混凝土浇筑应连续，因故间歇时，间歇时间应小于前层混凝土的初凝时间。浇筑混凝土期间应设专人检查支架、模板、钢筋和预埋件等的稳固情况，

当发现松动、变形、位移时，应及时处理。

⑥自高处向模板内倾卸混凝土时，混凝土的自由坍落度不宜超过 2 m，若超过 2 m，则应采用串筒、溜管等措施。串筒出料口距混凝土面高度不宜超过 1 m。

⑦混凝土振捣宜采用插入式振捣器垂直点振。坍落度较小时，应加密振点分布。振捣过程中应避免重复振捣，防止过振。插入式振捣器的移动间距不宜大于振捣器作用半径的 1.5 倍，且插入下层混凝土深度宜为 5～10 cm，与侧模保持 5～10 cm 距离，避免碰撞钢筋、模板。

（二）防水质量保证措施

1.严格检查、验收制度

防水工程质量检查严格执行"三检"和旁站监理制度。对每一道工序进行质量检查，并做好记录。在经过自检、质检工程师和监理工程师检查验收签认后，方可进入下一道工序的施工。

2.保证防水卷材施工质量

加强防水卷材在铺设、绑扎钢筋、浇筑混凝土时的保护，保证防水卷材施工质量。

3.混凝土结构自防水控制措施

混凝土结构自防水是工程防水最重要的环节。施工时应按图纸要求，选用相应等级的防水混凝土。必要时，可采用防腐、抗裂高性能混凝土。

结构自防水体系必须采取综合措施，保证混凝土的防裂、抗裂、防腐、抗渗等性能达到预期要求。

4.防水层防渗漏保证措施

①防水层的原材料应有出厂质量证明文件、试验报告以及现场取样复检报告，其质量必须符合要求，经监理工程师检验认可后，方可用于防水工程施工。

②卷材防水层在施工缝、穿墙管周围等细部做法必须符合设计要求和施工

规范的规定。

③卷材防水层的基面应牢固，表面应洁净、平整，保证防水卷材铺设过程中不被钢筋头、碎石等扎破。

5.变形缝、施工缝防渗漏保证措施

①变形缝的止水带、止水条，填充材料的性能和规格，必须符合设计要求和施工规范的规定。

②分次浇筑混凝土时，应清除原混凝土表面的浮浆及脆弱表层，对混凝土表面进行凿毛处理，露出粗骨料，使其表面呈凹凸不平状，用高压水冲洗表层，彻底清扫原混凝土表面的泥土、松散骨料及杂物，让混凝土表面充分吸水并保持湿润。

③变形缝的止水带安装应顺直、密贴，安装位置和方法应正确。混凝土浇筑时止水带内外侧应均匀，水平灌注，捣固密实，保证止水带与混凝土牢固结合，接触止水带处的混凝土不应出现粗骨料集中或漏振现象。

④施工缝的遇水膨胀橡胶止水条应直接粘贴在施工缝界面混凝土槽内，并与混凝土紧密接触。

第四节　暗挖隧道岩溶
地层灾害防治技术

本节主要以大连地铁一期工程 207 标段工程为例，介绍暗挖隧道岩溶地层灾害防治技术。

一、工程概况

（一）工程简介

本工程为大连地铁一期工程 207 标段工程。该工程包括"一站两区间"，起止里程为 DK9＋097.428～DK11＋623.35，线路全长约 2 530 m，分别为松东区间、东纬路站、东春区间北段，其中东春区间设大跨段 90 m。

本工程全部采用暗挖矿山法施工，共设施工竖井 8 座。车站采用 PBA（洞桩法）施工，东春区间大跨段采用 PBA 和双侧壁导洞法施工。松东区间隧道拱顶覆土最小 17.5 m，东纬路站拱顶覆土最小 3.9 m，东春区间隧道拱顶覆土最小 11.7 m。线路穿越的构建筑物有楼房、电塔等。

（二）工程环境

经勘察，沿线岩溶分布于全线段，发育数量多，大小岩溶构造形态均有发育，垂直分布规律不明显，多数岩溶呈充填或半充填状态，充填物多为黏土、红黏土及灰岩碎屑，呈流塑、软塑、可塑状态。岩面起伏变化大，岩层浅部溶沟、溶槽、溶隙及溶洞等发育强烈，溶洞存在串珠状分布的特点。勘察时遇孔率达 50%，岩溶发育程度为中等。车站和区间隧道拱部主要位于全、强风化石灰岩、泥灰岩层中，不良地质主要为岩溶、断层以及软流塑地层，围岩遇水软化，极易变形、坍塌。本标段全线地下水按赋存条件主要为基岩裂隙水（即岩溶水），岩溶的连通性总体上较好，汇水面积大，水量丰富，略具承压性。目前实际施工揭示出岩溶水单点水量最大达到 600 m³/h，竖井汇排水达到 1 200 m³/h。

根据地质勘察情况，实际揭示的掌子面地质状况形式多变，施工时产生的现象为超挖、掉块、坍塌、涌水突泥。该工程岩溶的掌子面形式主要有半土半岩、土石互层、溶蚀夹层等。岩溶主要分布于场区内南关岭组泥灰岩、五行山群甘井子组白云质灰岩中。揭露洞高 0.40～11.90 m，揭露洞顶埋深 4.50～33.10 m，揭露洞顶标高 1.49～38.34 m，揭露洞底标高 5.00～34.70 m。松江路站至东纬路站钻孔遇洞率约 47%，该工点岩溶发育程度为中等发育。东纬路站至春光街站钻孔遇洞率约 33%，该工点岩溶发育程度为中等发育。根据钻探揭露溶洞情况，埋藏深度 10～15 m 发育 12 个，占比 23.08%；15～20 m 发育 18 个，占比 34.62%；20～25 m 发育 12 个，占比 23.08%；25～30 m 发育 6 个，占比 11.54%；30 m 以上发育 4 个，占比 7.69%。其中埋深 10～25 m 发育 42 个，占比 80.77%；埋深 25 m 以上发育 10 个，占比 19.23%。洞高 0.0～0.5 m 发育 1 个，占比 1.92%；0.5～1.0 m 发育 23 个，占比 44.23%；1.0～1.5 m 发育 7 个，占比 13.46%；1.5～2.0 m 发育 5 个，占比 9.62%；2.0～2.5 m 发育 1 个，占比 1.92%；2.5～5.0 m 发育 12 个，占比 23.08%；5 m 以上发育 3 个，占比 5.77%。其中洞高 0.0～1 m 发育 24 个，占比 46.15%；1～2.0 m 发育 12 个，占比 23.08%；2 m 以上发育 16 个，占比 30.77%。

　　岩溶的连通性主要取决于灰岩的构造裂隙的发育程度、发育组合和连通性，同时与岩溶的发育强度、岩溶形态、空间分布规律、岩溶的充填程度等因素有关。根据目前公认的岩溶地区勘测方法和手段，需要现场进行大量的抽水或注水等试验，通过检验水中示踪剂的办法来确定岩溶的连通性。根据大量的岩溶地区勘测积累的经验可知，一般情况下，岩溶较发育的灰岩地区，岩溶的连通性均较好。岩溶的连通通道可归结为两类：一类是岩溶体直接溶蚀贯通；另一类是单个岩溶体通过构造裂隙连通。当然也存在大量溶孔、溶蚀裂隙、溶洞等，连通性较差或差。根据地质勘察报告中原始钻探记录和岩芯描述说明可知，勘察钻探过程中存在大量进水现象。本段地质情况：岩溶发育地段一般存在钻进中大量漏水、岩芯节理裂隙发育、部分钻孔岩溶发育形式呈串珠状等现象，只有少量的岩溶不发育地段钻探不漏水、岩芯节理裂隙不发育，说明本勘察沿线岩溶的连通性总体上较好。

　　正式施工后，相关人员发现东春区间地下水主要赋存在岩层中，明排疏干方式难以达到预期效果，打设降水井后能够控制但不完全，由于地铁线路调整和促进路站取消致使东春 2#、3#处于停工状态，东春 2#竖井周边降水井和基坑水泵停止抽排，竖井内水位处于横通道上方 3 m 处，一段时间内竖井一直处于淹没状态。打设的降水井几乎都在不间断抽降水，但冬季、夏季水量未见明显减少，由此推断大气降水不是本线路中地下水的主要来源。从距离海岸 3 km 的 1#竖井来看，海洋夜间潮汐反而对其有影响，需要增加水泵抽排解决，水量有变化。

二、岩溶地层不良地质体的地球物理探测方法

大连地铁施工采用了基于岩溶地层不良地质体的超前预报技术，通过在隧道上方开展地面跨孔电阻率 CT 探测，洞内开展地质雷达探测，对隧道施工开挖过程的灾害源进行了准确、有效的超前预报。

跨孔电阻率 CT 探测主要通过井中电极阵列排列方式来观测人工建立的地下稳定电流场的分布规律，进而进行地下目标体探测。

为查明大连地铁东春区间范围内地质异常区岩溶地质形态，拟采用二次物探为主、挖探抽查为辅的方式，对施工场地进行物探检测。通过检测结果可知：

①浅埋洞体，其揭示最大洞高达 11.9 m，顶板全风化地层岩体破碎。

②该区间存在地表水沿上覆土中裂隙下渗、地下水自然升降，使上覆土体被冲蚀，而形成土洞的现象。某些人为活动还会提高土洞发展速度。

③沿线随溶洞分布的地段存在较发育的风化深槽。根据本次勘察资料可知，在勘察区内揭露溶洞的钻孔 39 个，揭露溶洞 52 个。

岩体顶面处的岩溶主要表现为溶槽、溶沟、溶隙等，严重时呈较大范围的开口式溶洞。由于溶蚀作用，溶洞顶板岩体极薄或部分或全部已崩塌。由于溶洞充填物与上覆土层物性相近，没有明显的波阻抗、电阻抗差异，溶洞的顶板界面均为推测界面。岩体界面之下的岩溶主要为溶洞、溶隙等。为检测东春区间不良地质加固实际处理效果，对处理后的区域进行了挖孔复探。结果显示，

注浆浆液填充注浆范围内土体颗粒间空隙，地层密实坚硬，起到了预先改良地层、提高施工安全性的目的。

本次跨孔电阻率 CT 探测的目标体为溶洞、溶沟、溶槽、富水带等。根据电阻率断面影像图中电阻率值的大小及其分布规律，结合钻孔资料可知，溶洞在电阻率断面影像图中大多呈低阻闭合圈，而夹层呈层状分布，富水带则呈较大规模低阻带。此外，电阻率值越高则岩体越完整。通过 22 条电阻率 CT 剖面分析结果，结合相应的地质和钻孔资料，可得如下结论：本次探测共发现 42 处较大电阻率异常体。其中有两条较大电阻率的低阻异常带斜交隧道左右线，该异常带埋深沿隧道方向往深部发育，高程范围 0~15 m。此外，局部存在较大洞状异常体，高程范围 0~10 m，影响宽度约 2.5 m。此异常体由中风化泥灰岩中夹泥或碎屑物等引起，推断为溶洞、溶沟（槽）、溶蚀裂隙发育带等，具有一定的连通性，形成了较大规模的岩溶通道，在岩溶通道两侧溶蚀强烈。岩溶主要以层面发育为主，局部发育成洞径为 7.0~21.0 m 的大溶洞，溶洞均由黏土、碎石、碎屑等充填，充填物较为松散且富水，在隧道施工开挖过程中容易导致塌陷、涌水等。

三、岩溶地层条件下的涌水分析

（一）岩溶地层条件下的涌水类型

结合大连地铁岩溶发育一般规律、沿海城市的特点等，本文系统分析了引起大连地铁暗挖隧道工程涌水灾害的致灾水源及含导水构造，将水源或补给水源划分为大气降水、地表水和地下水三类。根据施工中涌水涌出物特征及导水空间形态特征，含导水构造可划分为充填型构造及非充填型构造两大类。基于发生频率及治理难度，涌水灾害可划分为富水断层破碎带型涌水、节理裂隙型涌水、管道型涌水、微孔隙与微裂隙型涌水等四种发生频率高、治理难度大的隧道与地下工程涌水类型。

（二）岩溶地层条件下的涌水的蓄势过程和失稳特征

1.涌水的蓄势过程

大连地区的岩溶涌水是水岩长期相互作用且在施工外力扰动下诱发岩体破裂失稳涌水的一种强势动力破坏现象，其中水岩长期相互作用为涌水积蓄了大量能量。

岩溶水对裂隙岩体具有软化、溶蚀作用。岩溶水对裂隙岩体具有软化和溶蚀的双重作用，导致涌水结构面的萌生和岩体强度的降低。裂隙岩体发生劈裂具有一定的安全厚度，该厚度范围内的岩体往往在涌水前处于水饱和状态。水饱和岩石、原始湿度岩石和干燥岩石的强度差别很大，前者强度最低，尤其是受岩溶水溶蚀严重的软弱岩石的强度受含水量的影响更大，东春区间显露的软弱岩石浸水后甚至会迅速崩解而丧失强度。

岩溶水压对裂隙岩体具有有效应力作用。大连岩溶地区的裂隙岩体中遍布孔隙、节理、裂隙等小型非连续面，岩溶发育段甚至存在更大规模的断层面和沉积层面，这些均为岩溶涌水的潜在通道。

2.涌水的失稳特征

大连地区岩溶涌水具有多种破坏模式。对于存在明显地质缺陷的含水构造，诸如断裂岩体、断层和充填型岩溶管道，涌水的蓄水渗透路径是天然通道，失稳破坏模式相对固定。对于完整的裂隙岩体，涌水的失稳涌水形式则为水力劈裂。但无论哪种涌水破坏模式，在涌水过程中均有某些相同点，即岩溶水对涌水通道的冲刷扩径作用和岩溶水压对涌水量的动力控制作用。

（1）岩溶水对涌水通道的冲刷扩径作用

在大连地铁已发生的涌水事故中，任何一种涌水模式在破坏失稳瞬间都会形成相对固定的初始涌水通道，只是涌水通道的形状与边界条件有所差别。随着涌水的进一步发展，通道壁的裂隙或者其他地质缺陷体会不断被破坏、剥落、冲走，从而增大涌水通道的过水能力。

（2）岩溶水压对涌水量的动力控制作用

大连地区岩溶水往往具有较高的静水头压力或动力储量，岩溶水流动速度随水压的增大而提高。因此，岩溶水水压决定涌水量的大小，对其具有动力控制作用。

（三）岩溶地层条件下的涌水机制

从大连地区涌水的动力来看，可将涌水划分为静水压涌水与动力涌水。静水压涌水是指在大型静储量水体作用下，结构防突性能逐渐弱化，导致水体失稳涌出。动力涌水是指水体受外来动力冲击，瞬间形成涌水通道涌出。动力涌水多发生在易垮落的坚硬岩层中，水体顶部覆岩瞬间垮落会释放巨大能量，对水体产生强烈的冲击作用。封闭离层水，使其沿径向（深度方向）传播，可使下部防突岩层内形成动力突破带。显然，静力压涌水更为常见，动力涌水需要具备一定的动力源，其涌水通道的形成主要受动力破坏作用和超静水压作用的影响，而静水压涌水主要受原生导水通道的静水压作用的影响。大连地铁在对岩溶地层涌水力学特征和规律进行研究的基础上，建立模型并进行相应的数值分析，获得导水断层诱发破裂通道的演化机制：在通常情况下，东春区间正断层断裂面的张裂度较大，透水性和富水性较强，含水层可导升至一定高度；逆断层的破碎带宽度较小且结构致密，导水性较差。但在开挖和岩溶水压作用下，非导水断层可活化为导水断层。

由于东春区间断层带岩体一般较两侧岩体软弱，断层内岩体发生变形破碎，阻碍了隧道掌子面开挖引起的二次应力的传递，使掌子面与断层之间围岩应力更加集中，导致掌子面一侧的底板破坏深度远大于另一侧。从东春区间底板流量监测情况来看，底板破坏程度随掌子面距离的缩短而加重，尤其是 $0\sim6\,\mathrm{m}$ 的范围内底板破裂的涌水口。在断层与底板裂隙带贯通前后，断层靠近掌子面的一侧流量突跳，且数百倍于底板总流量，表明沿断层方向距水源 $20\sim25\,\mathrm{m}$

处为断层活化区与底板裂隙带交接处，岩溶水由此经断层涌入底板破坏区后进入隧区。通过对东春区间岩溶地层涌水机制的研究可知，岩溶涌水是岩溶含水介质系统、水动力系统以及围岩力学平衡状态因地下工程开挖而发生急剧变化，存储在地下水体中的能量瞬间释放，并以流体的形式高速向工程临空面内移动的一种动力破坏现象。在现场施工中涌水通道形成之前，即便导水断层可升至一定高度，但若隔水岩层完整性较好，尚未产生导向裂隙，则底板破坏区对底板流量变化的影响也是非常小的。在涌水通道形成后，断层与底板破坏区交接处和靠近掌子面的底板处的水流量均发生很大变化。

四、暗挖隧道的涌水灾害治理

（一）水泥浆液的分区、分层扩散

1.水泥浆液的分区扩散

根据地层加固后浆液的扩散流态，东春区间可以分为充填扩散区、过渡扩散区和分层扩散区。

（1）充填扩散区

东春区间注浆开始时，注浆孔周围浆液流速较快，呈紊流状态，不易沉积，在注浆孔附近区域内形成一个半径较小的非沉积区。随着注浆的进行，浆液扩散范围逐渐增大，充填扩散范围到一定程度不再增大，且充填扩散范围边界在恒定注浆压力和流场条件下呈现稳定态势。充填扩散区以浆液的扩散为主，浆液没有被水稀释。

（2）过渡扩散区

在地层充填扩散范围外，浆液有一定呈紊流状态的薄层区域，我们称之为过渡扩散区。随着东春区间地层加固浆液扩散距离的增大，浆液由紊流状态向层流状态转化，在过渡扩散区内，随着与注浆孔距离的增大，逐渐出现浆液析水分层现象。浆液上层为浆液与水的混合区，浆液下层为析水后的扩散层。与充填扩散区和分层扩散区相比，过渡扩散区范围较小，但过渡区作用重大，浆液可在此区实现快速析水分层。

（3）分层扩散区

地层充填扩散范围最外层为分层扩散区。在分层扩散区，流场较为稳定，浆液和水均呈现层流状态。在试验中，可以看到分层扩散区的浆液有明显的稳定流线，浆液和水分层明显，互不干扰。

2. 水泥浆液的分层扩散

通过试验发现，该项目浆液在分层扩散区的扩散方式非常独特。浆液在扩散过程中与裂隙流场中的水流呈现上下分层现象，且各层的流态稳定、互不干扰，我们称这种扩散方式为分层扩散。

大连地铁总结出浆液的分层扩散只发生在分层扩散区。在分层扩散模型中，自下而上将浆液划分为沉积层、浆液扩散层及水流层。位于底层的沉积层在没有外力扰动的情况下是静止的；中间的浆液扩散层和顶层的水流层层间流线明显，没有发生浆液被水稀释的现象。根据扩散位置不同，浆液又分为逆水扩散和顺水扩散。在逆水扩散模型中，浆液扩散层的速度方向和水流方向相反，水流层对浆液的扩散起阻碍作用。在顺水扩散模型中，浆液扩散方向与水流方向相同，水流对浆液的扩散起加速作用。

（二）水泥浆液的动水沉积封堵机理

水泥浆液注浆具有结石体强度高、注浆材料来源丰富、造价低、浆液配制方便、操作简单等优点，已广泛应用于不稳定裂隙岩体注浆加固。然而，对水泥注浆机理的研究较少。笔者试图从东春区间地层加固的水泥颗粒开始沉积时浆液的最小流动速度、裂隙中水泥颗粒沉积分布与排水方式等方面研究水泥浆液在水平单一裂隙中的流动机理。

根据东春区间裂隙岩体中不稳定浆液的运动可知，水泥颗粒沉积是裂隙被注浆材料充填的原因。浆液存在一最小流动速度 v_{kp}，即水泥颗粒开始沉积的临界速度值。当 $v < v_{kp}$ 时，固相开始沉积，裂隙壁底处沉积物增加，直到浆液速度达到 v_{kp} 时为止。当浆液流动速度继续增加时，沉积停滞不前，因为沉积速度高于最小无沉积速度。在弱饱和溶液运动的条件下，临界速度值随浓度的增大而增大。在高浓度的絮凝溶液里，分子相互结合，沉积到底部而形成结构混合体。因此，当浓度开始增大时，临界浓度值减小。

裂隙岩体注浆所用水泥浆液的水灰比多为 1∶5，水泥水化大约 5%～25%的水，而其余 75%～95%的水则属于多余的，其作用仅为输送浆液。将水泥颗粒输送至预定地点后，应排除多余水分。水泥浆液进入岩体裂隙以后，其流动速度和压力随着与钻孔距离的增大而迅速降低。当浆液在裂隙内的流速降到某一临界值 v_{kp} 时，水泥颗粒在重力作用下在临界流速处陆续向底部沉积。东春区间地层加固水泥浆液沉积会使渗浆断面缩小，使注浆压力和浆液流速都发生变化。多余的水分在沉积层的顶部微小的缝隙内以清水的形式流到远方，直至裂隙被完全填满为止。

（三）暗挖隧道涌水治理

大连地铁地下水文地质变化多样，207 标段处于岩溶发育区，其中以东春区间的地质情况最为复杂，现以东春区间为例论述隧道涌水的降水方案。东春区间线路位于促进路下方，结构外边线位于人行道处，3#竖井向南段周边为居民楼和商铺，距离为 2～3 m。区间左、右线隧道下穿周水子、春柳排污河。区间隧道主要位于全、强、中风化泥灰岩层中，该岩层长期经地下水浸泡后地质软化，围岩自稳能力差，区域地质呈上土下岩结构。同时线路区域存在大量溶洞，遇孔率高达 47%，存在异常丰富的裂隙水，地下水具有水位高、水量丰富、承压性强等特点。东春区间范围内上覆第四系人工堆积层、第四系全新统冲洪积层、第四系上更新统坡洪积层，下伏震旦系南关岭组泥灰岩层、震旦系长岭子组钙质板岩。区间隧道主要穿越全、强、中风化泥灰岩层。

第一，全风化泥灰岩层为黄褐色，散体结构，岩体风化节理裂隙极发育，岩芯呈土状，主要矿物成分为方解石、黏土矿物，岩体极破碎，岩体基本质量等级 V 级。

第二，强风化泥灰岩层为灰黄色，碎裂，岩体风化节理裂隙发育，岩芯呈块状，局部有溶蚀痕迹，主要矿物成分为方解石、黏土矿物，岩体极破碎，岩体基本质量等级 V 级。

第三，中风化泥灰岩层为灰色，块状结构，岩体节理裂隙较发育，岩芯呈块状、短柱状，夹方解石脉，局部有溶蚀痕迹，主要矿物成分为方解石、黏土矿物，岩芯较完整，局部破碎，岩石质量等级为 IV 级。

施工揭示地质情况的岩性与详勘报告基本一致，但岩层风化程度的分界线差异较大。针对 207 标段地质复杂和多变的情况，利用高密度电法辅以地质雷达法，对全线进行物探探测和分析，特别对地下水和岩溶以及破碎带、断层等不良的水文地质体进行了加强探测。东春区间共有高密度电法测线 15 条，共 2 437.5 m，7 463 个数据点，地质雷达法测线 11 条，共 730 m。其中左线高密度电法测线为 37、36、35、34、01、50、48、49，地质雷达法测线为 251、250、249、248、247；右线高密度电法测线为 31、32、33、04、47、45、46，地质雷达法测线为 246、245、244、243、242、241。根据高密度电法和地质雷达法的探测结果可知，东春区间第四系覆盖层及黏土层大部分地段较薄，岩石以灰岩为主，大部分地段断层，岩溶比较发育，岩石赋水以裂隙水为主，地下水水量丰富。

地质勘察报告显示，该段区域水量中等丰富，为基岩裂隙水，稳定地下水位埋深为 2.6～10.7 m，水位高程为 5.0～8.66 m，年水位变幅为 1～3 m，地下水主要赋存于泥灰岩的裂隙以及溶隙中。地下水的排泄途径主要是蒸发和地下径流，主要补给来源为大气降水。根据地勘报告对应的地质岩性，中风化泥灰岩渗透系数取值为 1～5。但是施工揭示水文情况在出水量上与详勘报告出入较大。东春区间施工揭示的 3 个竖井区域出水量分别达到 680 m³/h、1 000 m³/h、450 m³/h，说明汇水面积大、水量充足、补给速度快。根据施工揭示地下水情况，结合对大连本地地质专家、常住居民的咨询情况可知，东春区间段地势较低，处在原冲刷地貌回填区域，该区域处在近海地段，东侧距现有海岸线垂直距离 3 km 左右，早期为海水冲刷凹槽地带，后期回填进行城市建设。从现场揭示地质条件可知，岩面线起伏较大，无规律性，溶蚀沟槽明显，表现为土石互层现象。施工过程中多个单位专家均到现场查看，对本标段内的地下水达成一致意见：地下水为岩溶发育区的基岩裂隙水，分布在全风化、强风化、中风化等岩层中，由于围岩裂隙发育且存在较多的岩溶，致使地下水具有连通性极强、汇水面积大、水量丰富等特点，隧道施工时风险极大。根据设计图纸要求，东春区间降水施工需降至隧道结构基底面以下 1 m，同时结合实际地形条件，采用井点降水，沿隧道结构边线外 2 m，按纵向间距对称布置。综合考虑地勘报告和现场实际出水标高，降水设计时考虑稳定水位为 5.0 m。

经分析，必须对东春区间进行涌水治理。根据地质条件、场地环境，结合设计图纸，综合考虑交通、管线影响以及经济性和工期压力，结合人员、机械设备施工操作空间和方便性，东春区间地下水共有地表和洞内两类涌水治理方案：地表治理方案有 3 种，分别为碎石桩止水帷幕方案、混凝土桩止水帷幕方案、旋喷桩止水帷幕方案；洞内治理方案为长距离和短距离两种全断面注浆止水帷幕方案。每种方案各有优缺点。

1.地表涌水治理方案

（1）碎石桩止水帷幕方案

碎石桩止水帷幕方案原理是在拟建区间隧道周边以双排小直径碎石桩与桩内高压注浆黏合形成平面四周止水帷幕，根据隧道线路走向和持续掘进施工需要，分区进行施作围堵。在对东春区间进行地质超前预加固过程中，该方案的堵水效果显著，保证了洞内掘进的安全。

地表施工需要在小范围的交通导改和管线探沟后再进行。施工采用普通地质钻机 2 台，沿设计桩位线布孔打桩。碎石桩钻孔直径 20 mm，桩间距 300 mm，桩排距 300 mm，梅花形布置，桩长自地表处打设至隧底标高以下 5 m，约 28 m长。孔内土质及全风化地层范围下设 ϕ219 mm、t＝6 mm 钢花管（防止塌孔），岩层不设钢管。成孔后，下设 $\phi48$ mm、$t=4$ mm 热轧无缝钢管（花管）作为预留注浆管，孔内采用 2～4 mm 碎石填充，填充高度至绝对标高＋10.0 m 处。每完成 8～10 m 桩位线长度后，统一进行后续注浆封堵，注浆采用桩内预留的 $\phi48$ mm、$t=4$ mm 钢花管进行注浆，浆液采用 1：1 水泥浆液，注浆压力为 0.6～2.0 MPa。

（2）混凝土桩止水帷幕方案

混凝土桩止水帷幕方案原理是在拟建区间隧道周边以双排小直径素混凝土桩形成平面四周止水帷幕，最大限度封堵地层裂隙以减少地下水渗漏。相关人员可根据隧道线路走向和持续掘进施工需要分区进行施作围堵。

在东春区间下穿周水子河施工时，该方案起到了提前加固两侧地层的作用，提高了隧道两侧的地层强度，在一定程度上保证了施工安全。施工采用 2 台地质钻机，沿设计桩位线布孔打桩。混凝土桩钻孔直径 230 mm，桩间距 300 mm，桩排距 300 mm，梅花形布置，桩长自地表处打设至隧底标高以下 5 m，约 28 m 长。孔内土质地层范围安设 $\phi219$ mm、$t=6$mm 钢花管（防止塌孔），岩层不设钢管。每根成孔后，立即灌注 C15 细石混凝土。布设形式及交通导改同碎石桩止水帷幕方案。

（3）旋喷桩止水帷幕方案

旋喷桩止水帷幕方案原理是在拟建隧道周边以双排旋喷桩形成平面四周止水帷幕，减少地下水渗漏。根据隧道线路走向和持续掘进施工需要，分区进行施作围堵。

该方案主要用于东春区间与周水子河止水防渗施工，达到了良好的效果。施工时，先用双管旋喷钻机 2 台，沿设计桩位线布孔打桩，预先用钻机钻成直径 127 mm 的孔，旋喷直径 600 mm，桩间距 400 mm，桩排距 400 mm，梅花形布置，桩长自地表处打设至隧底标高以下 5 m，约 28 m 长。按旋喷的工艺要求，由下而上喷射注浆，注浆管分段提升的搭接长度不得小于 100 mm。旋喷使用的水泥为 42.5（R）普通硅酸盐水泥，浆液稠度要合适，水泥掺入量根据设计要求而定。浆液宜在旋喷前 1 h 以内配制，使用时滤去硬块、砂石等，以免堵塞管路和喷嘴。布设位置及交通导改同上述两种方案。

2.洞内全断面注浆止水帷幕方案

洞内全断面注浆止水帷幕方案原理是在洞内掌子面打设全断面超前导管，通过预注浆加固在隧道掘进前方开挖范围外形成圆柱状止水帷幕，根据隧道线路走向和持续掘进施工需要，洞内分段施作全断面止水帷幕。洞内全断面注浆止水帷幕方案分为长距离和短距离2种。

（1）长距离洞内全断面注浆止水帷幕方案

注浆孔掌子面以隧道中轴为中心呈伞状布置，1#循环超前预注浆设置 14 个注浆孔，孔深 12 m；2#循环注浆设置 10 个注浆孔，孔深 20 m；3#循环注浆设置 5 个注浆孔，孔深 30 m。全断面共计 29 个注浆孔。隧道开挖轮廓线外 6 m 以内，纵向分段长度 30 m，每段搭接 6 m。浆液扩散半径 2 m，注浆压力由低到高逐渐增加。初始注浆压力建议采用 1.2 倍静水压力，实际参数根据现场实验情况灵活调整。成孔注浆采用前进式分段注浆工艺。注浆顺序为先隧道周边后中间。应隔孔交替注浆，严禁多孔同时注浆。

（2）短距离洞内全断面注浆止水帷幕方案

注浆孔掌子面以隧道中轴为中心呈伞状布置，1#循环超前预注浆设置 14 个注浆孔，孔深 6 m；2#循环注浆设置 10 个注浆孔，孔深 6 m；3#循环注浆设置 5 个注浆孔，孔深 6 m。全断面共计 29 个注浆孔。隧道开挖轮廓线外 3 m 以内，纵向分段长度 6 m，每段搭接 3 m。浆液扩散半径 1 m。注浆压力由低到高逐渐增加。初始注浆压力建议采用 1.2 倍静水压力，注浆压力初步设计为 0.6～2.0 MPa，实际参数可根据现场实验情况灵活调整。注浆结束标准：注浆压力逐步升高，当到达设计终压时，继续注浆 5～7 min。成孔注浆采用一次注浆工艺。注浆孔应打设角度预设标识。成孔后清孔检查，孔口焊接注浆闸阀。每循环超前预注浆前须设置 300 mm 厚止浆墙。注浆顺序为先隧道周边后中间、自上而下、先注无水（少水）孔再注有水（多水）孔。应隔孔交替注浆，严禁多孔同时注浆。

第三章　城市轨道交通隧道盾构
施工技术

第一节　地铁盾构施工全过程
安全风险管理

一、地铁盾构施工全过程安全风险管理的内容

地铁盾构施工全过程安全风险管理的内容主要有风险识别、风险评估、风险监控等。

（一）风险识别

风险识别即运用各类方法对风险进行系统归类，对风险构成中的风险事件及其形成因素和后果实施全面的定性识别。如果没有系统科学的方法识别各种风险，就不能把握可能发生的风险及其程度，也就难以选择管理、控制风险的方法。风险识别在地铁盾构施工的整个风险管理过程中占有重要的地位。

在地铁隧道工程施工期间，任意一环缺乏合理管控，均有可能造成一定的安全隐患。在地铁盾构建设过程中，要注意合理规避施工风险。在地铁隧道工程盾构施工作业中，随着全过程各项操作的不断落实，需要全面加强管理，采用合理的方式准确识别可能存在的风险，并在此基础上制定应对措施，确保措

施的科学性、合理性与可行性。风险识别过程中，要遵循严格、严谨的原则，以全面识别风险。

第一，在具体的盾构施工过程中，需要熟悉与工程建设相关的材料内容，并结合地质勘探信息，对施工环境进行深入了解。第二，要根据相关流程、标准，结合各项设备的参数进行严格检查。另外，还需要核对与施工相关的参数信息。第三，在地铁隧道工程盾构施工过程中，需要结合地底隧道的地质状况，获取与地质相关的有效信息。此外，应特别注意水文地质信息。第四，为有效规避风险问题，还需要制定有针对性的检查方案，进一步确定检查、管理的具体内容，提出有针对性的防范对策，减少风险问题的发生。在加强安全风险管理的同时，要确保采用的安全举措具备可行性，能够有效提升地铁隧道工程施工质量。

进行地铁盾构施工风险识别，应特别注意以下几点：

（1）影响因素多且数据量大。地铁盾构施工风险分析工作涉及的风险因素众多，而且数据量大。

（2）风险因素之间的关联性强。在地铁盾构施工中，风险因素之间的关系复杂多变，另外由于涉及面广，各分部分项工程之间的关联度很大。目前大多数有关地铁盾构施工风险理论的研究都将相关风险因素归并整合，却忽略了地铁盾构施工的系统性和程序性特点。事实上，各风险因素通常是相互关联的，如果完全忽略这种相关情况，而假设它们不是彼此关联的，并按照这样的条件进行风险评估，那么所得的风险评估结果将是不精确的或不合理的。

（3）不确定性强。现有的地铁盾构风险分析模型通常所需的假设条件严苛，事实上，由于风险分析涉及因素复杂，不少数据是通过实地测量获得的，稳定性较差、可控程度较低。实际获取的数据通常具有较强的不确定性，而且这种不确定性会始终存在于风险分析的过程之中。

（4）时效性强。在地铁盾构施工中，很多风险因素差异较大且不断变化，因此地铁盾构施工风险识别是一项时效性很强的工作。

（二）风险评估

在识别风险的过程中，需要采取合理的方式，加强对信息资料的有效管控，尽可能地降低风险问题的发生概率。在地铁隧道盾构施工过程中，相关人员应掌握所有的风险类型，并提出有效控制策略，尽可能地规避风险问题的发生。在评价各类风险的同时，应从全过程着手，对比各项评价结果，进行综合考虑，形成对风险问题的合理预估，并实现防范目标。

1.风险评估的方法

风险评估即对风险因素和风险事件进行分析和等级评定。风险评估的方法有很多种，每种方法都有其适用的范围和应用条件。在对地铁盾构施工进行风险评估时，要根据工程的具体情况，选择合适的风险评估方法，以达到风险评估的目的。地铁盾构施工风险评估方法主要包括定性评估法、半定性半定量评估法、定量评估法和综合评估法。

定性评估法主要依赖于风险评估专家的经验和直观判断能力，带有一定的局限性。评估结果会因参与风险评估人员的经验和经历产生较大差异，无法量化风险。定性评估法主要有检查表法、专家调查法（德尔菲法）、失效模式和后果分析法等。

半定性半定量评估法又称定性定量分析法，既可进行定性分析，又可进行定量分析。对于要求不是很高的项目和资料比较缺乏的项目，可以进行定性分析；对于要求较高的项目，则需要进行定量分析。半定性半定量评估法主要有事故树法、事件树法、影像图方法、风险矩阵法等。

定量评估法主要是按照有关标准，根据统计的数据、检测的数据等，运用数学模型将评价指标进行量化，如事故发生的概率、事故的伤害范围、事故致因因素的事故关联度或重要度等。定量评估法主要有模糊综合评判法、成分分析法、蒙特卡罗法、风险图法、控制区间记忆模型法、神经网络法、可拓法等。

综合评估法是以上两种或两种以上评估方法综合起来的方法。综合评估法主要有专家信心指数法、模糊层次综合评估法、模糊事故树分析法、事故树与模糊综合评判组合分析法等。

2.评价指标的权重

在地铁盾构施工风险评估工作中，为了得出一个全面的整体性的评价，需要把风险评估指标综合在一起。在综合时，由于地铁盾构工程本身的特点，有的评价指标在风险评估中的作用大一些，有的评价指标在风险评估中的作用小一些，这就需要加权处理。指标的权重是综合评价的重要信息，它是反映各个指标相对于评价对象价值地位的系数。风险评估工作中的权重设置是地铁盾构施工风险评估研究中的核心问题之一。

如今，在风险评估方面，有关权重的确定方法有很多种。根据其依据的数据、在风险评估工作中起的作用等，权重的确定方法可分为主观赋权法、客观赋权法、组合赋权法三大类。每种赋权方法都有优点和缺点。在风险评估时，决策者常将各种赋权法确定的权重综合在一起，形成组合权重。组合赋权法是主观赋权法和客观赋权法的结合。求综合评价权重系数的步骤是：首先，用主观赋权法和客观赋权法找出内部最合理的主、客观权重系数；其次，根据具体情况确定主客、观赋权法权重系数所占的比例；最后，求出综合评价权重系数。

（三）风险监控

在对地铁盾构施工进行风险评估之后，需要进一步对风险因素进行监控，以达到减少或避免地铁盾构施工事故损失的目的。

风险监控包括风险监测和风险控制。风险监测就是对风险进行跟踪，监测已识别的风险和新识别的风险。风险控制是在风险监测的基础上，实施风险应对计划，修正风险应对措施。

由于地质条件的不确定性和周边环境的复杂性，再加上施工管理因素的影响，地铁盾构施工过程中往往存在较多风险。在地铁盾构施工过程中，稍有不慎，就有可能造成人员伤亡、经济损失，从而延误工期，给后续施工造成困难，甚至产生不良的社会影响。因此，地铁盾构施工风险监控是很重要的。

二、地铁盾构施工典型事故及其影响因素

（一）地铁盾构施工典型事故

在地铁建设过程中，盾构施工技术的应用已经十分成熟，但是受地质条件、水文条件、施工管理等的影响，依然存在许多风险。因此，研究地铁盾构施工典型事故对地铁盾构施工全过程安全风险管理是很有必要的。

1.南京地铁某盾构区间盾构进出洞事故

（1）事故过程

本工程属于软土地区的地铁盾构隧道。2007 年 9 月 7 日，盾构右线隧道已始发掘进至 18 环位置，中午在洞口右下侧大约 5 m 位置，突然出现大股涌水涌砂；右线隧道加固体外侧出现地面坍塌，面积为 4 m² 左右，深度为 1.4 m。在隧道正洞的顶部地表有明显沉降，涌水涌砂量急剧增大，直至涌水涌砂量完全被控制住时，估算累计涌水量约为 11 950 m³，涌砂量约为 1 140 m³。

（2）事故原因

围护结构的水泥土搅拌桩用的 H 型钢插入承压水层，当盾构推进到 18 环时，过早拔除了靠近隧道的一根 H 型钢，导致承压水层沿着 H 型钢拔除后留下的孔洞涌上，较高的水压导致隧道右下角压着洞门密封的压板被拉脱，使承压水击穿洞门密封系统，隧道底部的粉细砂层随着水进入隧道。隧道洞门处的两环管片二次注浆工作较为滞后，在拔除 H 型钢时，管片与加固体之间的浆液尚未具备足够的强度。此外，洞门密封系统的螺栓固定不牢。

2.深圳地铁 3 号线地面塌陷事故

（1）事故过程

2009 年 3 月 4 日中午 12 时 47 分，位于罗湖区红桂二街的荔花村深业小

区的地铁 3 号线施工现场发生地面塌陷事故。在小区居民楼一角出现直径 5 m 的大坑，所幸无人员伤亡。

（2）事故原因

盾构在距事故现场地面 24 m 处施工，盾构已经在该小区的正下方推进过去几天。由于施工地段地质相对复杂，而事故现场原是一个垃圾填埋场，盾构施工后，地质土体下沉，铸铁供水管道（或排污管道）出现扭曲，发生渗漏，冲走了水管周围的土壤等填埋物，使土层松动，发生坍塌。

3.广州地铁泥水盾构越江施工塌方事故

（1）事故过程

广州地铁 3 号线沥滘站至大塘站区间隧道工程采用 2 台泥水加压平衡盾构机施工，盾构直径 6 260 mm。盾构自南向北推进，穿越宽 312 m 的三枝香水道，江底隧道覆土厚度为 7.4～8.6 m。河水深度在涨潮时为 6.5 m，在退潮时为 4.7 m。大部分掘进的断面为上软下硬地层，岩石（中风化岩层）的抗压强度为 7.0～8.3 MPa。左线盾构机于 2004 年 9 月 5 日凌晨 1 时 20 分刚刚进入江面时（切口 741 环，以下环号皆为切口环）发生塌方事故，范围约 8 m×8 m，同时造成河堤下陷。事故发生后，相关人员立即采取处理措施，整个事故处理至 9 月 21 日基本结束。

（2）事故原因

739 环开始频繁堵管，在反复停机疏通环流系统中掘进了 3 d，严重堵塞和反复正逆洗循环扰动了薄弱的江底覆土，使隧道上部的淤泥层进入盾构泥水舱，由此引起江底塌方漏斗，并使堤岸的抛石塌落，进入泥水舱。

4.上海地铁 4 号线联络通道透水事故

（1）事故过程

2003 年 7 月 1 日凌晨，上海轨道交通 4 号线越江隧道区间用于连接上、下行线的安全联络通道——旁通道工程施工作业面内，因大量的水和流砂涌入，引起约 270 m 隧道部分结构损坏及周边地区地面沉降，最大沉降量达到 7 m，导致附近 3 栋建筑物严重倾斜，使黄浦江防汛墙局部塌陷并引发管涌。

由于报警及时，隧道和地面建筑物内所有人员全部安全撤离，没有造成人员伤亡，但事故造成直接经济损失 1.5 亿元左右。

（2）事故原因

事故发生的主要原因是：竖井与旁通道的开挖顺序错误；冷冻设备出现故障，导致温度回升；地下承压水导致喷砂。无针对性强的应急预案、总包单位现场管理失控、监理单位现场监理失职等也是重要原因。

5.台北地铁某通风竖井涌水涌砂事故

（1）事故经过

台北地铁某标段通风竖井发生涌水涌砂事故。该通风竖井为内径 23.6 m 的圆形断面结构，井深 35.0 m，井壁为 1.2 m 厚的连续墙，连续墙深度为 64.5 m，且水平钢筋完全连接，因此内部无须施作内支撑。竖井与盾构隧道间采用柔性连接。当天上午，施工人员正在施工洞口防水层时，隧道扩挖处右侧仰拱部出现大量涌水，施工人员立即设法止水，但因水流量及水压过大而没有成功，竖井周围土壤随涌水不断流入井内，并沿已施工完毕的隧道线倒灌至邻近的接收井，造成土壤流失及地层下陷。据调查，影响范围为通风井南侧 57～75 m，6 栋房屋受损，邻近管线遭破坏，路面产生裂缝。而工程本体已完成的上行隧道共有 23 环遭挤压、变形，通风竖井、已完成线上下行隧道及邻近的接收井遭水土掩埋。

（2）事故原因

地下水是造成此次事故的主要原因。在事故发生前，施工人员没有很好地对地下水进行处理，隧道内出现的极少量渗水并未引起施工人员的重视。

（二）地铁盾构施工典型事故的影响因素

地铁盾构施工沿线地质情况特殊，盾构工程大部分位于人口密集的城区，地下管线及建（构）筑物繁多，具有较大的工程风险。因此，在盾构施工推进过程中，沿线地质条件、盾构各方面的施工参数及施工管理水平等均可能导致事故发生。这里结合宁波软土地层的地质特点，选取对地铁盾构施工影响较大的 7 个主要因素进行分析。

1.工程地质条件

在地铁盾构施工过程中，很多风险施工是由工程地质条件引起的。许多地铁工程线路较长、所跨区域广、途经区域地质状况变化大，这给地质勘察带来一定的难度，也提高了风险事故发生概率。

2.水文地质条件

在地铁大规模建设中，盾构区间隧道、旁通道施工和盾构进出洞均涉及水文地质条件问题。施工安全与建筑环境安全问题日显突出。在轨道交通通道施工、盾构进出洞遇承压含水层时通常采用冰冻技术或其他办法加固地基土，以防止承压水突涌，确保施工安全。

目前的研究及工程实践经验表明，水文地质条件是决定盾构施工风险程度的关键因素之一，特别是处于承压水、微承压水等复杂水文地质条件下的工程。在盾构施工过程中，稍有不慎，将导致隧道维护失稳，致使水体回灌隧道，造成严重的风险事故。这不仅给工程带来灾难性影响，而且对周边环境或是其他建（构）筑物也将造成灾难性影响。

3.覆土厚度

盾构隧道的覆土厚度小于等于 1 倍盾构隧道直径，意味着盾构在浅覆土层施工条件下掘进，隧道容易上浮，隧道中心轴线易偏离设计中心轴线，地面沉降控制困难，会加剧土体的扰动，甚至导致隧道塌陷等事故的发生。

4.曲率半径

小曲率半径区段是指盾构隧道轴线曲率半径小于等于 50 倍盾构隧道直径的工况。相对于直线段和缓和曲线段，小曲率半径地铁盾构隧道管片姿态更容易发生偏差。在小曲率半径区段，盾构隧道轴线的控制是一个难题。小曲率半径区段盾构施工，盾构推进对于外侧地层是相对挤压状态，会产生盾尾间隙，导致地层向隧道内侧位移。此外，因为是曲线段施工，管片内外侧扭曲、挤压地层也会使地层和管片结构受到影响。所以，小曲率半径区段盾构施工纠偏、测量工作难度大，对盾构机姿态控制、管片的拼装质量有很高的要求，控制不当将会导致管片破碎、隧道渗漏、轴线偏差等。

5.掘进长度

当盾构掘进长度较长时，盾构机具要有良好的耐久性。由于需要连续的长距离掘进，盾构掘进对刀盘、刀具等部件的耐磨性提出了很高的要求。与刀盘、刀具磨损相关的基本参数有掘进长度、摩擦系数、刀盘直径。

通过经验计算可知：当掘进长度大于等于 1 500 m 时，会对隧道轴线的控制产生较大的影响。

6.与周边环境的距离

盾构推进对周边土体有所扰动，自然对周边环境有一定影响。在盾构推进过程中，土体受到挤压、土体损失、土体固结均会引起地面隆沉变化。影响盾构推进的因素主要有：盾构密封舱平衡压力、出土速度、盾构姿态、盾构外壳拖带作用、管片衬砌接缝密封程度、建筑间隙、隧道衬砌变形、土体固结和次固结沉降、注浆填充材料凝固收缩沉降等。

盾构施工往往会对周边区域的建构筑物有一定影响，甚至造成破坏。盾构施工对环境影响的风险等级是根据城市轨道交通地下结构与工程影响区范围内环境设施的重要性、位置关系、地下结构类型与施工方法等因素划分的，可分为1、2、3、4四个风险等级。

考虑盾构隧道施工影响范围环境设施的相互邻近程度及相互位置关系，盾构施工与周边环境相邻位置关系可分为：非常接近、接近、较接近、不接近。其中，当盾构隧道与周边环境距离小于 $0.3D$ 时，为非常接近；大于 $0.3D$ 且小于 $0.7D$ 时，为接近；大于 $0.7D$ 且小于 $1D$ 时，为较接近；大于 $1D$ 时，为不接近。

7.施工管理水平

盾构施工管理主要包括盾构掘进管理、隧道线形管理、管片拼装管理和注浆管理等。通过盾构施工管理，相关人员可对盾构施工内外部风险因素进行协调，以降低风险。同时，由于地铁项目建设周期长、工作环境较差、技术相对复杂，施工队伍、机械设备、施工操作水平等都对工程的风险有直接的影响，地铁项目发生意外风险事故的概率较高。

另外，在施工过程中，对于盾构所处位置上部地表沉降、隆起的监测也是一个非常重要的环节。但是，施工监测工作往往容易被负责人忽视。在地面沉降、隆起变化较大时，信息不能被及时、准确地反馈给施工管理人员，这不利于地铁盾构施工全过程安全风险管理。

三、地铁盾构施工作业要点

盾构法是利用推进系统使盾构机在不同地层中推进，通过盾壳和管片支撑四周围岩，同时在开挖面使用刀盘旋转开挖土体，通过出渣系统运出开挖土体，依靠千斤顶加压顶进，并通缝或错缝拼装预制混凝土管片，形成隧道结构的一种机械化施工方法。按各个环节在施工过程中的地位和作用，盾构施工全过程可划分为盾构始发、掘进和到达三个阶段。

（一）盾构始发阶段作业要点

盾构始发是指利用始发基座、反力架和负环管片，使盾构机由始发竖井贯入地层开始掘进的系列作业。

1.始发地层加固

在进行盾构始发地层加固时，要根据工程地质、水文地质、周围环境，合理选用旋喷注浆法、冷冻法或袖阀管注浆法等方法，有时可多种方法并用。盾构始发地层加固的主要目的是：消除竖井施工时造成的土体松动；防止拆除洞门挡土墙时的振动；保持盾构机开挖面地层的自稳；防止地下水的流入，减轻地下水对地表沉陷的影响等。

（1）旋喷注浆法

旋喷注浆法主要分为单管法、二重管法及多重管法。旋喷注浆法的主要作用是加固地层，改善土质，有效护坡，有效挡土，有效隔水。旋喷注浆法通过喷射一定压力的水泥浆液和空气，使其与泥浆胶结硬化，在土体中形成设计直径的拌和加固体。

（2）冷冻法

使用冷冻法的主要目的是在含水地层形成一定强度的防水冻土体，起到较好的挡土和隔水作用。冷冻法分为液氮冻结与盐水冻结。液氮冻结温度极低，冻结速度快、时间短，适用于小范围的地下危急工程。盐水冻结施工灵活，经济合理，适用于规模较大的冻结工程。

（3）袖阀管注浆法

袖阀管注浆法兼具劈裂、压密和渗入注浆等优点，能够实现定深、定量、分度、分段、间歇、重复注浆。袖阀管注浆法通过孔内封闭泥浆、单向密封阀管、注浆芯管上的上下双向密封装置减少不同注浆段之间的相互干扰，降低注浆时冒浆、串浆的可能性。

2.反力架安装

在地铁盾构始发过程中，反力架支撑起着举足轻重的作用。反力架结构的稳定是盾构机不发生变形的关键，同时也是隧道轴线不发生偏移的决定性因素。反力架支撑属于压杆，最佳受力状态是尽量使截面在各个方向上的惯性矩相等，因此实际工程中采用圆环形截面作支撑结构。设计原则是让反力架整体变形最小，确保整体稳定性。

始发反力架支撑的设置环境分为两种：一种是始发井内始发，另一种则是车站内始发。根据底板结构，始发反力架支撑又分为两端斜撑和一端斜撑、另一端由扩大结构墙支撑的方式。

3.洞门密封装置安装

在盾构始发阶段，为防止背衬注入砂浆外泄，可进行洞门密封。洞门密封装置有压板式和折页式两种。洞门密封装置安装主要包括埋设始发洞门预埋件、清理始发洞门渣土两部分工作。

4.洞门凿除

洞门凿除前，检验加固土体强度、渗透性等指标是否达到设计要求，达标后方可开始洞门混凝土凿除工作。根据经验，一般在始发前一个月开始洞门维护结构凿除。

5.负环管片拼装

盾构负环管片拼装是盾构始发阶段的一个重要环节。盾构负环管片拼装将直接影响工程工期、盾构机的顺利始发及后续管环的拼装质量（倾角、滚转角等）。

6.盾构吊装

盾构吊装按照以下程序进行：吊装场地装备，始发基座安装，行走轨道铺设，吊装设备就位，将后配套各部件组装成拖车总体，将连接桥与后配套组装连接，主机中体、前体、刀盘组装，主机前移使刀盘顶至开挖面，管片安装机轨道梁下井安装，管片安装机、盾尾安装，反力架及反力架钢环安装，主机与后配套对接、附属设备安装、管路连接。

（二）盾构掘进阶段作业要点

在盾构掘进阶段，刀盘旋转开挖土体，将破碎土体通过螺旋输送机运至皮带输送机，再输送至渣土运送车。盾构机在千斤顶的推力作用下向前推进，在盾壳的临时支护作用下，承受周围土压、地下水压。

1.刀具更换

在掘进过程中，盾构机刀具因长时间的磨耗而出现磨钝、缺损等情况时，必须进行更换。此外，刀具分为切刀、刮刀、撕裂刀和滚刀等，分别适用于不同的地质条件。当地层条件发生变化时，为保证盾构施工的安全，亦应更换为适应地层条件的刀具。应根据地层自稳情况更换盾构刀具。盾构刀具更换方法一般有常压开仓换刀和气压开仓换刀两种。盾构准备开仓前按照要求请第三方气体检测单位到现场进行仓内气体检测，并出具气体检测报告，由现场监理监督确认符合要求后方可按程序进仓作业。

2.盾尾刷更换

盾构机盾尾刷为钢丝毛刷，掘进时会受到管片的挤压，掘进一定距离之后，会受到不同程度的磨损，甚至被砂浆固结，失去密封作用，地下泥水及注入的砂浆会通过盾尾间隙流入盾体，导致盾尾管片受力变形。盾尾刷损坏严重时必须更换。

3.二次注浆

同步注浆能及时填充盾尾空隙，控制地表变形及沉降，但存在局部浆体不均匀等问题。为了使盾构壳体背后注浆层达到设计密实度，须进行二次注浆作业，以填充空隙，形成充分密实的防水注浆层。

二次注浆时，选择合适的浆液（初始黏度低、微膨胀，后期强度高）、注浆压力、注浆工艺，在同步注浆基础上，使管片外围形成更稳定的固结层，将管片充分包围起来，形成一个完整的保护圈，防止地下水侵入隧道。

（三）盾构到达阶段作业要点

盾构到达是指盾构到达接收竖井前 100 m 的整个施工过程。盾构到达一般按下列程序进行：洞门凿除→接收架安装及固定→洞门密封装置安装→盾构接收。

盾构到达施工方法主要分为三类：第一类是盾构到达后，拆除围护结构再推进；第二类是接收竖井地层进行加固，拆除围护结构后盾构再到达；第三类是利用接收竖井结构在洞口处置素混凝土挡土墙，盾构直接破除到达。

盾构到达阶段作业要点如下：

第一，盾构到达前应检查端头土体加固效果，确保加固质量满足要求。

第二，做好贯通测量，并在盾构贯通之前 100 m、50 m 对盾构姿态进行人工复核测量，确保盾构顺利贯通。

第三，及时对到达洞门位置及轮廓进行复核测量，若不满足要求，则应及时对洞门轮廓进行必要修整。

第四，根据各项复测结果确定盾构姿态控制方案并提前进行盾构姿态调整。

第五，合理安排到达洞门凿除施工计划，确保洞门凿除后不暴露过久，并针对洞门凿除施工制定专项施工方案。

第六，盾构接收基座定位要精确，定位后应固定牢靠。

第七，增加地表沉降监测的频次，并及时反馈监测结果指导施工。盾构到站前要加强对车站结构的观察，并加强与施工现场的联系。

第八，为保证近洞管片稳定，盾构贯通时须对近洞口 10～15 环管片进行纵向拉紧。

第九，帘布橡胶板内侧涂抹油脂，避免刀盘刮破，影响密封效果。

第十，在盾构贯通后安装的管片，一定要保证注浆及时、饱满。盾构贯通后，若有必要，应对洞门进行注浆堵水处理。

第十一，盾构到达时各工序衔接要紧密，以避免土体长时间暴露。

四、地铁盾构施工全过程安全风险防控措施

（一）始发阶段的安全风险防控

在盾构施工过程中，始发阶段是工程建设的关键阶段。在拆除了隧道的护壁后，必须考虑洞口附近的土质，确保组织检查工作全方位落实。相关人员可创造有利的施工条件，为盾构机的平稳运转提供便利。以一实际工程为实例，采用 SMW 工法重点解决桩端加强的问题，减少该工程对周围土体的干扰。在盾构施工过程中，应注意充分运用出洞技术。这是因为出洞工艺的运行质量直接关系到盾构施工的成功与否。将盾构设备组装完成之后，需要及时开展调试作业，待该项操作完成后，再对此负环部分进行组装。在负环部分的后方区域，需要安装 1 个钢环，宽度为 0.4 m。这么做的主要目的是作用于混凝土部分，

确保总体受压的均匀性。在洞门的入口位置，在处理地下连续墙的过程中，需要对混凝土墙进行切割。待切割作业完成后，混凝土墙被分成 6 个区块，按照从下至上的顺序，分别在井外区域进行切割。

在地铁隧道工程建设期间，为充分保障安全，需要将橡胶止水带和扇形板全部安装在隧道环上，使该类装置具有良好的密封性。在处理盾构设备的后挡板时，由专业施工人员运用刷子等工具，将油脂刷在后挡板上，以达到良好的密封效果。

始发施工作业开展后，需要对洞口实施处理，首先要做好钻孔爆破的施工工作。在第一次开启隧道大门后，由专业的施工人员进行防护设备的安装和加固。在满足启动条件后，须在保护头与隧洞环之间设置支撑点，从下部开始切割隧洞门加固件。在开门的过程中，一旦出现渗水的现象，就要将渗漏处进行连接，使用 2 倍的水泥和水玻璃，辅助连接作业顺利开展。同时，还可以提高钢筋的切割速度。随着钢筋切割作业的开展，一旦出现流动的泥浆或者流砂，就要立即停止切割操作。在泥浆和流砂的位置，需要对两种液体实施浆化处理，在全部封堵完成之后，再次进行切割。

在盾构机离开洞口之后，为防止注浆砂浆泄漏问题的出现，需要及时做好洞口密封工作。

洞口密封工作通常需要注意以下几点：第一，洞口预埋件施工过程应加强预埋件与原有结构的连接；第二，要将盾构机全部拆卸，但在正式拆卸前，要对洞口的入口位置实施清理，然后安装密封件。

（二）掘进阶段的安全风险防控

在盾构机启动完毕后，要进行隧道的施工。在安装过程中，要仔细核对管片总成的安装位置，以保证盾构机安装点的精度。针对地铁隧道的整体施工进度，对其进行实时监测。此外，可加强对所有参数的控制，使参数处于合理的范围之内。在地铁隧道施工期间，为保证各项施工指导的正确性，通常选择具有代表性的试验段，其长度一般以 100 m 为宜。结合该试验段的盾构施工效果，合理修改设计参数，旨在保障盾构施工作业顺利进行。影响施工效果的关键因素，通常在于盾构位置的设计，且总体影响力度相对较大。所以，需要加强对盾构位置的监视，基于严格、严谨的原则，合理控制盾构轴的偏差，避免出现超出允许范围的情况。

1.掘进模式选择

以某地铁隧道工程为例，针对工程中所用机器的实际状况，在应用刀盘时，应配置喇叭式面板，注意组合刀具的应用。按照这一段的钻探要求，还需要加强对刀盘硬度与强度的共同控制。在地铁隧道掘进施工阶段，所运用的盾构机主要有三种模式，即开放式、半开放式、土压平衡式。在保障安全的前提条件下，为最大限度提高总体施工效率，应确保土体的自稳性，同时还应选择合适的负荷水平。因此，需要根据地铁工程的实际地质情况，在运用负压压力平衡器的盾构机实施施工作业时，提升出闸速度，并加强对沉降现象的有效控制，使其处于合理的范围之内。

2.土压力调整

在掘进施工作业中，在考虑静水压、理论土压力的基础上，结合实际开挖过程中的土压力、开挖过程中所产生的土压力以及开挖过程中产生的土体沉降等重要参数进行土压力的计算。在进行钻孔施工过程中，必须充分考虑土压力的变化，并采取相应的措施对其进行合理调节。例如，在计算土压力时，若数值为 120 kPa，则实际的掘进总量相对较高。在保持高土压力不变的情况下，其土压力随之降低，此时需要根据气压的变化适时调整土压力。在盾构法掘进施工期间，为确保渣土量最小，需要加强对土压力的控制，在原始状态下，使压力尽可能接近挖掘面的压力水平。

3.切割速度控制，刀盘扭矩控制

根据相关工程操作经验可知，在运用土压平衡开挖方式的过程中，地层和土壤层中渣土的切削阻力相对较大。合理地控制切割的速度，可以有效减少对刀盘的损坏。以某工程为例，所设计的切割速度一般保持在 1.2～1.4 r/min。根据实际的施工情况，随着掘进施工作业的开展，需要将刀盘扭矩控制在 2.5～3.5 MN·m。若实际的扭矩过大，当刀盘卡住时，可以重新启动刀盘，利用缩回部分气管的方式实施操作。

4.掘进施工控制

在盾构掘进施工过程中，要注重对土体变形的有效控制，这是一个非常重要的环节，而这一环节的成功与否，将直接关系到工程整体目标能否实现。在使用刀盘的过程中，为实现经济利益最大化的发展目标，应尽量避免刀盘的磨损及异常现象。当盾构的前进速度发生变化（主要表现为周期性变化）时，相关人员可对刀盘进行检测，以确定其是否有花饼或者切口，避免刀盘损坏。

（三）到达阶段的安全风险防控

盾构到达属于工程建设的最后一个阶段，对整体盾构效果具有较大的影响。一般情况下，在隧道完全贯通前，必须把最后 50 m 的距离确定为到点。所以在工程实践中，有许多需要注意的问题。比如，以隧道的轴心为基准，再进行一次评价；在洞口处，要做好防水帷幕和盾构机轨的准备。当一切准备就绪后，就可以开始接收盾构。

在施工现场，所布设的控制点导线应合适，使盾构机按照既定的姿态、以平稳的形式及时进入孔中。在盾构掘进期间，到达洞口封门 100 m 的位置时，需要根据盾构推进轴线的方向传递情况，做好测量工作，旨在合理调整盾构轴线；在切口距离封门 10 m 的位置时，需要加强对出土量的控制；在切口距离封门 300～500 mm 的位置时，需要停止推进，并降低切口开挖面的压力值，使其能够降到最低水平，从而在拆除洞口封门时，能够保证施工操作的安全性。在盾构机到站的前 20 d 左右，需要根据盾构到达的基本要求，做好一切准备工作。

五、盾构连续下穿危旧房屋及河流施工风险控制

(一)工程概况及风险要素

1.工程概况

（1）平面位置

栎社国际机场站至栎社站盾构区间下穿长潭王民房、后董河、北岸民房，长潭王民房为砖混结构民房，与隧道垂直净间距约 18.0 m，后董河位于隧道正上方，与隧道垂直净间距 14.8 m，穿越长度约 30.0 m，后董河北侧有一栋砖砌单层平房，与隧道垂直净间距为 18.5 m。长潭王民房位于上行线 770 环～797 环，下穿的长潭王民房为两层砖混结构，基础为 1.2 m 深的条形浅基础，属于危旧房屋。危旧房屋区域与隧道线路为斜向相交关系，盾构穿越地层为宁波软土地区较典型的地层，分别为淤泥质粉质黏土层、黏土层、砂质粉土夹层。后董河与隧道线路为斜向相交关系，河水深度约为 3.0 m，上行线盾构穿越环号为 805 环～831 环，盾构穿越地层为黏土层。后董河北侧的一栋砖砌单层平房，房屋无基础，属于危旧房。隧道埋深为 18.5 m，穿越环号为 861 环～868 环，盾构穿越地层为黏土。

（2）断面位置

在长潭王民房区域，盾构掘进的土层情况为：隧道上部为淤泥质黏土，隧道下部土层为黏土、砂质粉土夹层；在后董河、北岸民房区域，盾构掘进的土层上部为黏土。在盾构穿越过程中，土层情况发生了较大的变化。在盾构穿越过程中，隧道的平面线形为缓和曲线和直线段，其中 740 环～785 环为缓和曲线段，786 环～990 环为直线段；隧道的纵断面线形均为坡度为 7.096‰ 的下坡。

2.风险要素分析

（1）房屋结构强度低

盾构穿越的房屋为单层、双层的砌体结构厂房和民房，强度低，混凝土小型砌块空斗墙体，主体结构整体性和抗变形能力特别弱，属于危旧房屋，且下穿前房屋已经存在墙体和门窗洞口严重开裂，预制楼板拼缝、搭建房屋接缝处开裂，室内外地坪开裂等损坏现象。虽然不至于造成房屋的结构破坏，但会对房屋的安全构成一定威胁。

（2）穿越段地层软弱

盾构下穿段地层位于一段软弱地层中，与前期推进的黏土层相比，这种土层强度要低得多，土质极为敏感，盾构在此类地层中推进，地面沉降难以控制。

（3）地面工况复杂。

盾构穿越完房屋后，盾构机将直接进入后董河施工，留给盾构机调整参数的时间较短，这增加了施工风险和难度，对施工有一定的影响。

（二）地表沉降控制

1.地表沉降的发展过程

盾构推进引起的地表沉降包括五个阶段：最初的沉降、开挖面前方的沉降、盾构机经过时的沉降、盾尾空隙的沉降以及固结的沉降。

（1）最初的沉降

最初的沉降是由于地基有效上覆土层厚度增加而产生的，也是盾构机向前掘进时地下水水位降低造成的。最初的沉降指从盾构开挖面距地表沉降观测点还有一定距离（3～12 m）的时候开始，直至开挖面到达观测点这段时间内所产生的沉降。这类沉降的量值较小，通常很难发觉。

（2）开挖面前方的沉降

这种地基塑性变形是由于土体应力释放、开挖面的反向土压力或机身周围的摩擦力等的作用而产生的。它是从开挖面距观测点约几米时开始至观测点处于开挖面正上方这段时间所产生的沉降。

（3）盾构机经过时的沉降

该种沉降是在土体的扰动下，从盾构机的开挖面到达观测点的正下方开始到盾构机尾部通过沉降观测点产生的沉降。

（4）盾尾空隙的沉降

该种沉降产生于盾尾经过沉降观测点正下方之后，此时土的密实度下降，应力释放是其土力学上的表现。

（5）固结的沉降

这是一种由地基扰动所产生的残余变形沉降。通常状况下，隧道衬砌直径小于实际盾构机外壳直径的 2%左右，因此管片外壁将会与周边的土体产生一定的建筑空间，倘若未立即进行注浆处理，有可能导致周边土体涌进空隙，从而使得土体应力释放，导致地表出现沉降现象。

2.影响地表沉降的因素

（1）盾尾注浆压力

地表沉降会受到盾构机尾部注浆压力的影响，且影响较大。通过模拟分析发现：最大地表沉降随注浆压力的增加而减小。我们知道，注浆压力过小会导致浆液不能将盾尾空隙充填完全，过大会导致浆液的流动性较差。当盾尾脱空时，土体释放的大部分荷载被注浆压力抵消，注浆压力越大，浆体越能阻碍衬砌上方土体的径向位移，同时盾尾空隙也越有可能被充填完全，受到的作用也越大。

（2）覆土厚度

覆土厚度是影响地表沉降的重要因素。在盾构机直径不变，而覆土厚度不同的情况下，通过模拟分析可以发现：最大地表沉降随覆土厚度的增加而减小。通过计算可知：在地层条件允许的情况下，加大隧道设计埋深对减小地表沉降来说是一项有效的措施。在地层损失相同的情况下，覆土厚度增大，沉降槽的范围也会相应增大，从而使得最大地表沉降值减小。

（3）管片宽度

在地铁隧道盾构开挖过程中，某一段固定长度内管片的整体刚度受到衬砌管片宽度的影响，也就是说，管片抵抗外界变形的能力与宽度息息相关。相关计算表明，管片宽度越大，地表沉降越小。

（4）掌子面顶进压力

掌子面顶进压力即盾构推进时切削刀盘对隧道前方土体的作用力。地表累计沉降值变化量在掌子面顶进压力的增大下略微增大，而它在一般工况下掌子面顶进压力改变时变化较小。

（5）土体弹性模量

土体受扰动时抵抗变形的能力体现在土体的弹性模量上，土体弹性模量在隧道开挖时对地表沉降总和的贡献很大。通过模拟分析可知，提高土体弹性模量时，土体抵抗变形的能力也会提高，即增大了土体的刚度，这导致最大地表沉降量相应减小。因此，要保证土体不发生过大变形，在选择盾构掘进路线时，应避开软土层的地带，优先考虑土质情况较好的区域。

（6）盾构直径

通过模拟分析可以发现，当盾构直径增大时，最大地表沉降值增大。这是由于：

①周围土体会受到盾构机躯体在掘进前行过程中对其的扰动，并且躯体越大，扰动越大。

②在施工过程中，盾构直径越大意味着盾尾建筑空隙越大，被挖去的土体也就越多。要达到阻止地层产生更大位移的目的，就须及时将浆体注入盾尾空隙中。

③刀盘开挖半径由盾构直径决定，因而盾构直径增大时，盾构机的刀盘在切削土体时也会增大。通过分析可知，在条件允许的情况下，要达到减少土体变位的目的，应在盾构机选型时尽量选用盾构直径相对较小的盾构机。

3.地表沉降的控制策略

在盾构施工时，地表沉降常见的控制措施有主动控制与被动控制两种。比如，在盾构机开挖前进过程中，首先要对地层和周边建筑物进行保护，并制定相应保护措施。这就需要在盾构机开挖、推进过程中，对盾构机各种施工参数不断进行调整，这属于一种主动控制。

在盾构机施工过程中，地层出现较大的沉降或者建筑物因注浆超量而产生不均匀的沉降等较危险状况时，就非常有必要运用一些相关的控制技术对其进行控制，常用的有加固恢复、建筑纠偏以及工后注浆加固等，这些控制措施均属于被动控制。被动控制通常也叫作沉降治理。

盾构施工工程建设过程中要尽量减少被动控制的使用。对于主动控制，工程建设中则提倡使用，也就是说，在盾构机挖掘过程中，应对盾构机各种施工参数进行实时调整，以便减少或者避免施工产生的土层扰动，从而减少对土层周边建筑物的影响。

地表沉降控制的重点是使盾构开挖面保持稳定。此外，当管片与盾尾脱落之后，应该及时进行同步灌浆与二次灌浆，以填充盾构和管片之间的空隙。

（1）保持开挖面稳定

土压平衡式盾构施工的施工原理就是维持两种平衡压力形式进行推进，此两种平衡压力即盾构机前土体压力与盾构机舱内泥土压力。实践证明，土压平衡属于一种动态变化的平衡，受到多方面因素的影响，比如推进的速度、千斤顶力大小、排土量大小等，这些因素均会使土舱压力出现变化。然而，在实际施工过程中，完全保持这种平衡几乎是不现实的。因此，要保持开挖面的稳定，应从两方面着手：一方面，对泥土压力和土体压力两者间的差值进行控制；另一方面，对排土量进行控制。为了尽量减少开挖面的土体扰动，在盾构机施工过程中，应使正面静止土压力与水平压力之和等于或稍小于盾构机密闭土舱内压力。从理论上讲，通过控制排土量减少对土层的扰动是能够实现的，但是在实际施工过程中却难以办到。

关于开挖面土压控制，首先是依据地层状况对目标土压进行确定，其次是盾构机在施工过程中，采用压力传感器来对压力变化状况进行监测，再通过调整螺旋输送机的转速保持目标土压值。从理论上讲，目标土压值应该与上层压力（水压与静止土压之和）相等，不过在盾构施工实践中，却很不容易实现。所以，应该将盾构停止推进时的开挖面土压测定值作为目标土压值。

（2）同步灌浆与二次灌浆

盾尾间隙会增加土体受卸荷扰动的影响。经过同步灌浆与二次灌浆，这种扰动影响会有所减弱。在盾构机施工过程中，还可以通过及时对注浆参数进行调整来控制沉降。

①灌浆压力的设定。静止水压与土压力之和应该稍小于压入口的压力。倘若灌浆压力太高，管片外的土层就容易出现劈裂扰动，导致施工后期发生比较严重的沉降与跑浆；相反，倘若灌浆压力太小，浆液填充速度太慢，则会导致间隙密实度不够，从而使得地表沉降的变化随之增大。灌浆压力的合理范围，通常是静止土压力 1.1～1.2 倍，超过拱顶土压力的 2 倍，稍大于隧道拱底土压力。

②灌浆量的设定。从理论上讲，灌浆量的设定需要保证建筑空隙处全部填满灌浆材料，不可留有任何空隙，但是在施工过程中，存在很多不确定性因素，比如跑浆、纠偏以及灌浆材料失水收缩等，实际灌浆量通常会超过理论灌浆量。灌浆量出现较大变化时，可通过增加注浆压力等措施进行补灌。当补灌不能进行时，必须及时进行二次灌浆。二次灌浆是对地表沉降进行控制的最有效的辅助措施。

施工单位按照以上控制措施，根据实际情况，分段对盾构施工参数进行了调整，并且做了一些技术准备。

第一，盾构下穿长谭王民房。下行线在开始掘进 754 环时，盾构机刀盘进入长谭王民房下方；开始掘进 759 环时，盾构机盾尾到达长谭王民房下方；开始掘进 776 环时，刀盘驶出长谭王民房下方；开始掘进 781 环时，盾构机盾尾驶出长谭王民房下方。上行线在开始掘进 766 环时，刀盘进入长谭王民房下方；开始掘进 771 环时，盾构机盾尾到达长谭王民房下方；开始掘进 794 环时，刀盘驶出长谭王民房下方；开始掘进 797 环时，盾构机盾尾驶出长谭王民房下方。该段隧道埋深为 17.0～18.3 m，通过从 600 环至 700 环的盾构施工参数调整，盾构姿态控制整体平稳，盾尾平偏和高偏出现过一次较大偏差，但都可纠正过来并保持稳定，至 720 环时盾构姿态的变化已经很小，管片基本无开裂现象。盾构机良好的姿态有助于下穿危旧房屋段，还降低了风险。该段地层盾构机土方压力控制在 0.17～0.18 MPa，刀盘前方土体变形基本上稳定在 ±1 mm 左右，前期为下穿建筑物所做的技术准备工作是有成效的。考虑到二层砖混结构建筑物的自重，在下穿长潭王民房时，将上部土方压力设定在 0.18 MPa，并根据下穿期间地面监测情况，针对地表沉降值，及时进行适当的调整。盾构掘进速度控制在 3 cm/min，均匀、快速地通过；同步注浆量控制在 4.0 m³，每方浆液可添加 50 kg 水泥。总推力控制在 900～1 000 t，刀盘转速 0.8 r/min，出土量控制在 37～37.5 m³。

第二，盾构下穿后董河。下行线在开始掘进 780 环时，刀盘距离后董河南侧河堤 2 m；开始掘进 782 环时，盾构机刀盘到达后董河南侧河堤下方；开始掘进 787 环时，盾构机盾尾到达后董河南侧河堤下方；开始掘进 810 环时，刀盘踞后董河北侧河堤 2.0 m；开始掘进 812 环时，盾构机刀盘到达后董河北侧河堤下方；开始掘进 817 环时，盾构机盾尾到达后董河北侧河堤下方。上行线在开始掘进 798 环时，刀盘距离后董河南侧河堤 2 m。根据相关资料可知，开始掘进 800 环时，盾构机刀盘到达后董河南侧河堤下方；开始掘进 805 环时，盾构机盾尾到达后董河南侧河堤下方；开始掘进 824 环时，刀盘踞后董河北侧河堤 2.0 m；开始掘进 826 环时，盾构机刀盘到达后董河北侧河堤下方；开始掘进 831 环时，盾构机盾尾到达后董河北侧河堤下方。在后董河处，隧道埋深约为 14.8 m（隧道顶至河底），河水深约 2.6 m，以此来确定盾构机穿越时土方压力值。将上部土舱压力初步设定在 0.16～0.17 MPa，根据对河流的监测、巡视，若有异常情况，则及时调整土舱压力。刀盘驶出河床前 2 m，逐渐将土舱压力调整至 0.18 MPa。下穿后董河期间盾构机掘进速度控制在 3 cm/min，均匀、快速地通过；同步注浆量控制在 4.0 m³，每方浆液添加 50 kg 水泥。

第三，盾构下穿后董河北侧民房。上行线在开始掘进 835 环时，盾构机刀盘进入后董河北侧民房 1 下方；开始掘进 840 环时，盾构机盾尾到达后董河北侧民房 1 下方；开始掘进 842 环时，刀盘驶出后董河北侧民房 1 下方；开始掘进 847 环时，盾构机盾尾驶出后董河北侧民房 1 下方。上行线在开始掘进 856 环时，盾构机刀盘进入后董河北侧民房 2 下方；开始掘进 861 环时，盾构机盾尾到达后董河北侧民房 2 下方；开始掘进 863 环时，刀盘驶出后董河北侧民房 2 下方；开始掘进 868 环时，盾构机盾尾驶出后董河北侧民房 2 下方。该段地面埋深为 18.5 m，考虑到后董河北侧民房建筑物的自重，在下穿后董河北侧民房时，将上部土方压力设定在 0.18 MPa，并根据下穿期间地面监测情况及时进行调整。掘进速度控制在 3 cm/min，均匀、快速地通过；同步注浆量控制在 4.0 m³，每方浆液添加 50 kg 水泥。每环注浆完成后，清洗管路的水不能大于 0.5 m³，施工现场注意控制。

（三）盾构施工地表沉降监控

1.现场监测点的布置

为了及时掌握盾构施工过程中危旧房屋和河流区域的地表沉降情况，以便指导施工，在房屋周围共设置了 16 个地面沉降观测点，并确定下行线监测时间和上行线监测时间。

2.盾构机控制关键参数数据分析

为了实时监控盾构推进的情况，技术人员根据盾构"三图四表"的管理模式，如实填写了盾构机控制关键参数表，并对管片与设计轴线偏差和管片面法线与盾构机轴线夹角进行了统计分析，最后将结果及时上报管理部门。通过数据分析可知，盾构机在连续下穿危旧房屋及河流施工过程中，盾构机关键参数数据总体良好，管片与设计轴线偏差数据较为稳定，控制在 50 mm 内；管片面法线与盾构机轴线夹角有 5 环超过了 0.39°，达到预警状态，施工单位迅速上报建设管理部门，并采取相应措施应对风险，最终盾构机安全下穿危旧房屋及河流区域。

3.地表沉降监测结果与分析

下行线盾构下穿房屋时房屋普遍以隆起为主,地表累计隆起的幅度为3~4 mm,但是曲线变化较为平稳,没有出现突变情况,房屋处于较安全的状态。在盾构机还未到达房屋前,房屋以沉降为主;当盾构机到达房屋下方时,房屋开始以较为缓慢的速度隆起;在盾构机脱出房屋时,房屋又开始以缓慢的速度下沉,且持续时间较长,地表沉降逐渐进入稳定状态,不会对房屋的安全造成影响。盾构穿越后,房屋及河流周边地面沉降均控制在10 mm以内,地表沉降控制效果较好,盾构施工未对其造成较大影响。

第二节 地铁盾构施工
对邻近桥梁桩基的影响及控制

一、工程概况

某盾构隧道下穿某钢筋混凝土桩基础的连续梁桥,其桩径为1 500 mm,埋深为23 m,桩间距为25 m。该盾构双线所经过的桩基共有10根,均以侧方向穿越,隧道与桩基保持有2.5 m的最小距离。

二、数值模拟与监测结果对比分析

（一）桥面荷载与地表沉降的关系

对地表和桩基而言，其在桥面动荷载或静荷载的作用下有着不同的变形特性。基于现场调研可知，该桥梁路面共分布有 4 个大小均为 1 MPa、间距均为 6 m 的集中荷载，使用应力时程，以 1 MPa 的最大值和 0.01 s 的间隔时间持续 0.5 s 加载动荷载，在隧道中心线上方位置分布有最大的地表沉降值，并且该极值出现在中心线上下浮动范围为 5 m 的区间内，中心线周围 20 m 范围内均受到影响。相比于模拟结果，现场监测得到的结果偏大。这主要是因为模型建立时进行了简化，忽略了地表沉降与地下水之间的关系。但数值模拟与实际值有着一致的变化规律，表明此次数值模拟结果具有一定的科学性，并且相比于静荷载的对比结果而言，动荷载的模拟结果与实测数据更加接近。在静荷载下，地表沉降有着 4.3 mm 的最大沉降值，而动荷载下则为 4.9 mm，两者相比约有些许差距。相比于单线贯通时地表沉降的影响范围而言，双线贯通后地表沉降的影响范围大约扩大了 30 m，在双线隧道的中心线位置处。该处在盾构的尾巴通过后出现最大的沉降值。此时动荷载导致的极值为-8.4 mm，静荷载导致的极值则是-8 mm，现场监测时有-9.7 mm 的最大沉降值，均处于允许范围内。

（二）桥面荷载对桩基变形的影响

1.桩基水平位移

桩基均移动至隧道掘进方向，并且在距离隧道边缘最近的位置出现位移最大值。相比于左侧桩基位移，右侧桩基的位移值较大，主要原因是隧道与左侧桩基更近。根据现场实测数据可知，动荷载的模拟结果较为接近。桩基在盾构经过时所产生的沿着隧道垂直方向上的位移要比水平位移大。对桩基的水平位移而言，相比于动荷载，隧道实测结果与静荷载模拟结果更加接近，位移的最大值出现在隧道的埋深位置。

2.桩基沉降

对桩基沉降值而言，相比于静荷载下的工况，动荷载所引起的沉降较大，并且静荷载下有 2.6 mm 的沉降最大值，而动荷载则是 2.8 mm，均处于允许范围内。相比静荷载所导致的沉降平均值，动荷载超出其 6.7%，现场监测所得数据与动荷载数据较为接近。对桩基和周围土体而言，因两者存在沉降差，故会有滑移存在，对桥梁的安全性造成威胁。

（三）盾构掘进参数对桥梁桩基的影响

1.盾构推力的影响

在盾构施工中，盾构推力是主要的影响参数。基于该项目特点以及上文所得研究结论，动荷载的模拟结果与现场监测数据更为接近，故笔者仅考虑桩基位移在动荷载前提下与盾构推力的关系。基于所得结果可知，盾构推力对桩基垂直于隧道的水平位移的影响较小，而对平行于隧道的水平位移有着较大影响。对桩基平行于隧道的水平位移而言，推力越大，其水平位移越大。原因主要在于，在隧道中推进盾构时会对其周围土体产生挤压作用，从而使得桩基出现水平变形。对桩顶沉降进行分析可知，盾构推力对其产生的影响较小。

2.注浆压力的影响

对桩基的水平位移而言，注浆压力越大，其位移就越大。而通过对桩基在动荷载作用下不同注浆压力的沉降进行模拟可知，对桩基沉降而言，注浆压力与其成反比例关系。因此，对桩基的变形控制而言，对注浆压力的大小进行调整尤其必要。

三、安全控制措施

（一）加固方案

施工时应对护盾姿态进行严格把控，避免出现蛇形摆动的现象。施工时应及时对开挖参数进行调整，对刀盘和推进的速度进行严格把控。为对护盾前方土体进行控制，应对开挖压力以及数量进行适当调整。此外，应采用优质的膨润土作为掺和料，以对渣土进行改良，从而使土体流动性得到提高，避免出现水土流失或沉降过大等现象。施工时，应及时对注浆配合比进行同步优化，并及时调整灌浆压力，确保灌浆同步进行，以使补管和围岩的空隙能够及时被泥浆填补。为对桥梁桩进行加固，应及时向套筒阀注浆。在桥梁桩基下有盾构穿过时，应采用预注浆的方式，对管片顶上 3 m 范围内到其底部 1 m 范围内进行加固，并根据现场监测数据来决定盾构通过后是否跟踪注浆。盾构机前进时，应对其掘进参数进行严格控制，及时进行同步注浆工作。要在管片上增设注浆孔，根据盾构掘进时的具体情况，对隧道一定范围内的地层进行注浆加固。

（二）掘进速度控制

盾构刀盘每一转的进尺及其贯入度对掘进的速度有极大影响。不同地层的掘进速度不同，需要不同的掘进推力及扭矩。转速和贯入度两个参数之间存在相互促进而又彼此制约的关系。提高转速和贯入度，能够提高掘进速度，但当转速和贯入度达到某一限定值时，又会增加扭矩，从而增加机器负荷。而持续的超负荷又会反过来使得整个机器停工，从而导致掘进速度有所降低。故协调好转速、贯入度和速度三者的关系，能够使盾构状态保持稳定。当桩基周围 20 m 范围有盾构经过时，应按照 30 mm/min 的速度进行控制，并结合监测数据进行调整，从而确保施工安全。

（三）同步注浆参数

若在脱离盾片的情况下注浆，则隧道完工后缝隙仍然存在。为了提高施工项目的强度和防水效果，应及时填充内部缝隙。注浆施工时须时刻关注周围情况，以确保注浆的连续性和安全性。在选择注浆材料时，基于对现场条件的考虑，最终选取水泥砂浆作为注浆材料。该种材料能够有效提高施工强度，并且能够有效减轻降雨的影响。施工采用的是抗酸性盐水泥，这种材料能够有效抵抗酸性腐蚀。在多数情况下，要根据静止的水土压力来确定注浆压力。在施工时，应尽可能确保盾构机的安全，以避免出现浆液渗透进去的情况。为确保施工能够顺利完成，应对其注浆压力进行严格控制。过大的注浆压力往往会导致地面出现隆起现象，严重的可能会影响盾构管片。在以多点同时注浆的方式进行施工时，应对水土压力进行控制，并对管片下沉情况进行严格监测，以确保管片完整。施工时应严格控制注浆压力，以确保其压力变化始终保持在允许范围内。实际注浆压力通常保持在 1.2 倍的静止水土压力下，一般小于 400 kPa。基于经验、计算可知，应以环形间隙理论 1.7 倍左右的体积作为注浆量。在本项目中，每环的注浆量保持在 5.5～7.3 m³。施工地层因施工场地的不同而存在差异，故地层不同往往注浆时间也不同。在注浆施工时，应对其具体的注浆情况进行检测，以确保其满足设计要求。在其满足标注数值时，应停止注浆。在多数情况下，需要开展二次注浆。在完成注浆工作后，应对注浆效果进行检测，一般应使其保持在设计数值的 85%左右。

第三节　地铁隧道盾构始发
施工技术

地铁隧道盾构始发施工技术在整个地铁隧道盾构施工过程中是极为重要的一项技术，它关乎整个地铁隧道施工的成功与否。如今，地铁隧道盾构始发施工技术被运用到大量的地铁建设中，以快速、安全且高效的优势推动地铁事业快速发展。合理运用地铁隧道盾构始发施工技术，在一定程度上降低了工程的施工难度。本节主要以武汉地铁 3 号线菱角湖公园风井至菱角湖路站区间为例，介绍地铁隧道盾构始发工程技术。

一、工程概况

（一）工程简介

武汉市轨道交通 3 号线为武汉市第一条穿汉江地铁，它从沌阳大道站出发，沿东风大道、龙阳大道走行，过王家湾后，与江汉二桥平行，在其下游下穿汉江，上岸后下穿轻轨宗关车站，过双墩进入王家墩 CBD（中央商务区），经范湖、菱角湖公园进入建设大道，沿建设大道及其延长线东行，过黄浦大街、二七路后，下穿京广铁路进入后湖，过兴业路、后湖大道后，线路西偏，垂直穿越金桥大道，终点站抵汉口三金潭。地铁全长 28 km，设站 23 座。

菱角湖公园风井至菱角湖路站区间线路起止里程分别为：左线 DK18＋348.315～DK18＋933.700，长 587.214 m；右线 DK18＋336.109～DK18＋933.700，长 597.591 m，为 3 号线第 14 个区间。本盾构区间场地位于江汉区，始于菱角湖公园风井，区间下穿马场角新型管材水暖市场、武汉市食品公司等多栋建筑，长江日报路到达菱角湖路站西端。最小曲线半径 $R=350$ m，最大线间距 14.0 m。区间隧道衬砌采用预制钢筋混凝土管片，管片内径为 5 400 mm，管片外径为 6 000 mm，采用土压平衡盾构机进行掘进施工，盾体外径为 6 280 mm。

（二）工程地质和水文地质

1.工程地质

菱角湖公园风井至菱角湖路站区间工程场地为长江一级阶地，地形略有起伏，地面较平坦、开阔，地面标高为 20.54～22.03 m。盾构区间主要穿越淤泥质黏质砂土、砂质黏土夹粉土、粉质黏土与粉土、粉砂互层。菱角湖公园风井位于菱角湖公园绿地内，始发端头地面标高为 20.68 m，始发洞门外地层由上至下分别为淤泥质黏质砂土、砂质黏土夹粉土、粉质黏土与粉土、粉砂互层、粉细砂。

2.水文地质

本区间场地沿线地下水主要类型有上层滞水、承压水等，其中，以长江和汉江两岸Ⅰ级阶地覆盖层中孔隙承压水对区间工程的影响最为突出。上层滞水实际上主要位于比较浅的暗埋沟塘部分以及人工填土部分，主要是因为接受了大气的降水以及地表排水等的积累。另外，在现代建设过程中，一般的老城区污水管道以及供水管道的渗漏也是形成这些问题的重要因素。产生上层滞水的原因包括：含水层的物质成分、透水性、厚度以及密实程度等不均一，同时降水量与水位也并不连续，没有统一，水面特征对应的勘察期间水位埋深为 0.8～3.2 m。承压水主要赋存于全新统粉质黏土、粉土、粉砂互层、砂土及砂卵石层中，含水层厚度一般为 20～40 m，含水层渗透性一般随深度递增。承压水测压水位绝对标高一般为 15.0～20.0 m（黄海高程），与长江、汉江水有密切水力联系，呈压力传导互补关系。本区间盾构始发地层位于承压水地层中，勘察测得承压水水位标高为 18.2～18.5 m。

二、地铁隧道盾构始发施工工作

地铁隧道盾构始发最基础的工作是盾构机的组装调试。盾构始发的主要工作流程是：将盾构机运送到规定的使用区域，推动整个施工工程的顺利进行；然后进行盾构掘进，以设计的线路为基础，开展掘进工作；随着时间的推移，盾构机到达一定规划地点；持续进行掘进，最终通过洞口达到车站内。地铁隧道盾构始发前的工作主要由始发台、盾构机体的加固处理，负环管片的安装准备和盾构的始发工作三部分构成。

（一）始发台、盾构机体的加固处理

在施工过程中对始发台、盾构机体进行加固，是由于始发台在盾构始发过程中需要承受各方面的纵向、横向的推力以及约束盾构旋转的扭矩。始发台、盾构机体的加固处理有助于保证盾构始发过程顺利进行。由于盾构始发施工必须有后支撑，故在洞圈与结构内衬间采用管片制作后座支撑体系，盾构后座由7环负环管片拼装而成。在第一环负环后设置由型钢制作成的钢后靠。待施工一定距离，满足盾构推进所需反力后拆除负环。由于洞口与盾构机体（或衬砌）存在建筑空隙，易造成泥水流失，从而引起地表沉降，因此须在洞口安装始发密封止水装置。始发密封止水装置包括帘布橡胶板、弧形板、折叠板及相应的连接螺栓和垫圈。安装顺序为帘布橡胶板→弧形板→折叠板，自上而下进行。安装时，应拧紧弧形板的压板螺栓，使帘布橡胶板紧贴洞门，防止盾构始发后同步注浆浆液泄漏。

（二）负环管片的安装准备

在安装负环管片前，在盾壳内安装厚度不小于盾尾间隙的型钢，以保证负环管片不破坏盾刷，在拼装好以后能够顺利向后推进。

（三）盾构的始发工作

1.空载推进

盾构在进行空载推进时，主要控制盾构的推进油缸行程和限制盾构每一环的推进量。要在保证盾构正常推进的情况下，在一定程度上降低总推力和刀盘扭矩。

2.洞口注浆

在盾尾完全进入洞体后，调整洞口密封，进行洞口注浆。洞口密封是为了在盾构始发时防止背衬砂浆外泄及端头水土流失。在施工过程中，应做好始发洞口预埋件的埋设工作，在盾构即将始发前，处理好洞口的土渣等，做好洞口密封的安装工作。

三、盾构始发施工常见问题及处理方案

盾构始发是盾构施工最重要的阶段，是决定整个施工过程成败的关键因素。随着盾构施工的应用越来越广泛，在施工过程中应加强其风险管理，不断提高施工质量，避免出现质量问题或安全事故。因此，应注意盾构始发阶段存在的特殊情况，从而保证工程的质量。

始发推进前需要凿除围护结构，并且保证在一定时间内被凿除围护结构土体的稳定性，防止水土流失的发生。

端头土体加固的效果不好是始发过程中常出现的状况。当始发地层中含有地下水时，应采用降水措施将地下水位降至区间底部以下 1.5 m。待盾体全部进入土体中，对洞门位置进行注浆封堵后，方可停止降水。

始发施工的工作具有一定的特殊性。在始发阶段，应注重盾构机的工况，密切注意土压状况，加大监测频率，以更好地控制地面沉降。

若想保证盾构机推进过程中支持系统的稳定性，则应加强对始发阶段支撑

系统的监测管理，防止出现失稳情况，导致工程的失败。相关人员应详细了解施工地质情况，调整其对应参数，按理论出土量和施工实际工况确定合理出土量，保证出土顺畅。

盾构出现流砂、漏水以及涌土等状况，主要是因为地质条件的变化、盾构机参数选择不当或发生机械故障等。要想解决流砂、漏水以及涌土等情况，就要采用高度机械化、自动化的全封闭的盾构机，正确调整参数，控制其推进速度和排土量，将平衡系统调整好。

在盾构始发阶段，盾构机主体在始发导轨上不能进行调向，并且地面沉降控制比正常推进阶段更为困难。因此，应加强盾构始发阶段对地面沉降的控制。

在盾构始发时，应控制其端头加固质量风险、反力架和基座风险、洞口密封失效风险、洞门注浆封闭效果不佳风险等，防止洞口出现地面沉降和流水的现象。

地铁隧道盾构始发施工是整个工程中极为重要的一部分，应对盾构始发施工技术工作进行严格控制，加大施工管理力度，在一定程度上降低施工过程中事故出现的频率。合理利用地铁隧道盾构始发施工技术，有助于地铁、城市的快速发展。

第四节　地铁隧道 EPB 盾构
施工技术

一、EPB 盾构机简介

（一）EPB 盾构机的工作原理

利用安装在盾构机最前面的全断面切削刀盘，将正面切削下来的土送进刀盘后面的密封舱内，并使舱内具有适当压力，与开挖面水土压力平衡，以减少盾构推进对地层土体的扰动，从而控制地表沉降或隆起，由安装在密封舱下部的螺旋运输机通过排土口将土渣排出。

（二）EPB 盾构机的类型

1.削土密闭型

削土密闭型又称压力保持型和密闭加压型，是 EPB 盾构机的基本类型，适用于松软黏性土。盾构掘进时，由刀盘切下的泥土进入泥土室，再通过螺旋输送机向后面排送。由于经过刀盘切削和扰动后，泥土的塑流性会增强，因此黏结性较强的泥土在经过刀盘旋转切削和螺旋输送机传送后也会变得更为松软，与原状土相比具有更强的流动性。这样的泥土能较好地充满泥土室和螺旋输送机的全部空间。

2.加泥型

当盾构穿越的土层含砂量超过一定限度时，由于土砂摩擦角大、流动性差，单靠刀盘旋转搅动很难使土砂达到足够的塑流状态。一旦土砂在泥土室内充得过满，就会压密固结，致使排土阻力过大而无法进行排土，也就无法平衡开挖面的土压,从而引起开挖面土层崩塌。遇到这种情况,就必须向盾构刀盘面板、泥土室及螺旋输送机壳体内注入特殊黏土泥浆材料,再通过刀盘搅拌翼的作用,使黏土材料与开挖的土砂混合,将泥土室内的土砂转变为流动性好和不透水的泥土,从而及时充满泥土室和螺旋输送机的全部空间,并能顺利地由螺旋输送机排出。

一般说来,注入黏土泥浆材料和强力搅拌,无疑能将各种土质的泥土改良成符合 EPB 盾构机工作要求的泥土。加泥型 EPB 盾构机理论上能适应各种软土地基的隧道施工,但实际不是如此。注入的黏土泥浆浓度、黏性越高,往往越难以进行均匀的搅拌,因而也大大地增加了机械负荷,甚至使机械运转更加困难。近年来,又出现了一种特殊泡沫材料,这种材料具有比重小、搅拌负荷轻并能把泥砂搅拌得更均匀的性能,进一步提高了泥土的流动性和不透水性,从而更进一步扩大了加泥型 EPB 盾构机的适用范围。

3.加水型

在砂层、砂砾层等透水性大的地层中,还可以采用加水型 EPB 盾构机施工。这种盾构机是在基本型 EPB 盾构机基础上,在螺旋输送机的排土口安装一只排土调整箱,在调整箱中注入压力水,使其与开挖面土层地下水压保持平衡,将进入排土调整箱中的土砂与压力水搅拌混合,形成泥浆,再通过管道输送排出坑外。

由于砂层、砂砾层渗水性大,必须对开挖面土压和水压分别采用平衡措施。采用 EPB 盾构机时,施工中开挖面的土压由泥土室压相平衡,而地下水压则与注入的水压相平衡,这样就可以取得对开挖面较好的平衡效果。同时,土砂颗粒之间的空隙也被压力水充填,使土砂颗粒之间的应力相应减少,从而增强了泥土室内土砂的流动性,使泥土能及时充满泥土室和螺旋输送机的全部空间,对开挖面起到一定的支护作用,使排土更为流畅。

与泥水平衡盾构机相比,EPB 盾构机加入的压力水主要是清水,无黏粒材料,故无须对注入的压力水进行浓度控制。

（三）EPB 盾构机的构造

EPB 盾构机主要由盾壳、开挖机构、推进机构、拼装机构、真圆保持器、排土机构和附属机构等部分组成。

1.盾壳

EPB 盾构机的壳体由切口环、支承环和盾尾三部分组成。其切口环为平直式，环口呈内锥形切口；支承环两端无井字型支撑架；盾尾密封装置为多级密封结构。

2.开挖机构

开挖机构由切削刀盘、泥土室、切削刀盘支承系统、切削刀盘驱动系统等组成。除泥土室不同于泥水室外，其余基本与加泥型、加水型 EPB 盾构机相同。

EPB 盾构机的泥土室是由刀盘、转鼓、中间隔板所围成的空间。转鼓呈内锥形，前端与切削刀盘外缘连成一体，后端与中间隔板相配合。泥土室与开挖面之间的唯一通道是刀槽，其余处于完全封闭状态。

EPB 盾构机的刀盘支承系统一般为混合支承式，既有周边支承，也有中心支承。混合支承式是大型 EPB 盾构机常用的刀盘支承形式。

3.推进机构、拼装机构和真圆保持器

EPB 盾构机的推进机构、拼装机构及真圆保持器与手工挖掘式盾构机的相同。

4.排土机构

EPB 盾构机的排土机构由大螺旋输送机、小螺旋输送机、排土闸门、闸门滑阀、驱动电动机等组成。排土闸门是 EPB 盾构机的关键部位，常用的排土闸门形式有活瓣式、回转叶轮式和闸门式。

5.附属机构

EPB 盾构机的附属机构由操作控制设备、动力变电设备、后续台车设备等组成。在操作控制设备管理中，重点是对土压的管理。土压管理主要是通过电

子计算机将安装于盾构机有关重要部位的土压计信号收集起来并进行综合处理，从而实现自动调节控制；或者发出信号，输出有关数据，以便进行人工调节控制。

（四）EPB 盾构机的工作过程

开启液压电动机，驱动转鼓带动切削刀盘旋转，同时开启盾构千斤顶，将盾构机向前推进。

土渣被切下并顺着刀槽进入泥土室。随着盾构千斤顶的不断推进，切削刀盘不断旋转切削，经刀槽进入泥土室的土渣不断增多。

开启螺旋输送机，调整闸门开度，使土渣充满螺旋输送机。当泥土室与螺旋输送机中的土渣积累到一定数量时，开挖面被切下的土渣经刀槽进入泥土室内的阻力加大，当这个阻力足以抵抗土层的土压力和地下水的水压力时，开挖面就能保持相对稳定而不致坍塌。这时，只要保持从螺旋输送机与泥土室中输送出去的土渣量同切削下来流入泥土室中的土渣量的平衡，开挖工作就能顺利进行。EPB 盾构机就是通过保持土压力或土渣量的相对平衡与稳定来进行工作的。

（五）EPB 盾构机的优缺点

EPB 盾构机的优点：

①能适应较大的土质范围与复杂的地质条件。

②不需要泥水处理设备。

③施工速度快，与泥水加压盾构机相比造价低。

④能获得较小的沉降量，可实现自动控制与远距离遥控操作。

EPB 盾构机的缺点：

①由于有隔板将开挖面封闭，不能直接观察到开挖面变化情况，开挖面的处理和故障排除较为困难。

②切削刀头、刀盘盘面磨损较严重，刀头寿命比泥水加压盾构机刀头寿命短，要求刀头的耐磨性强。

二、EPB 盾构施工中的常见问题及对策

（一）螺旋机喷涌事故

1.喷涌的成因

盾构在地下水丰富的地段掘进期间，若掘进参数欠佳、操作控制不当，尤其是渣土改良不到位，则易发生螺旋机喷涌问题。

盾构掘进时渣土离析、水砂分离。当螺旋机闸门打开时，土仓内的压力水夹带着泥砂喷涌而出，称为喷涌。喷涌不只发生在富水的砂砾地层，在地层黏性颗粒较多、刀盘（土仓）结泥饼时也会发生。

2.采取的对策

关闭螺旋机，继续掘进，使切削的渣土进入土仓，并进一步搅拌，适当提高土压力。采用土压（气压）平衡模式掘进，根据计算土压力设定参考值，防止仓内压力过高，以免造成盾构前方隆起、冒浆以及盾尾被击穿等问题。

加入高浓度膨润土泥浆或优质泡沫，提高渣土的流塑性，以控制螺旋机喷涌。根据掘进及水文地质情况，可向刀盘、土仓注入聚合物溶液，进一步提高渣土的流塑性、和易性，达到控制喷涌的目的。

盾构选型时，充分考虑掘进地层的水文地质情况，采用双闸门、双螺旋结构，必要时增加保压泵装置，提高刀盘开口率、刀具配置与地质的适应性，从设备方面采取喷涌控制措施。

（二）盾尾密封被击穿

1.盾尾被击穿的原因

EPB 盾构通过高压区段时，盾尾被击穿的现象也是较常发生的。具有一定压力的地下水通过管片与盾尾之间的空隙大量流入隧道内，会造成管片拼装困难；注浆液受冲洗流失，易出现环间错台和螺栓孔混凝土崩裂等质量问题；如果在软土地层中掘进，还将造成地面沉降超限甚至塌陷等事故。

盾尾被击穿的原因多为密封尾刷本身损坏脱落，盾尾油脂失效或流失。在实际施工中，盾尾被击穿多是因为油脂流失、油脂注入量不足、油脂质量欠佳、密封效果差。

2.采取的对策

加强盾尾油脂的质量控制，选用优质油脂，保证合理的油脂黏度。根据掘进实际情况，适时调整油脂注入量，提高盾尾的密封性能。盾构在富水砂砾地层、富水的复合地层掘进时，宜对脱出盾尾 4～6 环以后的管片进行二次注浆，形成止水环，起到抑制地层中的水流向盾尾的作用。若发现盾尾渗水处，则应及时对渗水点补注油脂。

（三）铰接密封被击穿

1.铰接密封被击穿的原因

盾构掘进区段地下水压较高，铰接密封要承受较高的水压力。若铰接密封磨损严重、压紧度不合理，在高水压作用下，铰接密封就会变形，从而使地下水流入隧道。若不及时处理，易造成地面沉降超限，甚至塌陷事故。

2.采取的对策

①根据掘进情况及隧道曲线半径，及时调整铰接密封的松紧度。

②做好铰接密封保养，及时注入足量润滑脂，保证密封的润滑性能，提高密封的使用寿命。

③盾构装机前，检查铰接密封的磨损情况，及时更换新密封。

④在实际掘进中，若发现密封渗（漏）水，及时采取有效措施。

（四）泥饼

1.泥饼的成因

盾构在黏性颗粒较多的地层中掘进，刀盘掌子面的黏性土体受到刀具切削、刀盘挤压后形成细小的土颗粒。通常刀盘中心部位开口率相对较小，在刀盘的碾压下，黏土极易自刀盘中心位置向四周扩散，逐步在刀盘面上形成附着的泥饼。在掘进过程中，泥饼由于挤压与渣土温度的升高而不断变厚、变硬，最终导致刀具糊住，刀盘失去削土能力。

泥饼的形成是多种条件共同作用的结果，不良工程地质条件，盾构刀盘的设计与刀具布置、刀盘开口率，掘进过程中的参数控制，渣土改良添加剂的品牌质量、配比参数等都是诱发泥饼形成的主要因素。

2.采取的对策

（1）针对不良地质条件

盾构在黏土地层或黏性颗粒较多的地层掘进时，盾构始发、接收过程中，由于加固区所含黏性的细颗粒较多，在渣土改良效果不佳时，易生成泥饼。应做好渣土改良，选用优质泡沫，通过试验选用合理的泡沫原液注入百分比、泡沫膨胀率、注入率；根据地层黏性颗粒组成的变化情况，接收调整泡沫注入参数，同时在掘进中不断优化掘进参数，以提高渣土的流塑性，达到控制泥饼的目的。

（2）刀盘开口率与刀具布置

①刀盘开口率。在具有黏性土体的地层中掘进时，刀盘开口率（尤其中心开口率）越大，越不易结泥饼。

②刀具布置。盾构刀具的布置高差（先行刀与刮刀）多为 30 mm。刀具的布置根据地质条件确定。在盾构施工中，地层通常是变化的，刀具的布置要尽可能满足不同地层的需要。

盾构选型时，应根据掘进地层的具体特点，选择合理的刀盘开口率。在可能的条件下合理提高刀具高差，必要时增加泥饼冲洗装置，达到掘进中控制泥饼生成的目的。

（3）施工因素

盾构在含有较多黏性土体的地层中掘进时，若土仓内土压较高或螺旋机排土较慢，则渣土在土仓内堆积挤压，容易附着在刀盘上形成泥饼。随着盾构的掘进，在土压力的作用下，泥饼的密实度、硬度逐渐增大，刀盘切削土体的能力逐渐降低。

为提高渣土的和易性、流塑性，可根据不同的地层选用不同的添加剂，如常用水、膨润土、泡沫剂、高分子聚合物等。在掘进中，应根据需要调整添加剂的含量。在实际施工过程中，因施工经验不足、实际盾构掘进参数欠佳以及对地质与排出渣土性状的判断不准确等，某些人选择了不合适的添加剂，无法准确控制浓度配比、注入量。这样，渣土得不到很好的改良，会导致渣土的流塑性不足，从而导致泥饼的产生。

刀盘面板上的泡沫注入孔或管路堵塞，会导致添加剂无法足量注入，也有可能形成泥饼。

要加强施工管理与系统优化，根据不同的水文地质特性，向刀盘、土仓内注入不同的添加剂，尽可能将渣土改良成性能良好的流塑土体。例如，在加固区域用泡沫添加分散剂减弱土体的黏性，可有效预防泥饼的生成；在富水的砂卵地层采用聚合型泡沫，同时向刀盘最外周的泡沫口注入膨润土，充分利用膨润土良好的润滑性及护壁性能，既有利于渣土的流塑性改良，又增强了开挖面周边的止水性。

根据泡沫管路系统的实际结构情况，优化泡沫系统，增加泥饼冲洗装置。冲洗装置既可起到泥饼防治作用，又具有辅助渣土改良的作用。

三、EPB 盾构喷涌防控与泥饼防治

（一）喷涌防控

1.喷涌的定义

盾构在富水砂砾地层中掘进，为控制地面沉降，需要控制出土量及保压掘进，掘进期间地层中的承压水会涌进土仓，由于砂砾不具有保水性，在土仓内形成水渣离析，螺旋机的土塞效应丧失，螺旋机出土口具有同上部土仓压力相当的土压，当螺旋机开启出渣口排渣时，会有大量的泥水带着渣土由螺旋机喷涌而出，称为喷涌。当发生喷涌时，掘进速度明显降低，土压难以控制，掌子面的土体受到的扰动加大，造成出渣超量，增加地面沉降，严重时会发生地面坍塌，造成巨大经济损失，给社会带来较大不良影响。

盾构在复杂的地质条件下掘进，极易发生喷涌，而在富水上软下硬地层中掘进既容易发生喷涌又容易产生泥饼。如何进行喷涌防控，控制地面沉降，防止地面塌陷，保证盾构掘进顺利进行及地面建（构）筑物的安全显得尤为重要。

2.喷涌的防控

喷涌防控技术是在盾构掘进过程中，辅以膨润土制浆控制系统、高分子聚合物注入系统以及黏性浆液过滤装置，利用膨润土、高分子聚合物使渣土具有良好的流塑性和不透水性，以取得良好的土压平衡效果，同时能够有效控制地下水流失，避免发生喷涌。

3.高分子聚合物注入系统

（1）操作工艺流程

开启注水球阀，向搅拌筒（罐）内放水，同时开启气阀（气流量可调），水位达到 1/4 筒高时根据配比要求均匀撒入高分子聚合物粉剂，水位达到 85%～90%筒高时停水，继续搅拌直至聚合物投入量满足配比要求，减小气体流量，进行气动搅拌。开启气动隔膜泵，向土仓、螺旋机注入聚合物溶液；切换泡沫液与聚合物球阀，可通过 2 路泡沫增压泵经回转体向刀盘注入 2 路聚合物溶液，通过土仓固定搅拌棒注入土仓或通过螺旋机的注入口注入螺旋机；同时，根据施工需要切换管路以满足控制喷涌的需要。

（2）注意事项

①本工程使用聚合物为粉剂，聚合物溶液的配比根据施工情况确定，一般控制在 5‰～10‰。

②注入点位根据地质情况确定，在土仓渣土较稀、螺旋机背压较高时，向土仓注入聚合物溶液；当地层含水量较大，需要预防螺旋机喷涌时，可向刀盘掌子面注入聚合物溶液。

③搅拌罐与气动隔膜泵、泡沫增压泵的管路连接须自由切换；通过泡沫增压泵注入聚合物时，排出管路宜绕过泡沫发生器进入管路系统。

④向刀盘掌子面注入聚合物后宜及时用清水或泡沫液清洗管路，搅拌筒应洁净，防止异物进入系统造成故障。

（3）聚合物注入

根据水文地质情况，土仓土压、螺旋机出土口背压数据及螺旋机的喷涌情况确定聚合物溶液的配置浓度，一般配比为 5‰～10‰，必要时根据使用情况及时调整。聚合物搅拌筒应洁净，不宜有铁锈等杂质，以免影响聚合物的使用效果或异物堵塞注入管路；未使用的聚合物（粉剂）应密封干燥保存，防止聚合物粉剂遇水汽后失效，已失效的聚合物粉剂不宜使用；聚合物拌浆时应均匀慢速撒入，聚合物粉剂撒入不均会造成絮状物混在浆液中，不但影响聚合物的效果，还会发生管路堵塞的风险。

4.膨润土制浆系统

应按照产品说明书，对搅拌设备进行各项功能检测。对于控制系统的相关元器件，须选用高质量的产品。为保证膨润土浆液的质量，应采购优质膨润土（钠一级），浆液的密度严格按技术要求执行。在浆液存储期间，要保证浆液流动畅通，一般采用气动搅拌或机械搅拌。膨润土制浆操作工人要严格执行操作规程及技术交底制度，并做好设备的清洁和保养工作。

（二）泥饼防治

1.泥饼带来的不利影响

当刀盘、土仓形成严重泥饼时，常规做法是开仓进行人工清理，但在盾构掘进过程中，受场地和地质条件的限制，通常需要带压进仓，不仅费用高且风险极大，还可能给施工带来经济损失；盾构在富水上软（砂砾）下硬（泥岩）地层掘进，土仓形成泥饼后，容易诱发喷涌现象，导致土仓压力的波动，引起地表沉降，甚至引发塌方事故。此外，若土仓泥饼严重，就会导致土仓温度快速升高，影响主驱动密封性能，甚至会造成灾难性的主驱动事故。

2.泥饼的类型及对盾构机参数的影响

（1）刀盘面板结泥饼

刀盘面板结泥饼后，刀盘上刀具对掌子面的贯入度减小，推进速度降低，刀盘扭矩减小，推力增大。

（2）刀盘面板背部结泥饼

刀盘面板背部结泥饼，增加了刀盘的重量。为了保证刀盘的转速，使盾构机正常掘进，应使刀盘的扭矩及推力增大，推进速度降低。

（3）土仓底部结泥饼

土仓底部结泥饼，会使土仓的容积减小，同时让本来平缓进入螺旋机的渣土受到挤压，以一定的角度进入螺旋机。当渣土进入土仓时，会增加主动土压力，导致推力增大。若盾构在富水地层中掘进，则易造成螺旋机喷涌。

3.泥饼与能量消耗的关系

刀盘是由刀盘驱动电机（电驱）或液压电机（液驱）提供动力的，某盾构机刀盘的转速和扭矩的关系如图 3-1 所示。

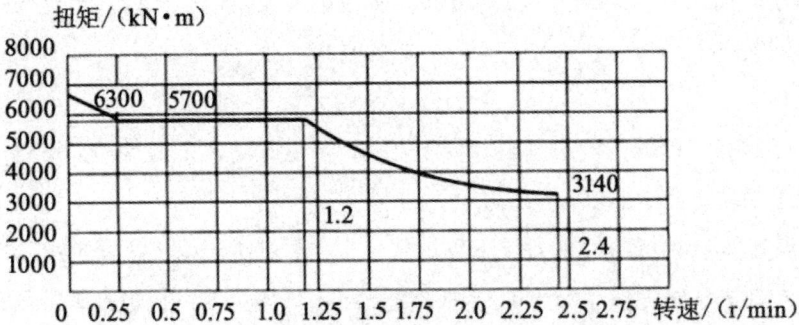

图 3-1 某盾构机刀盘的转速和扭矩的关系图

电机功率的计算公式：

$$P=\sqrt{3}UI\cos\theta\eta_{电机} \tag{3-1}$$

式中，P 为刀盘驱动电机的功率，额定功率为 6×132 kW；U 为电机的供电电压，额定电压为 400V；I 为电机的通电电流；$\eta_{电机}$ 为电机的效率系数，额定效率系数为 0.937；$\cos\theta$ 为电机的功率因数，额定功率因数为 0.86。

当刀盘转速小于 1.2 r/min 时，刀盘扭矩的额定值为 5 700 kN·m，其实际功率值与扭矩成正比，功率未达到额定值，其取值与电流取值成正比，此阶段称为扭矩最大值恒定区域。

当刀盘转速大于 1.2 r/min 时，刀盘的功率达到额定功率，为恒定值，此时刀盘扭矩与转速不影响刀盘功率，同时扭矩与转速成反比，此阶段称为刀盘功率恒定区域。

在刀盘功率达到额定功率前，其通电时电压、效率、功率因数均取额定值计算。通过式（3-1）可得到单个电机的功率与电流的关系为：

$$P=558.27I \tag{3-2}$$

当刀盘功率达到额定功率时，刀盘驱动电机的扭矩、转速、功率的关系式为：

$$T=9\,549P/n \text{ 或 } P=Tn/9\,549 \tag{3-3}$$

式中，T 为刀盘驱动电机的扭矩。

根据式（3-2）与式（3-3）可知，在扭矩最大值恒定区域，电流与扭矩和转速的关系为：

$$I = Tn/5\,330.9 \tag{3-4}$$

已知某工程盾构机刀盘由 6 台 132 kW 电机驱动，在刀盘功率恒定区域，刀盘驱动功率为 792 kW。

某工程盾构机在富水上软下硬地层中掘进，对比盾构机在富水上软下硬地层正常掘进和结泥饼状态下的掘进参数，推力急剧上升，扭矩显著降低，刀盘转速增大（超过 1.2 r/min，以提高贯入度），推进速度明显减慢。当刀盘转速超过 1.2 r/min 时，刀盘驱动系统以最大功率（792 kW）工作，推进系统、渣土传送系统和渣土改良系统功率虽相对减小，但由于推进速度大幅降低，这些系统的单位耗电量将显著增大；盾构机每掘进 1 环，管片拼装系统、水平运输系统和垂直运输系统的耗电量不变；随着掘进速度的降低，每环分摊的耗电量将相应增加。在结泥饼状态下，盾构机每掘进 1 环所消耗的电量将比正常状态增加 1 倍以上。盾构油脂类消耗与盾构工作时间成正比，其消耗量也会成倍增加。

4.同步射流冲洗

（1）系统原理

同步射流冲洗主要是应用高压水射流原理，即利用高压发生装置，以水为介质，使其在获得巨大的能量后，以流体方式，通过预装在土仓隔板、刀盘面板上的特定喷嘴产生高速的射流束，对刀盘及土仓内不同位置的土体进行冲洗、切割，避免渣土固结成块形成泥饼，从而达到泥饼防治与盾构掘进同步的目标。

（2）泥饼冲洗装置的使用

泥饼冲洗装置能在盾构掘进的过程中实现对泥饼的同步防治、处理。当刀盘或土仓内有泥饼生成时，可以开启增压泵，打开对应冲洗点位的球阀来实现对泥饼的同步冲洗处理。盾构在黏性颗粒较多的地层中掘进，当推力明显增大（比正常掘进推力增加 400 t 以上）、扭矩减小（比正常扭矩减小 600 kN·m 以上）、推进速度明显减慢（低于 10 mm/min）时，可判断土仓结泥饼；当推进中伴有盾体振动增大时，可判断刀盘结泥饼。

对土仓泥饼进行冲洗时，可开启下半部球阀，冲洗隔板处泥饼，在冲洗期间，可手动旋转冲洗枪 30°～45°，提高冲洗效果；根据冲洗效果，还可更换冲洗枪喷嘴，以增加冲洗面。

对刀盘泥饼进行冲洗时，应采用气压平衡模式（土仓上半部为气体）掘进，保证土仓上半部无渣土。冲洗刀盘背部时，开启土仓上半部球阀（一般开启 2～3 个，可根据掘进效果调整冲洗点位的数量及位置）；若对刀盘牛腿处泥饼进行冲洗，则开启回转体处球阀。

（3）泥饼冲洗流量分析

实际冲洗时可根据掘进需要开启不同数量的冲洗孔，采用离心式增压泵（简称离心泵）。离心泵的流量在小流量时压力高，大流量时压力低，实际流量由开启的冲洗点数量决定，每个冲洗点（实测 4 个直径 2 mm 小孔在压力 30～40 bar 时流量为 0.8～1.2 m/h）都由独立的 DN25 mm 球阀控制。冲洗水的用量因地层而异。在南昌的中风化泥质粉砂岩中，渣土遇水膨胀，吸水量大，每环推进 40 min 左右，注入泡沫和水 8～10 m³（12～16 m³/h）。

盾构原设计 6 路单泵单供泡沫注入通道，泡沫增压泵最大流量 1.2 m³/h（泡沫最大流量 7.2 m³/h），盾构配置单独增压水泵（扬程 93 m，流量 6 m³/h），在泥岩地层泡沫流量不足时须开增压水注入土仓。采用同步射流冲洗后，原配泵与新加增压泵串联使用，2 台泵额定流量一致，在额定扬程时 2 台泵串联扬程 293 m（93 m＋200 m），在扬程大于 300 m（30 bar）时，泵流量减小，泵的实际流量由开启球阀数量确定；在冲洗点位开启 2～6 个，根据渣土流塑性情况调整（减小）泡沫注入量。

第五节　地铁隧道盾构进出洞土体
改良加固技术

一、国内外盾构进出洞土体改良加固技术的相关研究

盾构进出洞是盾构地铁隧道施工中的事故多发阶段，风险较大。近年来，在城市化高速发展的背景和要求下，人们对盾构进出洞的施工安全提出了更高的要求。这是因为修建城市地铁隧道往往都是在比较繁华的地带，周围环境比较复杂，稍有不慎就会发生严重的工程事故。因此，盾构进出洞土体改良加固技术是一项值得研究、探讨的课题。

自发现并使用盾构技术施工建设地下隧道工程后，盾构进出洞土体改良加固技术就一直是国内外专家学者研究的重点。

1893 年，盾构进出洞土体改良加固技术中的人工挖孔灌注桩加固方法在美国问世，在工程实践中使用到的钻孔灌注桩是其延伸。科学技术的发展带动了机械工业的腾飞，高性能、大功率的探钻发动机的研发和投入使用对钻孔灌注桩的发展起到了重要的推动作用。

20 世纪 70 年代，日本在钢铁厂港口码头首创深层搅拌桩工法，其是 SMW 工法的基础原型。我国自 1977 年开始试验研究和试用深层搅拌桩，随着性能高、功率大的发动机的研发成功，深层搅拌桩工法在我国地铁隧道土体改良加固技术领域也有了广阔的发展空间。

SMW 工法的特点为：

（1）对周围环境影响小、施工快。在地铁隧道施工中，SMW 工法常被用于维护土体的稳定和对土体进行加固。

（2）止水性比较好。SMW 工法搅拌的浆液和周围的土体能进行全方位的

强制搅拌，使周围的土体与加固浆液形成可靠的墙体，墙体的止水性较好。

（3）环境污染小。与其他加固土体的方法相比，SMW 工法在施工速度、施工损耗和环境保护等方面都有明显的优势。

进入 21 世纪后，盾构进出洞土体改良加固技术进入快速发展阶段，降水法、冻结法及置换土层法相继问世。

降水法即在周围土体中用探钻机具打出眼孔，然后放入抽水设备进行抽水，从而降低地下水位，以利于工作面的干燥和土体的稳定，但是也要注意因水的抽取而产生的地面下沉。

冻结法的原理是使不稳定的含水层形成强度很高的冻土体，从而形成完整的防水屏障。

置换土层法主要是指将原地基土挖除，重新选择填料后再填入夯实。按置换材料的不同，土层置换可分为土质置换（采用优质黏土等进行置换）、砂石置换（采用砂、石或砂夹石进行置换）和复合土置换（采用灰土、复合土等进行置换）。

二、盾构进出洞施工中存在的问题

虽然国内外对盾构进出洞土体改良加固技术都进了深入的研究，但是目前盾构进出洞施工中仍存在下述问题：

（一）洞口外土体涌入井内

当工作井洞口的防护结构被拆除时，由于事先进行的洞门口土体改良加固效果不佳，不能很好地保持自身稳定性，容易出现土体失稳下滑的情况，引起地面沉降和施工事故。如情况严重，则会造成井下无法施工。

（二）洞口周围涌泥水

由于在出洞施工时会损坏洞口密封装置，盾构出洞后没有及时做好洞口防渗漏处理，因此在盾构未全部通过工作井洞圈或已经脱出洞圈时，井外泥水会不断从洞圈与盾构之间的间隙涌入井内。如不及时处理，则将导致地面沉陷和洞口处已建设好的隧道产生过量沉降。

（三）盾构出工作井洞口时上抬或下沉

在盾构施工过程中，盾构机的始发工作和调试工作非常重要。因为当盾构机向前推进破除洞门进入土体掘进时，盾构机已经失去了原先在导轨上运行的精度。土体的地层、含水量和地质难以掌控，故刀盘前面切削土体的压力值也难以把握，当土体改良加固不理想时，极易引发超挖和欠挖现象。盾构出工作井洞口后，就失去了基座的支撑，若在施工中对正面平衡压力值的设定和控制不当，则极易产生盾构的上抬或下沉，这将使刚建成的隧道偏离设计轴线，甚至影响正常施工。进土部位和进土量控制不当，易使盾构上抬，地面也会随之隆起；正面土体流失过量，超量出土，易使盾构下沉。

（四）管片不良现象

盾构进出洞处管片易产生破碎、环面不平、环向旋转、内外张角严重、纵缝喇叭大等现象。

三、盾构进出洞封门形式

（一）盾构进出洞外封门结构形式

1.钢板桩工法封门

当采用沉井施工法施工建设工作井时，在工程实践中常常采用钢板桩进行洞门口的封闭工作。洞口封门有两种方法：第一种方法是将封门安装在洞口，而后将其与沉井共同下沉到施工建设的设计位置。在沉井洞圈内固定连接封门钢板桩，当盾构机进出洞需要拆除围护结构时，拆除速度快，花费代价小，不会延误工期。第二种方法是在沉井下沉过程中，在沉井的预留洞口进行封闭，待下沉到设计位置时，紧贴沉井的外井壁打入封门钢板桩，然后拆除预留洞口的封闭物。

2.SMW 工法封门

盾构施工时，可用 SMW 工法在工作井盾构机进出洞口处进行结构维护。采用 SMW 工法时，在盾构机掘进施工前就应将改良加固后的土体内的型钢去除，而后盾构机刀盘切削前进。

3.地下连续墙工法封门

所谓地下连续墙工法，即先行开挖导墙槽，然后在导墙槽中浇筑混凝土。按照施工设计的要求，内导墙和外导墙之间的宽度为地下连续墙的设计宽度。在导墙槽内墙倒入配置好的护壁泥浆，然后逐段挖槽和输入泥浆，待开挖到设计深度以后，放置钢筋笼并灌注混凝土替换泥浆，从而形成钢筋混凝土地下连续墙。

因地下连续墙施工时对周围环境影响小（震动小、噪声低），成型后的墙体刚度大、防水抗渗性能好且对周围地基扰动小，故其适应范围非常广泛。

（二）盾构进出洞内封门形式

盾构进出洞内封门主要采用组合型钢，形式分竖封门和横封门两种。在用组合型钢进行内封门的情况下，当盾构机推进至洞门封门口半米的位置时应停止，以便为后续的施工作业留出一点空间，为工作人员提供方便。拆除封门时，如果施工条件允许，则应当尽可能早地将盾构机推到井内的接收基座上，同时对洞门钢圈与衬砌管片之间的空隙进行塞堵，以防空隙处渗漏泥水。

四、盾构进出洞土体改良加固方法

盾构进出洞时须采取土体改良加固措施。在施工时必须对加固处理后的土体实际性能做检测，在确认其达到施工所规定的要求后，方可拆洞口封门。当前常见的土体改良加固方法有降水法、高压旋喷桩法、深层搅拌桩法及冻结法等。

（一）降水法

在软土的含水地层中建造隧道，用降水法排出地下水，稳定开挖面的土体，是防止地下施工流砂产生的有效措施。人工降低地下水位是在施工范围内埋设一定数量的滤水管，用抽水设备抽取井内水，使地下水位降低到工程施工面以下，而在施工过程中仍保持不断抽水，使工作面土体始终保持干燥，从根本上防止流砂现象的发生。同时，由于抽去土中水后，动水压力减小或消除，土体竖立面更加稳定。

采用降水法一般为地面向下打井点，所以其使用的范围、地区受到了限制，但在盾构施工进出洞阶段，这是一种主要方法。用人工降低地下水位的方法有：轻型井点、喷射井点、电渗井点、管井井点、深井井点等。而具体采用哪一种方法应根据土的渗透系数、要求降低水位的深度、工程特点、设备条件及现场施工条件而定。降水法的适用范围是：在盾构工作井施工中，防止井内涌泥或产生流砂；在盾构隧道施工中，稳定开挖面土体；井点降水尤其适用于盾构的进出洞施工。

（二）高压旋喷桩法

高压旋喷桩法在地基加固、提高地基承载力、改善土质进行护壁、挡土、隔水等方面起到了很好的作用。喷射注浆的方法可分为单管法、二重管法、三重管法以及近些年出现的多重管法。

利用高压旋喷桩可加固某一深度的土层；可以在渗透系数很小的细颗粒土层中灌注浆液，从而加固土体；在上方公用管线间距狭小或构筑物仅有小狭缝的场合，可进行土体加固；结合定喷法，可有效地形成垂直向隔水墙、水平向隔水墙或封闭式的隔水帷幕。高压旋喷桩使用方便、移动灵活，既可形成单排桩体，又可形成多排桩体，桩径可适当调节。对排出的泥浆可进行回收利用，从而改善施工环境，节省外运费用。高压旋喷桩法的适用范围广，适用于砂土、黏性土、淤泥土及人工填土等土质。

高压旋喷桩法的工艺原理是：利用工程钻机钻孔到设计深度，将一定压力的水泥浆液和空气通过其端部侧面的特殊喷嘴同时喷射，并强制与喷射出来的浆液混合，胶结硬化。喷射的同时，旋转并以一定速度提升注浆管，即在土体中形成直径明显的拌和加固体。桩间叠合就形成了隔水、挡土的护壁墙。

（三）深层搅拌桩法

深层搅拌桩法是软土地基加固和深基坑开挖侧向支护常用的方法之一。我国于 1977 年开始试验研制和试用，后于 1980 年由冶金部主持通过部级技术鉴定，推广应用于地基加固工程。

深层搅拌桩法的特点包括：固化桩与原地基构成复合地基，改善了地基的承载力和变形模量；桩体连接成壁后有隔水帷幕作用；在施工中无振动、无噪声、无污染，对周围建筑物和地下管线影响小；施工机具简单，操作方便，造价低，为文明施工创造了较好条件，尤其在场地较小的地方采用更加合理。

深层搅拌桩法的适用范围是：软土地基加固；侧向挡土支护结构；隔水、防流砂的良好帷幕。

深层搅拌桩法的工艺原理是：利用深层搅拌机械，用水泥作为固化剂与地基土进行原位的强制粉碎拌和，待固化后形成不同形状的桩、墙体或块体。

（四）冻结法

当用其他方法难以达到稳定开挖面土体的目的时，采用冻结法可取得较好的效果。冻结法的主要功能包括：能够使不稳定的含水地层形成强度很高的冻土体；能够形成完整的防水屏蔽，起到隔水作用；能起到良好的挡土墙作用，以承受外来荷载。冻结法适用于各类淤泥层、砂层、砂砾层。

冻结法的冻土强度和止水性高，通过测量地下温度，可确认冻土形成状态；加强施工监测管理可以增强冻结法的可靠性。此外，冻土墙能够长期处于稳定状态。但是对于动水层，质量不易保证。有地下水流动时，因其阻碍冻结的进行，施工前必须确认地下水流的存在及其流向和流速，能否按计划冻结，并根据水流情况，采取必要的措施。对于地下水丰富、透水性大的砂层和砂砾层，必须注意地下水流的存在，在有些情况下，可以考虑采用化学注浆法等手段截断地下水或降低流速。当水流流速大于 10 m/d，冻土扩展受到抑制，冻土形状不规整；当水流流速大于 40 m/d 时，冻土帷幕扩展困难。另外，对于含水量低的地层，该法不适用。

我们也要注意，冻土产生的冻胀和融沉效应，对地面沉降控制和周边建筑物影响较大。冻胀和融沉程度因地基条件、冻结时间、冻结规模、解冻速度、荷载条件等而异，一般在砂和砂砾层上比较低，在黏土、粉砂、亚黏土层上比较高。当可预测到地基冻胀、解冻沉降对周围结构物有不利影响时，必须根据其容许变位量和冻胀与解冻沉降的防护工程的必要性，研究是否需要采取冻结法。控制解冻引起的地基沉降还有一种方法是使温水循环，强制解冻，用化学注浆工程填充孔隙。冻融效应持续时间很长，还会影响到管片后期沉降变形。选用的注浆液要具备抗冻性能。

第六节　地铁隧道盾构掘进技术

一、地铁隧道盾构掘进的施工组织

（一）盾构施工场地与交通疏解

一台盾构机始发场地面积需要 3 000 m²，两台盾构机始发场地面积需要 5 000 m²，而接收场地只要 1 000 m² 左右。看似合理的施工组织方案，有时也可能因没有合适的施工场地而改变。盾构井一般是沿线路中线设置的，城市中心区的交通疏解要求往往导致场地较小。过小的场地会影响施工现场的合理布置（如弃土场、注浆材料储存地、管片堆放场、施工人员的生产生活场所等），降低劳动生产率。

因交通疏解、管线等条件限制而使盾构井设置在线路中线一侧时，盾构机始发周期延长，弃土等洞内运输作业效率将明显下降。当场地不满足正常始发要求时，可以采用分体始发等方式。

通常设两个渣坑于始发井顶板上，每个渣坑长 15 m、宽 6.0 m、深 4.0 m，最大可存渣土 720 m³。渣土坑底板及侧墙采用 C20 混凝土浇筑，厚 30 cm。每个渣土场四周设置挡渣板，防止过稀渣土溢出。40 t 龙门吊采用挂钩侧翻卸渣方式，渣土外运采用挖掘机装车、汽车运输的方式。临时管片堆放场占地面积为 120 m²，管片存放能力为 60 块（10 环）。正式管片堆放场占地面积为 594 m²，管片存放能力为 210 块（30 环），满足 3 d 的平均使用量。

在施工场地出渣位置设洗车槽，出渣车辆必须经过清洗后，方可驶出施工场地。洗车槽采用下沉式，宽 4 000 mm、长 8 000 mm、深 400 mm。洗车槽旁设置沉淀池，洗车水经沉淀池三级沉淀后排入市政污水管线。

（二）盾构掘进速度与长度

盾构掘进速度与工程地质条件、盾构机选型、掘进管理水平、地面建（构）筑物保护要求等因素密切相关。地铁区间隧道多采用（加泥）土压平衡盾构，在目前的施工技术水平条件下，正常的平均掘进速度已达到每天 10 m，月进尺达到 300 m。综合考虑始发和到达掘进、通过建筑物保护段的沉降控制、地层性质与均质性、弃土与材料运输时间限制等因素的影响，施工组织的平均指标一般按照月进尺 180 m 考虑。当地层适于盾构施工且均质性好、环境限制条件少、一次掘进距离长时，掘进指标可按月进尺 240 m 考虑。

当盾构穿越江河段、硬岩段，连续穿过建（构）筑物保护区段、长距离小半径曲线段、多个短区间、长距离砂层段，超前钻探或超前注浆和盾构井不在线路正上方等时，采用偏低的掘进指标。

盾构隧道土建费用主要由盾构机费用、掘进费用、衬砌费用三部分组成。有效降低造价的手段之一是在满足工期的条件下尽量加大盾构机的掘进长度，降低盾构机摊销费用。考虑到土建工期的限制，盾构施工经济长度一般控制在 6~8 km。

（三）盾构掘进对车站施工的影响

盾构机制造约需 6 个月，下井安装调试约需 1 个月。盾构隧道一般会先行招标以方便设备采购，与始发井的施工时间相匹配，必要时要求始发井提前开工。

盾构井一般设置于线路正上方，不仅影响交通疏解方案，还对车站施工场地有干扰。不论是采用过站方案还是起吊方案，管片、材料和弃土运输均对车站施工有干扰。

施工招标时，车站与区间合标（即几站几区间一个标）。规模过大时，也可区间与始发站或第一个过站站合标。这是减少施工干扰、方便施工协调、有利于人员安排的办法之一。

（四）管片生产组织

盾构隧道施工组织应综合考虑管片厂的位置和沿线交通运输条件。若全线盾构机同时开始掘进，则管片供应将过于集中。当盾构机数量增加而减少掘进长度时，需要增加模板套数或管片堆放场面积，直接或间接增加盾构隧道工程造价，也会引起年度工程投资的不均衡。而盾构施工长度增加，盾构机台数减少，模板套数自然减少，但工期会相应延长。

应根据施工组织确定的盾构机数量及其先后始发，得出合理的管片模板套数，确保管片生产的均衡性，从而在不影响工期的前提下，降低盾构隧道的总体造价。

二、地铁隧道盾构掘进中盾构机的操作与控制

（一）地铁隧道盾构掘进中盾构机的操作

在推进前，工程技术人员根据盾构机目前的姿态、地质变化、隧道埋深、地面荷载、地表沉降、刀盘扭矩、千斤顶推力等各种勘探、测量数据信息，正确下达每班掘进指令，并及时跟踪调整。

盾构机操作人员执行指令，根据土压平衡的原理，确认土压的设定值，并将其输入土压平衡自动控制系统。

平衡压力值的设定是土压平衡式盾构施工的关键，维持和调整设定的压力值又是盾构推进操作中的重要环节，这里包含着推力、推进速度和出土量三者之间的关系，对盾构施工轴线和地层变形量的控制起主导作用。所以，在盾构施工中应根据不同土质和覆土厚度、地面建筑物，配合地面监测信息的分析，及时调整平衡压力值，同时精确控制盾构机姿态，控制每次的纠偏量，减少对土体的扰动，并为管片拼装创造良好的条件。此外，还应根据推进速度、出土量和地层变形的监测数据，及时调整注浆量，从而将轴线和地层变形控制

在允许范围内。

盾构机司机根据掘进指令和前一环衬砌的姿态、间隙状况，及时、有效地调整各项掘进参数，如推进速度、千斤顶分区域油压、加注泡沫或膨润土浆液等，对初始出现的小偏差及时纠正，尽量避免盾构机走蛇形路线。盾构机的一次纠偏量不能过大，盾构机司机应遵循"少量多次"的纠偏原则，以减少对地层的扰动。

盾构掘进应由富有经验的盾构操作手或者参加过培训并且考核合格的人员操作。间隔半年以上未操作过盾构机的操作手应再次参加培训，在取得合格认可后，才能上机操作。

（二）地铁隧道盾构掘进中盾构机的控制

1.盾构掘进偏差

盾构机在掘进过程中，由于地层土质变化、千斤顶推力不均、回填注浆不均、盾尾间隙不均以及已拼管片轴线不准等因素影响，不可能完全按设计方向推进，走行轨迹可能犹如蛇行，进而产生姿态偏差。姿态偏差可分为滚动偏差和方向偏差。

（1）滚动偏差

盾构掘进时，刀盘切削土体的扭矩主要靠盾构壳体与洞壁之间形成的摩擦力矩来平衡。当盾构机壳体与洞壁之间产生的摩擦力不能平衡刀盘切削土体产生的扭矩时，将出现盾构机的滚动。过大的滚动会引起隧道轴线的偏斜，也会影响管片的拼装。

（2）方向偏差

盾构在掘进过程中，由于各种因素的影响，会产生竖直方向和水平方向的偏差。

①盾构所受外力不均衡产生的方向偏差。盾构在地层中受多个外力作用，这些外力随地层的土质情况、覆土厚度的变化而变化，若不及时调整掘进参数

或参数设置不合理，就会产生轴线偏差。

②成环管片轴线对盾构轴线的影响。盾构推进反力支点设在成环管片上，当成环管片轴线控制不理想时，就会对盾构轴线产生影响，产生方向偏差。

③盾尾间隙的影响。尚未脱离盾尾的管片外弧面与盾壳内弧面的间隙，称为盾尾间隙。当一侧盾尾间隙为零，盾构须向另一侧纠偏时，就会在该侧盾尾和管片外弧面间产生摩擦阻力，同时因无盾尾间隙纠偏困难，从而对盾构轴线的控制产生影响。

④同步注浆产生的反力对盾构轴线的影响。注浆时，由于各种原因而不能保证对称作业或浆液注入量、注入速度控制不得当，则注浆产生的反力将使盾构轴线产生偏差。

⑤盾构本身结构的影响。由于盾构各部位结构的影响，其重心位置趋前，扎头现象普遍存在，在松软地层中尤为显著。

2.盾构机掘进姿态监测

通过自动监测和人工监测两种监测方法可对盾构机姿态进行监测。盾构掘进时，自动监测与人工监测同时使用，可以提高盾构姿态监测的精度。

（1）自动监测

采用 VMT 软件导向系统对盾构机的位置和情况进行连续测量。该系统是在一固定基准点发出激光束的基础上，根据盾构机所处位置计算其对设计线路的偏差，并将信息反映在大型显示器上。监测装置安设在主控室内，操作人员通过控制系统进行调整。

用目标装置（激光靶板）和倾角罗盘仪测量盾构机的位置。用激光靶板测量激光束的入射点位置和入射角大小，用倾角罗盘仪测量盾构机在两个方向上的转角。

（2）人工监测

采用通用的光学测量仪器（如全站仪、电子水准仪等），对盾构的姿态进行监测。

①滚动角的监测。用电子水准仪测量高程差，计算出滚动圆心角。

②竖直方向角的监测。采用全站仪直接测量盾构的俯仰角变化，上仰或下俯时其角度增量的变化方向相反。

③水平方向角的监测。采用全站仪直接测量盾构的左右摆动，左摆或右摆时其水平方向角的变化方向相反。

3.盾构机掘进姿态调整

盾构机掘进姿态的调整包括纠偏等。其中，纠偏包括滚动纠偏、竖直方向纠偏、水平方向纠偏和特殊地层下的姿态控制。

（1）滚动纠偏

采用使盾构刀盘反转的方法来纠正滚动偏差，允许滚动偏差小于等于1.5°；当超过1.5°时，盾构机报警，盾构机司机通过切换刀盘旋转方向进行反转纠偏。

（2）竖直方向纠偏

影响盾构机方向的主要因素是千斤顶的单侧推力，它与盾构机姿态变化量间的关系比较离散，靠操作人员的经验来控制。

当盾构机出现下俯时，加大下端千斤顶的推力进行纠偏；当盾构机出现上仰时，加大上端千斤顶的推力进行纠偏。

（3）水平方向纠偏

水平方向纠偏的原理与竖直方向纠偏的原理一样，左偏时，加大左侧千斤顶的推力纠偏；右偏时，加大右侧千斤顶的推力纠偏。

（4）特殊地层下的姿态控制

盾构机通过复合地层（即作业面土体的抗压强度等力学性能指标存在很大差异的地层）时，根据掌子面的地质情况，对液压推进油缸进行分区操作。

液压推进油缸的分区，采用如下方案：采用一台电液比例调速泵，向所有的推进油缸供油。将全部推进油缸分为 A、B、C、D 四个区域，每个区域的油缸编为一组，每组油缸设一电磁比例减压阀，用来调节该组推进油缸的工作压力，借此控制或纠正盾构机的前进方向。在每组推进油缸中，有一个油缸装有位移传感器，用于标示该区域的行程，从而显示整个盾构机的推进状态。

纠偏注意事项如下：

①在切换刀盘转动方向时，保留适当时间间隔，切换速度不宜过快。

②出现偏差后，应及时根据掌子面地层情况调整掘进参数，进而调整掘进方向，以避免引起更大的偏差。

③蛇行的修正以长距离缓慢修正为原则，如修正过急，则蛇行反而会更加严重。在直线推进的情况下，选取盾构机当时所在位置点与设计线上远方的一点作一直线，然后以这条线为新的基准进行线形管理。在曲线推进的情况下，使盾构机当时所在位置点与远方点的连线同设计曲线相切。

④盾构机掘进纠偏时，平面调差折角小于 0.4%，高程调差小于等于 20 mm，以防止纠偏过激。

三、地铁隧道盾构掘进中管片的拼装

（一）管片拼装方式

管片拼装按照设计图纸要求进行。一般隧道衬砌由六块预制钢筋混凝土管片拼装而成，包括封顶块、邻接块、标准块。采用错缝、自下而上交叉拼装，封顶块和邻接块搭接 1/3，最后纵向插入。安装封顶块时应保证两块邻接块间有足够的插入空间。

（二）管片拼装流程

管片采用错缝拼装，工艺特点为"先下后上、先纵后环、左右交叉、纵向插入、封顶成环"。其步骤如下：

①管片选型以满足隧道线形为前提，要确保有足够的盾尾间隙，以防盾尾直接接触管片。在一般情况下，管片选型与安装位置是根据推进指令先行决定的，目的是使管片环安装后推进油缸行程差较小。

②在每环掘进的后期，应清除环面和盾尾的杂物；在一环掘进结束后，将操作盘上的掘进模式转换为管片安装模式；盾构推进后，现状姿态应符合拼装要求。

③管片安装必须从隧道底部开始，然后依次安装相邻块，最后安装封顶块。

④封顶块安装前，应对止水条进行润滑处理，安装时先径向插入，调整位置后缓慢纵向顶推。

⑤管片块安装到位后，应及时伸出相应位置的推进油缸顶紧管片，其顶推力应大于稳定管片所需力，然后方可移开管片安装机。

⑥在管片环脱离盾尾后，要对管片连接螺栓进行二次紧固。

需要注意的是管片安装时，非管片安装人员不得进入管片安装区；在切换刀盘转动方向时，要保留适当的时间间隔，对切换速度进行控制，切换速度过快可能造成管片受力状态突变，导致管片损坏。

四、地铁隧道盾构掘进中的管片背后注浆

盾构机的刀盘开挖直径为 6 280 mm，管片外径为 6 000 mm。当管片在盾尾处安装完成后，盾构机向前推进，管片与土层之间形成 14 cm 的建筑间隙。应及时采用浆液材料填充此环形间隙，这有利于防止地层变形，提高结构的稳定性。

（一）同步注浆材料及配合比

采用水泥砂浆（可硬性浆液）作为同步注浆材料。该材料具有凝结时间较短、强度高、耐久性好和抗腐蚀性好等特点。

对浆液配合比进行不同的试调配及性能测定比较后，优化出满足不同条件下使用要求的配方，该配方以书面形式报监理工程师审定后可正式投入使用。同时，应在试推进施工过程中对不同浆液配合比产生的地表不同沉降值进行核对，之后对浆液配合比进行相应的优化。

该浆液配合比的物理力学指标如下：

①胶凝时间：一般为 3～10 h，根据地层条件和掘进速度，通过现场试验加入速凝剂及变更配合比来调整胶凝时间。对于强透水地层和过建筑物、小曲线等地段，可通过现场试验进一步调整配合比和加入早强剂或减水剂，进一步缩短胶凝时间，获得早期强度，保证良好的注浆效果。

②固结体强度：1 d 强度不小于 0.2 MPa，28 d 强度不小于 2.5 MPa。

③固结收缩率：小于 5%。

④浆液稠度：9～13 cm。

⑤浆液稳定性：离析率小于 5%。

（二）同步注浆设备

盾构机推进时，通过安装在盾尾内的内置式注浆管向管片与地层间的环形建筑空间注入足量的填充浆液。每根管上有高压压力表和阀门，该管通过软管与盾构机 1 号拖车上配置的注浆泵分别相连，注浆泵可手动控制，也可自动控制。

配备液压注浆泵（注浆能力为 $2 \times 12 \ m^3/h$）2 台，8 个盾尾注入管口（其中 4 个备用）及其配套管路。

砂浆罐车（7 m^3）具有自搅拌功能，带有砂浆输送泵，随编组列车一起运输。

（三）同步注浆施工工艺

同步注浆通过同步注浆系统及盾尾内置的 4 根注浆管，在盾构向前推进、盾尾空隙形成的同时进行。浆液在盾尾空隙形成的瞬间及时起到充填作用，从而使周围土体获得及时的支撑，可有效地防止土体塌陷，控制地表沉降。

注浆可根据需要采用自动控制或手动控制方式：自动控制方式即预先设定注浆压力，由控制程序自动调整注浆速度，当注浆压力达到设定值时，自行停止注浆；手动控制方式则由人工根据掘进情况随时调整注浆流量，以防注浆速度过快而影响注浆效果。一般不从预留注浆孔注浆，以降低从管片渗漏水的可能性。

1. 注浆量的确定

注浆量是以盾尾建筑空隙量为基础并结合地层、线路及掘进方式等确定的，应考虑适当的饱满系数，以保证达到充填密实的目的。根据施工实际，这里的饱满系数包括由注浆压力产生的压密系数、取决于地质情况的土质系数、施工消耗系数和由掘进方式产生的超挖系数等，一般主要考虑压密系数和超挖系数。以上饱满系数在考虑时须累计。

同步注浆的注浆量经验计算公式为

$$Q = q\lambda \tag{3-5}$$

式中，q 为充填体积，m^3；λ 为注浆率，一般为 130%～180%；Q 为盾构施工引起管片背面的空隙，m^3。

在全风化带、残积土中，注浆率取 1.2～1.5；在强风化带、中风化带、微风化带中，注浆率取 1.8～2.15。

2. 注浆压力确定及控制

（1）注浆压力确定

注浆压力主要取决于地层阻力，但与浆液特性、土仓压力、设备性能、管片强度也有关系。

注浆压力通常为 0.1～0.3 MPa，一般理论计算与实际情况是有出入的，必须结合现场实际情况和地面沉降监测分析数据来确定。在全风化及以下的地层中，注浆压力一般在 0.15～0.30 MPa；在中风化以上的岩层中，注浆压力取决于围岩条件和裂隙水压力，一般在 0.1～0.15 MPa。考虑到管片的抗剪能力，注浆压力一般不大于 1 MPa；当注浆压力为 4 MPa 左右时，混凝土管片封顶块的螺栓会被剪断。

（2）注浆压力控制

在注浆过程中，一般以注浆压力控制为主；如果地层自稳性好，地下水压小，则以注浆量控制为主。

3.注浆速度

注浆速度应与掘进速度相匹配，所以注浆泵的性能要满足注浆速度的需求。注浆速度计算公式为

$$Q_v = Qvt/L_0 \qquad (3\text{-}6)$$

式中，Q_v 为在时间 t 范围内的理论注浆量，m^3；Q 为每环管片理论注浆量，m^3；v 为掘进速度，mm/min；t 为掘进有效时间，min；L_0 为管片宽度减去 150 mm。

若掘进速度稳定，则 Q_v 与 t 呈线性关系。同步注浆速度和推进速度应匹配，即在盾构机推进的同时进行足量注浆。

4.注浆结束标准

采用注浆压力和注浆量双指标控制。

（四）二次注浆

同步注浆填充量不足、地面变形过大、经过建筑物等地段须进行二次注浆。二次注浆通过吊装孔进行，可选用水泥、水玻璃双液浆或水泥砂浆，在管片出台架后进行，注浆压力为 0.3～1.0 MPa。

注浆前，应在起吊孔内装入单向逆止阀并凿穿外侧保护层。在一台砂浆泵的输浆管上装一个分支接口，通过该接口即可实施管片注浆。二次注浆一般采用手动控制。

五、地铁隧道盾构掘进中的后配套运输

一台盾构机如要达到较快的施工进度，就必须配置强大的后配套运输系统；如要取得较高的施工效益，就必须配置最佳的后配套运输系统。

目前，国内盾构法施工的后配套运输系统基本上均采用有轨运输方式，运输系统的主要参数与隧道长度、隧道坡度、工程进度要求、盾构机型号及参数

有关。

有轨运输的优点是适用性强，能把各种类型的盾构机切削出来的渣土（从泥浆到砂砾和卵石等）运出，把管片、背后注浆材料运进，能适应各种区间隧道长度，系统本身采用的工业技术及产品也极为成熟、可靠。

（一）运输系统设备组成

运输系统设备包括提升门吊、门吊上的翻转倒渣装置（或固定在地面上的翻转倒渣装置）、门吊轨线、地面渣仓等，组成垂直提升的运渣倒渣系统、管片及材料垂直下放系统，由牵引机车、渣土运输车、砂浆运输车、管片运输车组成水平运输系统的编组列车。

管片运输车在前方，列车进入盾构机后配套系统时，管片运输车刚好位于管片吊机下方。管片运输车前面不能有其他车辆，否则会妨碍管片的吊卸。其后紧跟砂浆运输车，进入盾构机后配套系统时，砂浆运输车恰好位于盾构机同步注浆罐附近。砂浆运输车的后面是渣土运输车。牵引机车在最后，进入时推着列车，驶出时拉着列车。

采用列车运输方案时，每列车编组必须包含 2 辆管片运输车、1 辆砂浆运输车、3 辆渣土运输车和 1 辆牵引机车。2 辆管片运输车装载 1 环管片，1 辆砂浆运输车装载循环注浆料。由钢轨和轨枕组成的隧道运输轨线，可以是单线制、四轨三线制或复合式轨线制。

（二）运输循环过程

编组列车驶入隧道时，管片运输车、砂浆运输车为重车，将管片、砂浆以及其他材料运进，渣土运输车为空车。驶出隧道时，管片运输车、砂浆运输车为轻车，渣土运输车为重车，将渣土水平运出，提升门吊系统则完成渣土的垂直运输。

门吊把渣土运输车的车厢吊离底盘，到规定的高度后，车厢随门吊小车横移到渣仓纵向位置，再随门吊大车移动到渣仓横向位置，利用设置在门吊上的翻转机构，随着吊钩下落，车厢及渣土利用重心与转轴的不平衡而翻转卸渣。从车厢吊离底盘到车厢吊回底盘，卸渣过程需 8～12 min。受起升下降速度及起重安全规程所限，不同容量的车厢在这一过程中需要的时间基本相同。

（三）运输能力选择需要考虑的因素

后配套运输系统的能力首先要满足工程施工进度要求，在此前提下，配置成本有不同的考虑。

1.完全按本工程施工进度的要求来考虑

一是后配套运输系统投资在本工程中完全摊销，运输系统设备在满足可靠性和施工进度的前提下，技术等级和使用寿命仅考虑本工程需要以使成本最低。二是投资在本工程中不完全摊销，设备的技术等级和使用寿命须适当考虑。

2.兼顾以后工程预计的施工进度要求来考虑

由于后配套运输系统往往随盾构机继续在以后的工程施工中使用，因此后配套运输系统的能力要兼顾以后工程施工进度的需要。同时，后配套运输系统的能力必须比盾构机的能力略大，以补偿工序衔接脱节时带来的时间损失，保证预定的施工进度。

后配套运输系统设备的技术等级也影响配置成本，但低技术等级一般会导致系统的可靠性降低。因此，应考虑系统设备的技术等级。

后配套运输系统的能力与设备的规格、数量有关。同一种配置能力，设备规格大的数量少，规格小的数量多。要综合考虑设备的规格，使之具有普遍的适用性。假设本工程预定的施工进度要求不高，那么配置适当规格和数量的设备，待下一工程施工进度要求高或低时，则只用增减设备的数量而不用改变设备的规格，这样可以使本公司的设备标准化，有利于公司长期的技术管理和成本控制。

（四）轨线制选择

轨道运输有四轨三线制、单线制和复合式轨线制三种方式可供选择。

1.四轨三线制

由于空间有限，轨道一般采用 762 mm 轨距，左右线分别为重车和轻车运输线。在盾构机后配套后部设一双开道岔浮放轨，可由盾构机拖行，也可由机车拖移。通过浮放轨，列车可进入由两根内轨组成的中线，从而进入盾构机内部。

四轨三线制的优点如下：

①对编组列车的容量没有特别的要求，可组织两列以上编组列车施工运输。

②由于左右两线的运输互不干涉，运输是连续的，与区间隧道的长度无关。

③列车调度有较强的灵活性，易于应对突发事件。

④工序适应性较强，当工序临时变动或脱节时，便于进行列车临时调度。

⑤运输列车长度可长可短，可配合各种长度的盾构机输送带。

四轨三线制的缺点如下：

①轨枕要求的长度长、强度大。

②轨道需要量很大。

2.单线制

单线制轨线不设会车，其轨距可达 900 mm 或以上，列车直接进入盾构机后配套。

单线制的优点如下：

①由于车宽仅受盾构机后配套内净空限制，在后配套内净空允许的情况下，列车车辆的车宽较宽，单列列车运量较大。

②轨道需要量少。

③轨面高程低，有利于盾构机后配套设备布置。

单线制的缺点如下：

①对列车的容量有特别的要求，不利于应对突发事件。

②工序的适应性差，工序脱节时难以临时调度弥补。

当一列列车的容量等于盾构机一环掘进的渣量时，列车循环一次的时间（驶进、驶出、装渣、卸渣时间总和）不能大于盾构机两个循环的时间，否则将会使盾构机在一个掘进循环中停机等待一次。也就是说，在每台盾构机配两列列车、每列列车的容量等于一环掘进的渣量的情况下，单线制轨线只适于区间长度为 2 000 m 以下的隧道的出渣运输（设机车平均速度为 8 km/h）。

当每列列车的容量小于盾构机一环掘进的渣量，盾构机一环掘进的渣量由两列列车运出时，列车重车驶出及轻车驶入的时间总和，即盾构机一环掘进中停机等待的时间。

3.复合式轨线制

复合式轨线制融合了四轨三线制和单线制的优点。当盾构区间特别长（3 000 m 以上）时，主运输轨线仍为单线制轨线，在后配套后部和隧道的特定点设置的双线会车点可以是固定的，也可以是可移动式的。会车点间隔距离根据运输系统诸参数计算确定，既要节省钢轨和轨枕材料，又要满足特长盾构区间施工运输需要。复合式轨线制对行车调度系统和施工工序的准时性要求严格，行车调度可借助铁路的自动闭塞系统来进行，中央调度室控制各会车点的红绿灯放行列车。

（五）运输参数的选择

1.渣土运输车容量选择

在影响后配套运输系统能力的所有因素中，唯一起主导作用的是门吊的提升速度，一般为 20～30 m/min。地铁隧道高程与地面高程差一般为 15～30 m，每台门吊每天的极限提升循环车数约为 120 车，因此渣土运输车容量成为制约垂直运输能力的重要因素，渣土运输车容量越大，则垂直运输能力越大。

2.编组列车数量选择

渣土运输车容量确定后，可以计算确定一个掘进循环需要的列车编组数量。就成本来说，一个掘进循环的渣土由一列列车运出还是由两列列车运出差别不大，一个大机车的价格和两个小机车的价格也差不多。

3.列车运行持续速度选择

从满足施工进度要求方面考虑，机车持续速度越快越好，而从降低机车价格方面考虑，机车持续速度越慢越好。实际上，决定机车持续速度的因素是轨道铺设标准。由于地铁隧道施工运输轨线都是临时的，轨道铺设标准较低，即使机车具备较高的持续速度能力，也难以发挥。根据经验，地铁隧道施工运输轨线允许的行驶速度一般在 20 km/h 以下，故地铁隧道施工的机车持续速度一般为 8 km/h，最高速度为 16 km/h。根据这一速度，可计算列车的容量等级和所需的列车数。

4.运输系统的技术等级选择

后配套运输系统的技术等级很多。以机车为例，有内燃机车和蓄电池机车两种，而蓄电池机车又有直交变频机车和直流机车之分。应采用具有较高技术等级的设备，以提高运输系统的可靠性。

5.渣土的松方系数和容重

地质条件不同，其松方系数差别较大。例如，广州地铁越秀公园站至三元里站区间隧道实测的松方系数达 1.8，而南京地铁 1 号线玄武门站至南京站区间隧道实测的松方系数只有 1.1。后配套运输系统要适应多个盾构区间掘进，故松方系数一般按照 1.5 计算。盾构掘进松方因含有大量的水，其容重较山岭隧道开挖松方的容重略大。不管松方系数如何，实际容重多为 1.8~2.0 t/m³。

第四章　城市轨道交通站点
主体基坑开挖施工技术

第一节　地铁车站主体基坑
开挖施工技术交底

一、基坑开挖原则

开挖原则是：竖向分层、纵向分段、先支后挖、随挖随撑。

可根据支撑位置将基坑内的土方分为 7 层，每层土方开挖至混凝土支撑底面以下 5 cm、钢支撑底面以下 50 cm。

在基坑开挖时，先开挖混凝土支撑处的土方，尽早进行混凝土支撑施工；底板处土方有条件开挖时优先挖掘坑底土方，尽早进行结构底板施工。基坑总体开挖方向是由东西两侧向中间开挖。

二、施工前准备

（1）进行技术交底和安全培训。

（2）在基坑开挖前，先布置好测量网点，复核基坑平面位置，找出各轴线位置、标高点。

（3）检查降水效果。基坑开挖前 1 个月采用内井点对坑底进行预降水、疏干，并检查降水效果，保证地下水位已降至开挖最低处 1 m 以下，方可进行基坑开挖施工。在开挖过程中，每天需要现场实测坑内和坑外降水井内的水位情况，并填写降水记录表。

（4）物资准备。施作支撑所用材料（含周转材料）和机具到场。材料按照相关规定送检、抽检并报监；机具应在鉴定有效期内，其相关资料应报送监理部门。

（5）场平布置。在基坑土方开挖前对整个场地内的前期施工相关设备及有碍于土方施工的各种临时设施进行处理，如回填泥浆池、泥浆沟，将地下连续墙、桩基、高压旋喷桩、三轴搅拌桩、降水井等施工设备全部清理离场，移交场地以进行土方工程开挖。

三、施工开挖

（一）开挖功效（单工作面）

标准段第二、三、四层土方采用 6 台 PC220 挖掘机按照台阶法接力开挖，功效为 2 000 m^3/d，第五至七层土方采用 2 台 PC120 挖掘机挖土、1 台铲车水平转土、1 台液压抓斗站在栈桥上垂直取土的方式开挖，功效为 1 000 m^3/d，白天场内转土至渣土池，夜间直接出土。端头各层土方采用逐层开挖方式，利用长臂挖掘机、液压抓斗配合 PC220 和 PC120 挖掘机进行开挖。综合出土量按 1 000 m^3/d 考虑。

（二）开挖控制要点

（1）深基坑开挖支撑施工是整个工程施工中的关键工序；基坑开挖应严格按照"时空效应"理论，采用分层、分段开挖，并及时加设支撑轴力。每小块土方开挖时间控制在 18 h 以内，支撑安装在开挖后 8 h 内完成。挖至离设计坑底标高 300 mm 处时，上面 20 cm 随挖土机边挖边清，留 10 cm 待钎探验槽后，垫层施工前采用人工清底平整基坑，在人工清土过程中，要求项目部测量员随时观测坑底标高，严禁超挖或扰动持力层。

（2）充分做好基坑排水措施。为保证基坑开挖面不浸水，在坡顶外设置截水沟或挡土墙，防止基坑外排水回流渗入坑内。在基坑内及时设置排水沟和集水井，防止基坑内积水。集水井内放大功率水泵，水泵用 1 m×1 m×1 m 的钢筋笼保护，外贴一层钢丝网。排水沟应随开挖面进行动态布设。

（3）在基坑土方开挖过程中，要避免损坏降水设备，在降水井周围设置明显的警示标志，确保降水井的正常运行。

（4）开挖时特别注意地下连续墙的接头错缝和渗漏点，发现错缝有增大趋势时，及时通知监理工程师，研究、确定并实施处理方案后，方可在严密监测下继续开挖。

（5）在施工过程中，对基坑边坡位移实施安全监测，以便根据边坡位移随时间变化规律掌握边坡稳定情况。

（6）基坑开挖至基底后，自检合格后报监理组织发包方、设计方、勘察方、监理方、施工方进行基坑验收。挖至设计标高后应及时平整夯实基底，疏干坑内积水，及时施作垫层，尽量减少基坑大面积、长时间的暴露。

（7）单步开挖深度按照支撑竖向间距确定，控制在 3～4 m，严禁超挖。

（8）斜面分层分段纵向总坡度不大于 1∶3，各级土方边坡坡度不小于 1∶1.5，各级边坡平台不小于 2 m。

（9）在基坑开挖过程中如遇地下连续墙渗漏或地下连续墙混凝土鼓包，应及时处理。随挖随清理地下连续墙上的土方。

（10）开挖快见底时，应注意不要扰动抗拔桩的桩头，桩头附近土方由人工清理。

（11）开挖时遇到紧急情况应立即按照应急预案中的步骤执行，事先做好应急演练工作。

（12）在夜间施工时，应保证足够数量的照明设施。车辆行驶时注意行人及物体，以免发生交通事故。

（13）边坡四周 1.5 m 内严禁堆放重物及停放施工机械，尤其是土方开挖及地下施工期间，应坚决杜绝。

（14）基坑挖完后应进行验槽，做好记录，如发现地基土质与地质勘察报告、设计要求不符，则应与有关人员研究并及时处理。

四、冬季施工质量保障措施

（1）与当地气象部门保持联系，及时掌握气象变化趋势，以利于安排施工，防止寒流突袭造成损失。

（2）当工地昼夜平均气温（每天 6、14、21 时所测室外温度的平均值）低于 5 ℃或最低气温低于-3 ℃时，混凝土工程按冬季施工处理。

（3）抓好机械设备过冬防护。在气温降到-5 ℃以前，要在运货车辆、履带吊车等机械的水冷系统中加入防冻液。在润滑系统中使用的夏季机油要及时更换成冬季机油或通用机油。所用燃料要及时更换成适合冬季作业标号的燃油。

（4）施工现场的道路要保持畅通，运输车辆及行驶道路均应增设必要的防滑措施（例如沿路覆盖草袋）。

（5）基坑槽内应做好排水措施，防止产生积水，避免土壁下部受多次冻融循环而形成塌方。

（6）开挖好的基坑底部应采取必要的保温措施，如保留脚泥或铺设草包。

（7）基底浇筑前，应将基坑底部的冰雪及保温材料清理干净，防止基土层受冻。

（8）下雪时应在支撑、钢筋、模板等原材料及成品上铺盖彩条布。

（9）根据实际需要购置防寒物资和设备，如混凝土外加剂、火炉、机械润滑油、防冻液、防滑链条、人身取暖设施等。对施工便道和作业场所采取防滑措施。

五、雨季施工质量保障措施

（1）在开挖土方的过程中要严防滑坡和边坡塌方。在雨季开挖土方时，应及时覆盖开挖出的渣土。如遇到暴雨等天气，则应立即停止施工，并将开挖面和渣土用塑料薄膜覆盖，留好雨水槽。确保坑边堆放材料与基坑边缘有足够的安全距离。挖土机应停放在安全处，防止渗水导致滑坡而造成事故。必要时可适当放缓边坡坡度，或设置支撑。

（2）开挖至基底后及时浇筑垫层，防止基底被水浸泡。

（3）及时覆盖场内用电设备，防止雨淋。

（4）储备一些必要的抗洪抢险物资，如编织袋、防雨棚、彩条布、铁锹、水泵等。如发生险情，应立即组织抢险。

（5）建立与市防汛指挥部、消防支队、防汛物资供应商、就近医院等单位的联动机制，确保汛情时可以互相协调与帮助，将汛期带给工程施工的危害及损失降至最低。

（6）场内排水设施按照方案和场布图中的要求布设，并保证管路畅通、水流通畅。

六、安全文明施工

（1）土方外运时，须严格控制渣土车内土的高度，确保其高度不超过渣土车篷盖。

（2）场地内所有临边洞口必须及时搭设临边防护，特别是开挖土方范围内的基坑周边，随挖随搭。

（3）加强施工现场管理，保持施工现场整洁，做到材料堆放整齐，机械设备停放有序，特殊施工地段有明显标志。

（4）基坑开挖土方集中堆放，采用防尘网覆盖，土方外运前车辆应冲洗干净，不得带土上路。

（5）施工期间做好防护措施，沿着基坑周边设置护栏，施工现场设置好警示、指示等标志标牌。

（6）在夜间施工时，需要协助业主取得夜间施工许可证，并告知附近居民。

（7）施工人员必须正确佩戴安全帽和反光背心，并按规定持证上岗。

（8）场内禁止吸烟。

（9）必须遵守用电规定，严禁直接通过二级箱接电。

第二节　富水圆砾地层地铁车站
深大基坑开挖

本节主要以昆明地铁火车北站为例，介绍富水圆砾地层地铁车站深大基坑的开挖。

一、工程概况

昆明火车北站地铁站属深大基坑，基坑长度 345 m，标准段开挖深度 35.4 m，端头井开挖深度 36.8 m，地下水位于地面以下 1.5 m，地下连续墙外侧土压力、水压较大，会使基坑开挖面临很大的风险。同时，毗邻基坑建筑物众多且距离较近，其中铁路博物馆距离基坑仅 7.9 m，且其基础埋深较浅，基坑开挖极易对其造成扰动，甚至使其遭到破坏。因此，有必要对开挖参数、开挖方法及变形控制措施进行优化。

二、深大基坑施工稳定性与变形理论

（一）深大基坑失稳模式

深大基坑失稳通常有两个方面的原因：一是地基土的强度不足，导致基坑失稳；二是支护结构的强度或者刚度不足，导致基坑失稳。深大基坑失稳的模式主要有以下几种：

1.整体失稳

由于锚杆的锚固段位于软弱地层中，或者支挡结构的地基土强度不足，或者锚杆的长度不够，土体整体滑动失稳。

2.倾覆失稳

这种失稳模式多在使用重力式挡土墙支护结构的基坑中发生。由于挡土墙的重量、断面不够大，或者地基土的强度不足，基坑在墙后土体推力的作用下发生倾覆失稳。

3.踢脚失稳

支挡结构的嵌入深度不够，或者支挡结构地基土强度不足，或者水的冲刷和基坑超挖，导致基底两侧水平方向的荷载不平衡，发生"踢脚"现象。当"踢脚"导致过大隆起时，基坑失稳。

4.坑底隆起

当基坑开挖深度达到一定程度时，地基中的塑性开展区不断扩大，直至连通，支护结构的过大变形与坑外土层的位移随之增大，基坑将由弹性隆起发展到塑性隆起，致使基坑失稳，坑内产生破坏性滑移，地面产生严重沉降。

5.流砂和突涌

当基坑开挖到地下水位以下时，坑底土会进入流动状态，随地下水涌入基坑，这种现象称为流砂。此时，坑底土完全丧失承载能力，施工条件恶化，严重时会造成边坡塌方失稳，甚至危及邻近建筑物。而当基坑开挖后，基坑底面不透水土层的自重压力小于下部承压水水头压力时，将引起基坑底土体隆起破坏并同时发生喷水涌砂的现象。

6.围护结构过度变形

支挡结构的截面积过小，即刚度不足，或者基坑超挖，会引起支挡结构的变形过大甚至断裂，造成地面的过大沉降，对地下管线和邻近建筑物等地下设施造成损害。

（二）深大基坑变形机理

1.围护结构变形机理

围护结构的变形主要由基坑外土体原始应力水平方向释放引起。基坑开挖后，围护结构开始受力，其内侧因开挖而卸去原有的土压力，外侧则受到主动土压力，而在坑底的内侧则受到部分或全部的被动土压力。由于开挖总是在前，支撑在后，所以在安装每道支撑以前基坑总是已发生一定的先期变形。当开挖到坑底设计标高时，墙体在坑底面附近出现最大位移。围护墙的位移导致墙体主、被动压力区的土体发生位移，土压力发生变化。墙外侧主动土压力使得土体向基坑内水平移动，导致墙后的土体水平应力减小，剪应力增大，产生塑性区。由于位于基坑开挖面以下被动压力区的墙内侧土体向基坑内发生了水平位移，坑底土体水平应力增大，所以坑底土体剪应力增大，引起向上隆起和水平向挤压，在坑底处局部形成塑性区。

墙体变形在导致墙外侧地层损失、地面沉降的同时，也扩大了墙外侧塑性区，从而使墙外土体向坑内的位移加大。在同样埋深和地质条件下，深大基坑周边的地层变形幅度及范围因墙体变形的不同而有很大区别，墙体变形经常是引起周边地层移动的重要原因。

在深大基坑中，基坑墙体变形在施工阶段产生地层损失，从而导致基坑周围地层移动。此外，由于地层移动扰动了土体，故在施工后期相当长的时间内，基坑周围地层还有缓慢的固结沉降发生。

2.地表沉降变形机理

当开挖深大基坑及围护结构施工时，基坑周围土体塑性区比较大，土的塑性流动也比较大，土体从围护结构外侧向坑内和坑底流动，因此地表产生沉降。基坑开挖前期围护墙的施工也会造成地层位移，并引起地表沉降。

3.坑底土体隆起变形机理

坑底土体隆起是在垂直向卸载时改变坑底土体原始应力状态的反应，当基坑的开挖深度不大时，坑底土体会产生垂直的弹性隆起。其主要特征是隆起最高发生在坑底中部，而且在开挖停止后坑底隆起很快停止。当围护墙底是注浆加固土体或者清孔良好的原状土时，围护墙随土体的回弹而上抬。这种坑底隆起基本不会导致围护墙外侧的土体向基坑内部移动。随着开挖深度继续增加，基坑内外的土体高差不断增大。当开挖到一定深度时，基坑内外土体高差所形成的加载和各种地面荷载的作用，就会使围护墙外侧的土体向基坑内移动，同时使坑底土体产生向上的塑性隆起，在基坑周围产生很大的塑性区，并引起地面沉降。

每个基坑开挖后，坑底都会出现不同程度的隆起变形，主要有以下四个方面的原因：

①由于土体的开挖，自重应力得到释放，所以基底产生向上的回弹。

②在基底土体出现回弹后，由于土体松弛与蠕变的影响，基底土体产生隆起。

③基坑土体开挖后，支护结构向基坑内变形，在基底以下的支挡结构向基坑方向变形时，对其前面的土体产生推挤，造成基底隆起。

④黏性土基坑出现积水时，黏性土吸水，导致土的体积增大而隆起。

（三）深大基坑稳定性与变形计算方法

1.稳定性计算方法

基坑稳定性有许多分析方法，大体上包括极限平衡法、极限分析法、数值分析法等确定性方法和在概率基础上发展起来的可靠度分析法等非确定性方法。

（1）极限平衡法

极限平衡法是土坡稳定分析中的经典方法，采用条分的基本思想。条分法是将有滑动趋势的边坡土体沿某一滑动面切成若干竖条或斜条，通过分析条块受力来建立整个滑动土体的力或力矩平衡方程，以此为基础确定边坡的稳定安全系数。

（2）极限分析法

潘家铮提出的两条土坡极限分析的基本原理，即最大值和最小值原理是：确定土坡的滑裂面时，土坡的内力以及滑裂面上的反力能自行调整，从而发挥最大的抗滑能力（极大值原理）；如果土坡能沿多个滑裂面滑动，那么它失稳时将沿抵抗力最小的滑裂面破坏（极小值原理）。

（3）数值分析法

目前广泛采用的是弹塑性有限元数值分析方法，一般分为两种：第一种是单纯的弹塑性分析方法，通过数值模拟计算出边坡内的应力场后依据极限平衡原理确定临界滑裂面及其对应的安全系数；第二种是强度折减弹塑性有限元法，通过不断改变强度折减系数来进行有限元分析，把根据某个判据判断出的边坡已经发生失稳破坏时的强度折减系数作为边坡稳定的安全系数。

（4）可靠度分析法

应用概率论的原理和方法来分析边坡工程的稳定性，避免了安全系数使用中的绝对化。

2.变形计算方法

目前的各种计算方法主要都是求解墙体侧向位移值和基坑墙后地表沉降值，还不能较好地求解基坑底部的隆起值。求解墙体侧向位移值和基坑墙后地表沉降值的具体方法有有限元法、地层损失法、稳定安全系数法、经验估算法、时空效应估算法等。

（1）有限元法

该法可直接解得地表沉降值及深层沉降值和墙体侧向位移值，并能较好地模拟土的各种性质，是进行科研的主要计算方法。例如，河海大学的高俊合博士使用有限元法模拟了基坑工程中渗流与固结的耦合作用，同济大学研究人员用有限元法模拟了基坑围护结构的空间效应和土体流变等。

（2）地层损失法

该法是一种半经验方法。假设地表沉降曲线与原来地表所包裹的面积和墙体侧向位移曲线与墙体原来位置所包裹的面积有定量关系，并根据大量计算和实测数据提出假设的地表沉降分布曲线，然后由已知的墙体侧向位移求得地表沉降值。

（3）稳定安全系数法

稳定安全系数法是一种基于工程经验和有限元法的简化方法。该法认为坑底抗隆起稳定安全系数与地表最大沉降和墙体最大侧向位移对开挖深度的比值有定量关系，从而解得地表沉降最大值和最大墙体侧移值。各地区有各自的经验性计算图表。

（4）经验估算法

佩克（Peck）曾给出无因次曲线，可用以得到下沉的数量级及沉降分布曲线：

$$\delta = 10 \times K_1 \times \alpha \times H \tag{4-1}$$

式中，δ 为地表沉降，mm；K_1 为修正系数，壁式围护墙取值 0.3，柱列式支护结构取值 0.7，板墙取值 0.1；H 为基坑开挖深度，m；α 为地层沉降量与挖深之比，以%表示。

本法的预估结果仍偏于安全，仅用于初步估算。

（5）时空效应估算法

时空效应估算法是 21 世纪末由刘建航院士等人从国内软土地区，尤其是上海地区在深基坑的试验研究成果和施工现场实践中总结得出的。在深基坑开挖与支撑过程中，支护墙体开挖的无支撑暴露时间和分步开挖的空间几何尺寸与基坑变形有一定的相关性，此即基坑开挖过程中的时空效应。

考虑时间效应可采用黏弹塑性本构的有限元法，考虑空间效应可采用三维有限元法。确定黏弹塑性本构模型的参数，可用单剪蠕变试验或三轴剪切蠕变试验结果拟合。由于土质与施工因素的复杂性，土体流变本构模型的参数很难与实际完全相符，这就需要在基坑开挖的初始阶段使用反分析法调整土体的流变参数，再用以推算下步开挖引起的坑周土层位移，并据此酌定下步控制变形的施工参数。

另一简便的方法是对某地区的工程实测围护墙体位移量进行统计分析，取得在一定工程地质与水文地质条件和一定开挖支护施工参数条件下，围护墙体位移与按弹性或弹塑性本构所计算的位移的差值，按此方法统计出该地区各种施工参数对基坑变形影响的定量值，供类似工程设计参考。这就是时空效应的经验估算法。

三、富水圆砾地层深大基坑开挖参数优化及其稳定性分析

目前，对黏性地层条件下深大基坑的开挖方法和开挖参数已有一定的理论体系和较为成熟的工艺作为支撑，但在圆砾石等自稳能力差、透水性强的地层条件下，深大基坑的开挖方法在理论支撑与工艺成熟度上仍比较欠缺，不正确的开挖方法及开挖参数可能导致地下连续墙出现较大变形，对周边环境造成严重影响。

昆明火车北站基坑开挖深度大、周边建筑物密集，如何对坑内土体进行合理开挖是关键。依据现有研究基础与理论体系，拟提出一种分层长台阶放坡开挖方案，结合数值模拟手段对具体开挖参数开展优化分析。

（一）深大基坑分层长台阶放坡开挖方案

1.竖向分层、纵向分段开挖

分层长台阶放坡开挖法按照"时空效应"原理，对坑内土体合理切割，

进行分区域分块开挖。其中，纵向分段增加了开挖工作面，从而提高了作业效率；采用竖向分层的方式，可以合理控制开挖土体单元大小，避免大面积土方开挖对周边地层造成施工扰动。

2.先支撑后开挖

开挖台阶长度 L 应控制在一定范围内，各开挖段作业完成后应及时架设支撑，防止基坑处于长时间无支护状态。每个开挖段在 16 h 内完成开挖，在 8 h 内安装钢支撑。在垂直向分层开挖中应严格按照开挖分层作业，开挖至钢支撑底标高以下 500 mm，混凝土支撑底标高以下 100 mm，停止开挖并进行人工掏槽，然后架设支撑。待支撑架设完毕，方可准备继续开挖下层土方。

3.横向分单元放坡开挖

每层土方开挖时在横向对开挖土体进行单元划分，进一步控制开挖土体单元大小。开挖按"先中间后向两边扩展"的顺序进行放坡开挖，由于基坑开挖范围以圆砾地层为主，为保证开挖土体边坡稳定性，每层土体每单元放坡开挖坡比按不大于 1∶1 控制。

（二）基于强度折减法的基坑稳定性计算

1.强度折减法的原理

强度折减法将基坑的安全系数定义为使基坑刚好达到临界破坏状态时，对基坑的强度参数进行折减的程度，即岩土体的实际抗剪强度与临界破坏时的折减后剪切强度的比值。若基坑采用 Mohr-Coulomb 准则，则影响基坑稳定性的强度参数就是内摩擦角和黏聚力，将坡体原始内摩擦角和黏聚力同时除以一个折减系数 K，之后进行数值模拟分析。通过不断增大 K 值，反复分析一直到基坑达到临界破坏状态，此时得到的强度参数的折减系数即基坑的稳定安全系数 K_s。

在传统边坡稳定分析的极限平衡方法中，通常是事先假定一滑动面，将安全系数定义为滑动面的抗滑力（矩）与下滑力（矩）之比。

2.强度折减法的优点

强度折减法有如下优点：

①能够对复杂地貌、地质条件的边坡进行计算。

②破坏面的形状或位置不需要事先假定也无须进行条分。

③能模拟滑移面的形状及土体与支护结构的共同作用。

④考虑了土体的本构关系和变形对应力的影响。

⑤通过不断折减岩土体的强度参数，能够模拟边坡的渐进破坏过程。

3.土体临界破坏状态判定

采用强度折减法分析边坡稳定的一个重要问题，是关于边坡是否处于破坏状态的判定。现在广泛使用的边坡失稳判据主要有以下四种：

①以数值计算的收敛性作为失稳判据。

②以塑性区的贯通性作为失稳判据。

③以特征部位位移的突变性作为失稳判据。

④以结构面某一幅值的广义剪应变的贯通性作为失稳判据。

边坡的失稳判据大致可以划分为两类：第一类是将广义塑性应变或等效塑性应变从坡脚到坡顶贯通作为边坡破坏的标志；第二类是在有限元计算过程中将位移和力的不收敛作为边坡失稳的标志。大量计算实例结果表明，对于平面问题，这两种判据得到的安全系数相差不明显。但从理论上分析，边坡发生塑性贯通并不一定意味着失稳，因为岩土体自身还有应力重分布的性能，只有出现发生塑性流动的边界条件，边坡才可能发生失稳破坏，因此第二类失稳判据更具合理性。

4.强度折减法在 FLAC3D 软件中的应用

在有限差分软件 FLAC3D 中求解安全系数时，主要采用的是第二类失稳判据。如果数值模拟的模型都采用 Mohr-Coulomb 本构模型，就可以使用 Slove fos 命令来求解基坑的稳定安全系数。首先，给黏结力设定一个大值来改变模型的内部应力，以便找到体系达到力平衡状态的典型时步 N_r。接着，对于给定的安全系数 F_s，执行 N_r 时步。如果体系的不平衡力与典型内力之比 R 小于

10^{-3}，则认为体系达到力的平衡状态；如果不平衡力与典型内力之比 R 大于 10^{-3}，再执行 N_r 时步，直至 R 小于 10^{-3} 为止退出当前计算，开始新一轮折减计算过程。

（三）富水圆砾地层深大基坑开挖参数比选与分析

1.计算模型及参数选取

根据对称性原理，建立 1/2 无支护状态基坑平面应变模型，通过对不同基坑开挖深度、台阶长度与放坡角度的基坑稳定安全系数进行求解，确定基坑安全合理开挖参数。根据圣维南原理，模型尺寸取 100 m×100 m，底边与侧边界均采用约束法向位移的边界条件。模型竖直方向为 Z 轴，即重力为 Z 的负方向，水平方向为 X 轴。

结合火车北站岩土勘察报告资料，为简化计算及突出工程特点，对土层进行相应的合并和简化。由于岩土勘察报告资料仅提供土体压缩模量 E_s，因此弹性模量 E 的取值按经验取 2～5 倍 E_s，本次计算取 $5E_s$。

2.垂向土层开挖深度 H 对基坑稳定性的影响

为确定垂向土层开挖深度 H 的合理范围，分别取 2 m、4 m、6 m、8 m、10 m、12 m 的开挖深度依次对基坑稳定安全系数进行求解。

（1）基坑位移变形分析

无支护状态基坑开挖完毕后，边坡土体最大位移点均位于边坡顶点。

（2）基坑剪切应变分析

诸多工程实际与理论研究表明，基坑边坡失稳破坏以局部剪切变形为主。

（3）基坑稳定安全系数分析

当垂向土层开挖深度 H 为 2 m 时，基坑稳定安全系数 F_s 为 19.6，基坑处于安全稳定状态。随着开挖深度 H 的增加，F_s 呈迅速减小趋势，H 为 4 m 时，基坑稳定安全系数 F_s 为 2.12。当开挖深度 H 大于 6 m 后，F_s 减小趋势逐渐变缓并小于 1。

以上分析结果表明，基坑稳定安全系数随开挖深度 H 的增加而减小。其中，稳定安全系数 F_s 在 $0\,m<H\leqslant 6\,m$ 区间对开挖深度 H 变化十分敏感，且 F_s 在该区间内大于 1；当 $H>8\,m$ 后，开挖深度 H 对 F_s 将不再产生明显影响，且 F_s 均小于 1，基坑进入失稳状态。因此，分层长台阶放坡开挖法的垂向分层深度在 $2\,m\leqslant H\leqslant 6\,m$ 区间能够有效保证基坑各层土方开挖时的安全稳定。

3.纵向分段开挖长度 L 对基坑稳定性的影响

为确定纵向分段开挖长度 L 的合理范围，分别取 $5\,m$、$10\,m$、$15\,m$、$20\,m$ 的开挖长度依次对基坑稳定安全系数进行求解，基坑开挖深度 H 取 $6\,m$。

（1）基坑位移变形分析

无支护状态基坑开挖完毕后，边坡土体最大位移点均位于边坡顶点。其中，当纵向分段开挖长度 $L=10\,m$ 时，上下层土方的滑动破坏区域已贯穿且破坏区域较大，容易引发大面积滑动失稳破坏；而当纵向分段开挖长度 $L=20\,m$ 时，上下层土方的滑动破坏区域没有出现贯穿现象，滑动破坏区域较小。

（2）基坑剪切应变分析

当纵向分段开挖长度 $L=5\,m$ 时，局部剪切现象较为明显，剪切应变增量较大。随着纵向分段开挖长度的增加，基坑边坡土体局部剪切区域面积有所减小。当 $L=20\,m$ 时，基坑边坡土体剪切应变增量相比 $L=5\,m$ 时减小 70%。

（3）稳定安全系数分析

随着纵向分段开挖长度的增加，基坑安全稳定系数 F_s 呈递增趋势。当 $5\,m<L<10\,m$ 时，F_s 增长较为迅速，表明在此长度区间范围内，L 的变化对基坑安全稳定较为明显；当 $10\,m<L<20\,m$ 时，F_s 增长速率有所减缓，但由于分段长度的增加，上下土层工作面相互开挖扰动较小，前后边坡没有形成贯通大面积破坏区域。因此，将纵向分段开挖长度 L 控制在大于 $20\,m$ 时，基坑安全稳定性能得到有效提高。在实际施工中，分段长度 L 过长将导致开挖作业效率降低，考虑到施工进度等因素，分段长度建议取 $20\,m\leqslant L\leqslant 30\,m$。

4.放坡角度对基坑稳定性的影响

为确定开挖土层放坡角度的合理范围，分别取 $30°$、$45°$、$60°$、$90°$ 的放坡角度依次对基坑稳定安全系数进行求解，基坑开挖深度 H 取 6 m。

（1）基坑位移变形分析

无支护状态基坑开挖完毕后，基坑周围土体位移集中出现在边坡附近，其中最大位移点均位于边坡顶点及坡面处。该变形集中区域位移值与周围区域位移值相差很大，可认为此处是滑动破裂面位置，滑坡体极易沿此滑动面滑出，出现整体滑动破坏。

（2）基坑剪切应变分析

随着放坡角度逐渐增大，基坑边坡出现集中剪切变形的区域面积也随之增大。当放坡角度为 30°、45°时，基坑边坡仅坡脚处出现集中剪切变形；当坡脚为 60°、90°时，基坑边坡出现大面积剪切变形，失稳风险较高。

（3）稳定安全系数分析

随着基坑开挖放坡角度的增大，基坑稳定安全系数 F_s 呈递减趋势。当开挖放坡角度为 30°时，F_s 为 2.76；当开挖放坡角度为 90°时，F_s 为 1.23，同比减小了 55%。其中，当放坡角度位于 45°～60°区间时，F_s 迅速减小，基坑安全稳定性对放坡角度变化较为敏感，基坑边坡失稳风险较高。考虑到在实际施工过程中基坑开挖边坡易受雨水冲刷，实际放坡角度建议取 45°及以下。

四、富水圆砾地层深大基坑开挖施工与变形特征

（一）基坑计算模型建立

根据对称性原理，建立 1/2 模型进行计算分析，基坑长度简化至 50 m，基坑宽度取 25.7 m，开挖深度取 32 m。由圣维南原理可知，为降低边界条件对开挖模拟过程的影响，模型在水平方向上从基坑边界向外扩展约 4 倍开挖深度，在竖直方向上取 2 倍开挖深度，模型在 X、Y、Z 三个方向上的尺寸为 216 m×100 m×312 m。地下连续墙与土体均采用 8 节点 6 面体实体单元模拟，钢筋混凝土支撑和钢支撑采用 Beam 单元模拟。模型侧边界采用约束水平位移

的边界条件，底部采用约束竖向位移的边界条件，模型顶面为自由边界。

计算中将岩土体视为均质、单一、各向同性的连续介质材料，土体本构模型采用 Mohr-Coulomb 本构模型。通过 FLAC3D 中的空模型命令来实现土体的开挖。本次计算结合火车北站岩土勘察报告资料，为简化计算及突出工程特点对土层进行相应的合并和简化。由于岩土勘察报告资料仅提供土体压缩模量 E_s，因此弹性模量 E 的取值按经验取 2～5 倍 E_s，本次计算取 $5E_s$。

（二）基坑开挖模拟方案

基于前文开挖参数优化比选结果，考虑到建模难易程度及网格划分效果，基坑模拟开挖深度 H 取 4 m，纵向分段开挖长度 L 取 20 m，放坡角度取 90°。由于基坑开挖土方在垂向上分为 8 层，依据长台阶分层开挖方案"开挖一层土，架设一层支撑"的原则，基坑支撑体系共设置 8 道支撑。

由于基坑变形存在"空间效应"，为全面分析不同断面处基坑变形性状，在基坑计算模拟开挖过程中设置 3 个监测断面。其中，标准段设置 1 个监测断面，扩大端沿基坑轴向与横向分别设置 2 个监测断面。

（三）基坑开挖变形特征分析

1.基坑水平位移分析

基坑开挖完毕后，最大水平位移出现在基坑底部两侧开挖下方 15～20 m 范围。土体向基坑底部中心挤压，这是由基坑开挖后底部土体隆起，两侧土体向中心偏移引起的。在基坑开挖过程中，地下连续墙与土体同步变形，土体应力缓慢释放后重新达到平衡。而基底以下的连续墙体，由于受到墙前被动土压力的作用而变形减小，水平位移逐渐减少。

各监测断面处的地下连续墙累计水平位移曲线规律基本一致：开挖初期，墙体最大水平位移点通常位于地下连续墙顶部附近，累计变形曲线呈倒三角形，随着开挖深度的增加，墙体最大水平位移点位于开挖面附近并随着下移，最大水平位移值也逐渐增大，累计变形曲线由倒三角形转变为"大肚子"形。

基坑地下连续墙变形存在明显"空间效应"。断面 1 累计变形值约为 22 mm，而断面 2 与断面 3 累计变形值均在 12 mm 以内，表明标准段处断面 1 墙体累计水平位移值大于扩大端处断面 2 与断面 3 墙体累计水平位移值，这是由于基坑端头支护体系通常具有"边角效应"，地下连续墙拐角与斜撑形成三角形支护体系，受力稳定性更好。

2.基坑竖向位移分析

基坑开挖初期，沿基坑轴向端头附近地层为沉降变形，而地下连续墙及周围土体由于开挖卸荷呈上浮位移。随着开挖深度不断增加，周围地层变化模式出现转变：在坑内外水土压差作用下，坑外下层土体同地下连续墙一起向坑内流动变形，土体的流失引发周围地层沉降。

基坑工程周边有诸多建筑，在车站基坑开挖前应提前做好加固措施，在车站开挖期间应合理布设沉降观测点，做好对周边建筑的保护工作。

五、深大基坑施工降水模拟分析及施工工艺

（一）深大基坑施工降水渗流场特征

在地下水位较高的地区进行深大基坑开挖，工程降水往往造成基坑内外的水头差，引起由坑外向坑内的渗流，渗流作用会显著影响支护结构位移，影响基坑土体应力场分布，对基坑工程的稳定性产生不利影响。尤其是降雨补给、防渗体破坏等原因造成渗流场的突然改变，可能诱发基坑土体及其支护体系的较大变形，甚至突然垮塌的工程事故。

地下水引起基坑破坏的原因总体上可分为以下两种：

第一种是局部地质条件的变化及施工等偶然因素。实践经验表明，具备下列性质的土在一定的动水压力下易发生流砂现象：颗粒级配中土的不均匀系数

小于 5；土颗粒组成中黏粒含量小于 10%，粉粒含量大于 75%；土的天然孔隙比大于 0.75；土的天然含水率大于 30%。

第二种是地下水的影响。一是孔隙水压力对基坑稳定性的影响。在饱和的软黏土地基中，应力场的微小变化会引起孔隙水压力的变化。应力场发生变化后可产生正的孔隙水压力，也可产生负的孔隙水压力，因为土骨架上有效法向应力等于总应力与孔隙压力两者之差，所以在不排水条件下孔隙压力的变化主要影响骨架上有效法向应力的大小。二是渗流力对基坑稳定性的影响。此外还存在基坑承压水层的稳定问题，如果基坑底部的不透水层较薄，而且在不透水层的下面具有较大水压的滞水层或承压水层，当上覆土重不足以抵挡下部的水压时基底就会破坏，墙体就会失稳。

渗透压力是指地下水渗流受到土颗粒或隙壁阻碍而施加于土体的作用力，它反映了地下水在渗透过程中总水头损失的孔隙水压力转化为在水流方向上对土体的有效压力，与水力坡度成正比。当渗流速度一定时，渗流的动能与质量成正比。此时土粒之间无接触压力，理论上处于悬浮状态，它将随渗流水一起流动，这就是渗流破坏产生的原因，动水力使土开始产生渗流破坏时的水力坡度称为临界水力坡度。

渗流作用引起的土体渗透破坏可分为管涌和流土两种基本形式。在深大基坑开挖过程中，当渗透坡降达到某一数值时，可能会引起管涌或流土破坏。管涌表现为细颗粒在较大颗粒的孔隙中随水流出，常发生于级配不良的无黏性土中。随着管涌的持续发展，土体内部将会形成空洞，极大威胁基坑工程的安全。流土一般是指向上的渗透力大于上覆土自重，使之上抬而破坏，或者在直立坑壁的情况下，水平向的渗透力只需要克服土颗粒之间的摩擦阻力，就能使坑后土体涌出，更容易造成工程事故。

基坑围护结构或隔水帷幕周围的地下水渗流特征与场地水文地质条件、围护结构的插入深度及降水井的位置有关，根据上海软土地区的情况，降水时基坑周围地下水渗流特征有以下三种情况：

1.第一类基坑围护结构地下水渗流特征

围护结构打入隔水层即含水层底板中，井点降水以疏干基坑内的地下水为目的。这类围护结构位于降水含水层以下，即潜水含水层之中，可将基坑内的地下水与基坑外的地下水分隔开。其地下水渗流特征为：由于围护结构隔水作用，基坑内外地下水无水力联系，降水时，基坑外地下水不受影响，因此这类井点降水影响范围小。这类基坑底部不存在渗透力，因此不会出现涌砂现象。

2.第二类基坑围护结构地下水渗流特征

围护结构深入隔水层即含水层顶板中，井点降水以降低基坑下部承压含水层的水头，防止基坑底板隆起或突水产生流砂为目的。这类围护结构位于降水含水层以上，即承压含水层顶板之中，围护结构未将基坑内外承压含水层分隔开。其地下水渗流特征为：由于不受围护结构的影响，基坑内外地下水连续相通。这类井点降水影响范围较大，降水漏斗平缓，抽水引起的地面沉降为均匀沉降。这类基坑最容易出现涌砂现象。

3.第三类基坑围护结构地下水渗流特征

基坑围护结构打入承压含水层中，井点降水的前期以降低基坑下部承压含水层的水头为目的，后期以疏干承压含水层为目的。这类围护结构位于降水含水层中、上部，基坑内外承压含水层大部分被围护结构隔开，仅含水层下部未被隔开。其地下水渗流特征为：由于围护结构的阻挡，上部基坑内外地下水不连续，下部含水层连续相通，地下水呈三维流态。这类基坑的渗流力相对较小，因为潜水含水层被防渗帷幕阻挡，只有承压含水层的水向基坑渗流，水力坡度较小，所以渗流力较小。

基坑降水原理是基于井的渗流理论，对于无隔水帷幕情况下的坑内降水，可根据基坑围护结构周围第二类井流理论，结合实际工程分析；对于有隔水帷幕或连续墙情况下的坑内降水，可采用基坑围护结构周围第一类井流理论或基坑围护结构周围的第三类井流理论进行分析。

（二）昆明火车北站深大基坑施工降水分析

1.降水设计思路

根据水文地质条件及工程特征,结合类似工程降水经验,拟采取以下对策:

在基坑内外均布置降水井。坑内降水井作主要降水井且深入底板以下至少7 m;坑外降水井作备用降水井兼水位观测井,起到多重保障作用。

所有降水井全孔回填滤料,1/2 的降水井在开挖面以上加设滤管,增强了疏干效果。

根据深部承压含水层厚度分布情况,设置减压井并深入地下连续墙底部的承压水层中,以适当降压,防止底板突涌,为施工提供安全保障。

对降水井运行进行动态管理控制,随开挖深度加大逐步增开降水井,有利于防止坑内水位降深过大,导致坑外水头下降进而发生地表沉降。

2.数值模型计算

昆明火车北站周边含水层交错复杂,难以被地下连续墙隔断,基坑内外含水层可能存在一定的水力联系,此种情况下地下连续墙对地下水渗流具有绕流阻水作用,增加了地下水的渗流路径。采用传统的解析法无法对降水方案进行较为精确的验算,因此借助 Visual Modflow 软件在本工程水文地质条件及地下连续墙设计相关资料基础上采用数值模拟方法对降水方案进行验证。

（1）地层模型建立

根据火车北站地勘资料,为简化计算及突出工程特点,对土层进行相应的合并。

（2）水力模型建立

根据建立的地层模型,在不考虑水密度变化的前提下,可以给出相应的地下水流数学模型。

（3）模型网格划分

模型采用六面体网格划分,在水平方向上采用非等距矩形网格剖面,加密区最小单元格的面积为 1 m×1 m,非加密区域单元格面积约为 25 m×25 m;

垂向上根据地层及地下连续墙深度共剖分为 5 层。

（4）参数选取

水力模型涉及参数主要为渗透系数。渗透系数大小直接决定概念模型与实际水文地质模型的拟合程度以及基坑涌水量预测的大小。

（5）单井出水能力计算

根据理论，单井出水能力 q 可按下式进行计算：

$$q = 120\pi r l \sqrt[3]{k} \tag{4-2}$$

式中，q 为单井出水能力，m^3/d；r 为滤管半径，取 0.1 365 m；l 为有效滤管长度，取 6 m；k 为含水层渗透系数，取 6 m/d。

经过计算，单井涌水量约为 561 m^3/d，在群井抽水干扰及地下连续墙对地下水的阻流作用下，单井涌水量要远小于理论出水能力，并且随着坑内水位下降，单井出水量也会随着下降。综合考虑，本次计算单井涌水量取 240～480 m^3/d。

（6）一期基坑模拟结果

当一期基坑内布置 24 口降水井时，单井出水量为 240～480 m^3/d，基坑涌水量约为 6 840 m^3/d，基坑内外水位差约为 28 m。其中，坑内水位降深约为 33 m，标高约为 1 856 m，坑外水位降深约为 7 m，标高约为 1 882 m。通过模型的计算分析，该降水井布置方案能够满足一期基坑降水要求。

（7）二期基坑模拟结果

当二期基坑内布置 13 口降水井时，单井出水量为 240～480 m^3/d，基坑涌水量约为 3 620 m^3/d，基坑内外水位差约为 27 m。其中，坑内水位降深约为 33 m，标高约为 1 856 m，坑外水位降深约为 6 m，标高约为 1 883 m。经数值计算分析，该降水井布置方案能够满足二期基坑降水要求。

（8）降水引起地表沉降监测

根据《建筑基坑支护技术规程》（JGJ 120—2012），结合水位标高等值线图，基坑降水引起的周边地表沉降量可按下式计算：

$$S = \psi_w \sum_{i=1}^{n} \frac{\Delta \sigma'_{zi} \Delta hi}{E_{si}} \qquad (4\text{-}3)$$

式中，S 为计算剖面的地层压缩变形量，m；ψ_w 为沉降计算经验系数，应根据地区工程经验取值，无经验时，宜取 1；$\Delta \sigma'_{zi}$ 为降水引起的地面下第 i 层土的平均附加有效应力，kPa，对于黏性土，取降水结束时土的固结度下的附加有效应力；Δhi 为第 i 层土的厚度，m，土层的总计算厚度应按渗流分析或实际土层分布情况确定；E_{si} 为第 i 层土的压缩模量，kPa，应取土的自重力至自重力与附加有效应力之和的压力段的压缩模量。

经计算，最大沉降量约为 20 mm，小于累计变形报警值 30 mm，并得到基坑周边地表沉降等值线图。

（9）验算结论

通过数值模拟验算，该基坑降水方案可满足相关降水要求。需要注意的是，基坑地下连续墙内外存在较大的水位差，极易发生管涌、渗漏，因此必须布置坑外降水井。

3.降水井井点布置及深度确定

由数值计算分析结果可知，除在基坑内布置 37 口降水井外，有必要布置坑外降水井。坑外降水井可作为坑外水位观测井使用，对基坑开挖期间地下水位变化进行实时监测，一旦出现异常，便可迅速开启坑外降水井，适当降低坑外水头压力。若因地下连续墙渗漏造成坑外水位降深及地层沉降过大，则可对坑外降水井进行回灌，控制坑外水位降深。

综上所述，结合类似工程降水经验及设计思路，在基坑内外总共布置 77 口降水井：坑外降水井 40 口，坑内降水井 37 口。其中，坑内一类降水井深入底板以下至少 7 m，坑内二类降水井深入地下连续墙底部的承压水层中，以适当降压，防止底板突涌，为施工提供安全保障。

经计算，综合考虑本工程水文地质条件，一类降水井井深取 50～60 m，开挖面以上设置实管,降水井采用直径 273 mm、壁厚 5 mm 的钢管,下设 1 m 沉淀管;二类降水井井深取 45 m,开挖面以上设置滤管,以增强疏干效果,降水井采用直径 273 mm、壁厚 5 mm 的钢管,下设 1 m 沉淀管;坑外降水井井深取 45 m,采用直径 273 mm、壁厚 4 mm 的钢管。

第三节　上跨既有线地铁车站深基坑工程施工关键技术

本节主要以西安地铁 4 号线航天东路站至北客站土建施工项目为例,介绍上跨既有线地铁车站深基坑工程施工的关键技术。

一、工程概况

(一)工程简介与工程环境

1.工程简介

西安市地铁 4 号线(机场线)工程(航天东路站至北客站)土建施工项目第 D4TJSG-18 标包括"一站、一盾构段和五明挖段",即北客站、出入场线盾构区间段、尚北区间盾构吊出井(不含)至北客站明挖段、机场线盾构始发井(含)至北客站明挖段、出入场线北客站段明挖段、出入场线草滩停车场端明挖段及北客站站后配线。车站长×宽为 286.65 m×108.65 m,采用明挖法施工,车站与西安北站相接的位置围护结构为 $\phi800@1\,200$(桩径为 800 mm,桩间距为 1 200 mm)双排钻孔灌注桩,其他部位采用放坡+土钉支护;车站采用 16 m

岛式、双 8 m 侧式站台；车站站前设置出入场线，接草滩停车场，站后设置双存车线。车站共设置 4 个出入口及 5 个紧急疏散出入口通道、6 组共 14 个风井；车站总开挖土方量为 411 028 m³。

2.工程环境

（1）基坑周边情况

北客站位于国铁西安北站北广场内，目前为空地，暂无地面交通。车站的南侧紧邻国铁西安北站及其北广场匝道桥，西侧上跨西安地铁 2 号线出入场线区间，北侧及东侧均为空地。车站以北约 130 m 为尚苑路。国铁西安北站已建成并投入使用，北广场匝道桥已施工部分桥桩、桥面板等，尚未投入使用。为避免对国铁既有结构造成影响，避免侵占国铁用地范围内地下空间，经综合对比，北客站基坑南侧邻近国铁处采用双排桩围护结构，在施工期间对西安北站及匝道桥应加强监测，制定专项抢险、应急预案，结合监测数据，必要时进行加固。车站东南侧以及与站后配线相连段引桥因工程缓建未能完工，形成很多断桩，承台间距为 19～20 m，每个承台由 4～6 根桩组成，桩直径为 1.0 m，桩间距为 2.0 m，施工前应进行移除。根据规划部门对北广场规划红线的调整，此部分匝道桥将在其原设计基础上进行调整。根据地铁公司与匝道桥产权单位沟通，部分侵入地铁车站范围的匝道桥桥桩按废弃处理，在施工中注意加强对国铁匝道桥桩基的保护，避免因地铁施工造成其桥桩承载力的损失。

（2）重要管线

根据现场调查，场地范围内的管线主要包括热力管沟、地面电缆。地铁 4 号线北客站车站西侧存在压力管道，距离车站西侧 15～30 m，车站西侧距离管线较近，可能影响车站西侧边坡开挖。所有受影响管线均应设监测点，在施工过程中加强监控量测，做好记录，确保管线的任何沉降均在严密监控之下。地面最大沉降允许值按 0.15%H（H 为基坑开挖深度）控制。施工场地内有 3 根架空高压线，高度约 15 m，东西走向，横跨车站，在土方开挖前全部改移至车站基坑范围外。

（二）工程地质及水文地质

1.地形地貌及岩土分层特征

北客站场地地面高程为 371.196~378.987 m，车站所处地表堆放有大面积人工填土、生活垃圾，造成地形起伏不平。北客站（含站后配线）地貌单元属渭河高漫滩，地表分布有厚薄不均的全新统人工填土（Q4ml），地表以下 50 m深度范围内的地层由全新统冲积粉土、砂类土构成，依次往下为上更新统冲积粉质黏土、砂类土。

2.地质构造及地震烈度

渭河断裂走向近东西向，为全新世活动断裂，但该断裂距离本标段场址约 4 km，对北客站建设无影响。根据《中国地震动参数区划图》，工程场址区50 年超越概率 10%的设计基本地震加速度为 0.20g，对应的地震基本烈度为8 度。

3.水文地质

西安地铁 2 号线铁路北客站详细勘察期间（2007 年 10~11 月）的地下水位埋深为 6.81~7.64 m，水位高程为 364.14~364.73 m。西安地铁 4 号线北客站初步勘察期间（2013 年 4~5 月）的地下水位平均埋深为 7.5 m，水位高程为361.90~362.88 m。西安地铁 4 号线西安北站详细勘察期间（2013 年 8~9 月）的地下水位埋深为 7.9~13.0 m，水位高程为 361.90~364.93 m。机场线西安北站（含站后配线）详细勘察期间（2014 年 12 月）的地下水位埋深为 9.0~14.2 m，水位高程为 359.717~362.500 m。结合场地水井地下水位测量，地下水位高程为 362.30~362.70 m。主要含水层为全新统冲积粉细砂、中砂、粗砂及中更新统冲积粉细砂透镜体、中砂，其中粉质黏土为相对隔水层，含水层厚度>50 m，无明显承压性。根据相关研究报告可知，北客站车站历史最高水位为 370.0 m，设计抗浮水位为 370.0 m，设计抗渗水位为 370.0 m。本车站抗浮安全系数>1.05，满足抗浮要求。

4.特殊性土与不良地质现象

北客站场地无滑坡、崩塌、陷坑、断裂、地裂缝、泥石流等不良地质现象，但可能存在古墓穴等人为坑洞。场地内存在民用水井，长期抽水可能带出细微颗粒，造成砂层松散，局部可能出现空洞。车站东侧断桩对车站开挖具有一定的影响。场地内饱和砂土在地震作用下不会产生液化，可不考虑地震液化对工程的影响。北客站及出入场线场地普遍存在大量人工填土，厚度变化较大，成分复杂，结构疏密不均。本段遍布取砂坑及回填坑，受四周人为无序采砂及建筑垃圾、生活垃圾倾倒等影响，且面积大、深度深，多处已挖至地下水附近，局部超过地下水位，部分取砂坑目前已被建筑垃圾、生活垃圾回填至现状地面，工程性能较差。

（三）工程特点、重点及难点

1.工程特点

①本车站施工环境较好。车站东西两侧均接明挖区间。车站范围及周边地块现状为空地，无控制性建筑物，无须交通疏解。

②车站埋深较浅，但结构复杂、建筑规模较大，施工分块多，施工组织要求高。北客站为地下一层结构，除地下二层换乘通道最大埋深约为 14 m 外，其余段结构埋深一般为 7～11 m，较一般地下车站埋深浅。北客站为换乘站，结构较复杂。车站总长 286.65 m，标准段宽 108.65 m，总建筑面积为 31 144.5 m²，与一般地铁车站相比，本站规模较大。车站采用明挖法施工，共分为 15 个施工单元，单块结构浇筑混凝土面积在 3 000 m² 以上，对施工组织的要求较高。

③工程结构接口较多，防水要求高。本工程的防水等级较高，且由于施工工艺繁杂，特别是车站主体结构与附属结构接口、明挖区间与车站接口较多，在防水施工上存在一定困难。

④施工工期紧。本工程车站主体施工期仅 20 个月，车站基坑开挖及其结构施工分别受雨季和冬季的影响较大，工期十分紧张。

2.工程重点和难点

①本基坑开挖规模大，杂填土、砂层工程性能较差，与高铁车站的协调和保护工程量大，工期紧，在施工时须强化施工协调、加强施工组织管理，确保目标工期实现。

②深基坑施工安全。根据本标段工程特点、工程地质和水文地质条件以及环保要求确定基坑保护等级标准为一级基坑，在施工期间应控制车站基坑外地面最大沉降量≤0.15%H，围护结构最大水平位移量≤0.15%H（且≤30 mm）。本项目明挖段基坑开挖深度为8～14 m，基坑部分处于粉细砂及中砂层中。该地层自稳能力较差、水位以下在动水压力作用下极易造成坑壁失稳及坍塌，局部地段具备产生流砂与管涌的条件，对基坑的变形和周边地层的沉降控制要求更高。在施工时须采取可靠措施才能满足保护等级标准的要求和周边安全。

③车站上跨地铁2号线的保护。北客站及站前区间上跨西安地铁2号线出入场线，与其为正交关系，目前既有2号线正在运营。设计中要求既有2号线处地下水位降至2号线结构底板下0.5～1.0 m，设计降深为6.0 m。在降水和基坑土方开挖过程中对西安地铁2号线出入场线的保护是本工程的难点，同时也是本工程的危险源之一。因此，在施工前须对地铁结构的变形、开裂、渗漏等情况进行调查，采用信息化施工；在施工过程中须加强周边环境及邻近地铁结构的变形监测工作，在隧道内布置实时自动化监测设备，以随时监控地铁结构的状态，并根据监测情况对施工方案及时进行有针对性的调整。

二、上跨既有线深基坑围护结构

（一）基坑常用围护结构类型

基坑的围护结构主要承受基坑开挖卸荷所产生的土压力和水压力，并将此压力传递到支撑结构，是稳定基坑的一种施工临时挡墙结构。目前，基坑常用围护结构类型大致可归纳为以下几种：

1. 钢板桩

这是一种简单的围护结构，包括槽型钢板桩、拉森钢板桩等。钢板桩长度为 6 m～16 m。其优点为：具有良好的耐久性，基坑施工完毕回填土后可将钢板桩拔出回收再次使用；施工方便，工期短。其缺点为：不能挡水和土中的细小颗粒，在地下水位高的地区须采取隔水或降水措施；抗弯能力较弱，变形较大，多用于深度不超过 4 m 的较浅基坑或沟槽。

2. 钢筋混凝土板桩

这是一种传统的基坑围护结构，截面带切口具有一定的挡水作用。顶部设圈梁，用后不再拔除，永久保留在地基土中。钢筋混凝土板桩具有施工简单、现场作业周期短等优点，曾在基坑中广泛应用。但由于钢筋混凝土板桩的施工一般采用锤击法，振动与噪声大，同时在沉桩过程中挤土也较为严重，在城市工程中受到一定限制。此外，钢筋混凝土板桩一般在工厂预制，再运至工地，成本较钻孔灌注桩等偏高。但由于其截面形状及配筋对板桩受力较为合理并且可根据需要设计，目前已可制作厚度较大（如厚度 500 mm 以上）的板桩，并有液压静力沉桩设备，故在基坑支护工程中仍经常使用钢筋混凝土板桩。有些施工单位将其用于高层建筑深基坑（可达 7 m）支护，收到一定效果。

3. 水泥土搅拌桩

水泥土搅拌桩目前在上海等软土地区广为应用。通过深层搅拌机将喷出的水泥浆固化剂与地基土进行原位强制拌和可制成水泥土搅拌桩。其优点是：采用重力式挡墙，不需要支撑，便于机械化快速挖土；具有挡土、止水的双重功能；在一般情况下较经济；在施工中无振动、无噪声、污染少、挤土轻微，因此在闹市区内施工更显出其优越性。其缺点是：厚度较大，只有在红线位置和周围环境允许时才能采用，而且在水泥土搅拌桩施工时要注意防止影响周围环境。水泥土搅拌桩适用于平面呈任何形状、开挖深度不是很深的基坑（一般认为不超过 7 m），特别适合软土地基。

4.钻孔灌注桩挡墙

钻孔灌注桩挡墙是排桩式中应用最多的一种，在我国得到了广泛的应用。其直径通常为 600～1 000 mm，多用于深度为 7～15 m 的基坑工程。钻孔灌注桩挡墙有如下特点：施工时无振动、噪声等环境公害；无挤土现象，对周围环境影响小；墙身强度高，刚度大，支护稳定性好，变形小；但其永久保留在地基土中，可能为日后的地下工程施工造成障碍。目前钻孔灌注桩挡墙在施工中难以做到相切，桩与桩之间有 100～150 mm 的缝隙，挡水效果较差，特别是在高水位软黏土质地区，须根据工程条件采取注浆等施工措施以解决挡水问题；适用于软黏土质和砂土地区，但是在砂砾层和卵石中施工困难，应该慎用；桩与桩之间主要通过桩顶冠梁和围檩连成整体，因而相对整体性较差，在重要地区、特殊工程及开挖深度很大的基坑中应谨慎使用。

5.钻孔咬合桩

钻孔咬合桩是近年来刚兴起的基坑围护新技术，是采用套筒护壁钻进成孔、使用超缓凝混凝土使得相邻桩体相互咬合排列而成一个整体的墙体。相比钻孔灌注桩，钻孔咬合桩整体性较好，且能起到良好的止水效果。

钻孔咬合桩具有以下特点：套筒护壁钻进，避免孔壁坍塌，在成桩过程中对周边土体的扰动可减少到最低程度，非常适用于环境保护要求高的地方；成孔垂直度高；干出土，无施工泥浆；施工时振动、噪声小。

6.地下连续墙

地下连续墙已成为深基坑的主要围护结构之一。它是利用专用设备沿着深基础或地下构筑周边采用泥浆护壁开挖出一条具有一定宽度与深度的沟槽，在槽内设置钢筋笼，采用导管法在泥浆中浇筑混凝土，筑成一单元墙段，依次施工，以某种接头方法连接成的一道连续的地下钢筋混凝土墙，可以在基坑开挖时用于防渗、挡土。通常连续墙的厚度为 600 mm、800 mm、1 000 mm，也有厚达 1 200 mm 的，但较少使用。地下连续墙刚度大，止水效果好，是支护结构中最强的支护形式，特别是在高水位软土地区，当基坑深度大且邻近建（构）筑物、道路和地下管线时，往往是优先考虑的围护方案。地下连续墙与逆筑法结合应用，还可省去挖土后地下连续墙的内部支撑，能减少用作支护结构的地下连续墙的深度，还能使上部结构及早施工或使道路等及早恢复使用，对深度大、地下结构层数多的深基础施工十分有利。地下连续墙如单独用作围护结构，则造价较高，如在施工后成为地下结构的组成部分则较为理想。

7.土钉墙

土钉墙是一种边坡稳定式支护，与被动地具备挡土作用的围护墙不同，它起着主动锚固的作用，能够增加边坡的稳定性，使基坑开挖后坡面保持稳定。土钉墙主要用于土质较好的地区，在我国华北和华东北部一带应用较多，目前我国南方地区亦有应用，有的已用于坑深 10 m 以上的基坑，其稳定可靠、施工简便且工期短、效果较好、经济性好。

8.SMW 工法桩

SMW 工法桩即在水泥土桩内插入 H 型钢等，将承受荷载与防渗挡水结合起来，是同时具有受力与抗渗两种功能的支护结构的围护墙。以多轴型钻掘搅拌机在现场向一定深度进行钻掘，同时在钻头处喷出水泥系强化剂而与地基土反复混合搅拌，在各施工单元之间则采取重叠搭接施工，然后在水泥土混合体未结硬前插入 H 型钢或钢板作为其应力补强材，至水泥结硬，便形成一道具有一定强度和刚度的、连续完整的、无接缝的地下墙体。SMW 工法桩的特点主要为：施工时基本无噪声，对周围环境影响小；结构强度可靠，凡是适合应用水泥土搅拌桩的场合都可使用，特别适合以黏土和粉细砂为主的松软地层；挡水防渗性能好，不必另设挡水帷幕；可以配合多道支撑应用于较深的基坑。SMW 工法桩在一定条件下可代替作为地下围护的地下连续墙，如果能够采取一定施工措施成功回收 H 型钢等受拉材料，则费用将大大低于地下连续墙，经济效益较好。

9.高压旋喷桩帷幕墙

高压旋喷桩帷幕墙是按重力式挡土墙设计的。高压旋喷桩帷幕墙所用的材料是水泥浆，它是利用高压经过旋转的喷嘴将水泥浆喷入土层与土体混合形成水泥土加固体，相互搭接形成排桩，用来挡土和止水。高压旋喷桩帷幕墙的施工费用要高于水泥土搅拌桩，但其施工设备结构紧凑、体积小、机动性强、占地少，并且施工机具的振动很小，噪声也较低，不会给周围建筑物带来振动的影响和产生噪声等公害。它可用于空间较小处，但在施工中有大量泥浆排出，容易引起污染。对于地下水流速过大的地层，无填充物的岩溶地段永冻土和对水泥有严重腐蚀性的土质，由于喷射的浆液无法在注浆管周围凝固，故均不宜采用高压旋喷桩帷幕墙。

除上述围护结构类型以外，还有人工挖孔桩、H 型钢支柱、木挡板支护墙、树根桩、沉井或沉箱等类型。我国幅员辽阔，各地对围护结构的施工工艺要求不一，有传统的，也有引进国外技术又结合当地情况改进的。一般围护结构的类型是根据地质情况、周围环境要求、工程功能、当地的常用施工工艺设备以及经济技术条件综合考虑后选择的。

（二）基坑围护结构类型比选确定

本工程基坑最大开挖深度近 15 m，结合上文对工程环境的分析可知环境对基坑变形的要求较高，因此可选择钢板桩、钻孔灌注桩挡墙＋水泥土搅拌桩、钻孔咬合桩或地下连续墙作为基坑施工的围护结构。

方案 1：钢板桩，采用拉森Ⅳ型，施工结束后钢板可拔出回收。

方案 2：钻孔灌注桩挡墙＋水泥土搅拌桩，采用 ϕ800 mm 钻孔灌注桩挡墙作为受力结构，ϕ700 mm 双轴深层水泥土搅拌桩作为抗渗帷幕，水泥掺入比为 13%。

方案 3：钻孔咬合桩，采用全套管钻机成孔、套管护壁施工形成桩与桩之间相互咬合的连续桩排，桩径为 800 mm。

方案 4：地下连续墙，采用 600 mm 厚地下连续墙围护结构。

结合本工程实际情况，通过对深基坑不同围护结构的安全可靠性进行分析可知钻孔灌注桩挡墙＋水泥土搅拌桩、钻孔咬合桩及地下连续墙方案都较可靠，只有钢板桩方案有风险。通过对深基坑不同围护结构的经济分析可知钢板桩方案最便宜，钻孔灌注桩挡墙＋水泥土搅拌桩方案相对较便宜，而钻孔咬合桩方案较贵，地下连续墙方案最贵。通过对深基坑不同围护结构的功能评价分析可知钻孔灌注桩挡墙＋水泥土搅拌桩方案功能评价最高，地下连续墙、钻孔咬合桩、钢板桩的功能评价依次降低。所以，根据围护结构的特点以及安全可靠性分析、经济分析和功能评价，结合本工程实际情况，本基坑采用围护结构方案为双排桩方案，即钻孔灌注桩挡墙＋水泥土搅拌桩隔水帷幕。

三、基坑周围井点降水分析

在砂土地层中进行基坑施工，当基坑处于含水层时，施工过程中容易出现突发性涌水、涌砂、边坡失稳等事故，对基坑和周边环境造成严重的影响。因此，在基坑开挖前应采用井点降水的方法降低基坑下部承压含水层的水头，防止基坑底板隆起或承压水突涌。

本段 2 号线工程的基坑开挖深度约为 16.2 m，水位为 10 m，降水深度为 7.2 m；沿 2 号线线路共布置降水井 17 口，井间距约为 15 m，井深 28 m（若降水井设置于 367.5 m 的平台处，则此时井深 23 m），井径为 800 mm。根据场地岩土工程勘察报告，北客站车站场地地下水位高程为 361.90～362.88 m，埋深约为现状场平地面下 10 m 左右。

基坑降水可以有效改善施工环境，保证施工安全。在降水过程中，孔隙水和土体颗粒之间相互作用，涉及流固耦合问题。

（一）井点降水方案选取

在含水地层施工过程中，地下水的影响不可忽视。在基坑施工前，采用井点降水的方法进行处理，将导致围岩中的水被部分或全部疏干，引起土层变形。在总结大量文献的研究成果后，结合本工程的实际情况，本工程采用双排井点降水的方法进行人工降水，将地下水位降至基坑底面以下，保障基坑施工安全。

（二）降水井施工

1.降水井成井方案的选择

依据本工程特点及降水要求，根据西安地区降水工程施工经验，本工程选用反循环旋挖钻机清水钻进成孔、大口径井管降水施工方案，采用潜水泵抽水以降低地下水位，确保基础施工顺利进行。

2.结构底板降水井封堵步骤和方法

（1）封井步骤

垫层浇筑→套管安装→底板防水施工→底板混凝土浇筑→结构顶板浇筑→管井封堵。

（2）封井方法

管井套管采用 ϕ820 mm 过底板钢套管，外部焊接双层止水环，第一道止水环在管根部起 5 cm 处，第二道止水环在管中部，止水环宽度为 10 cm。在垫层施工完成后将管井破至垫层平，将钢管放入管井（深入 5 cm），将下部止水环放在垫层上，用油膏塞缝并用砂浆固定，并使底板防水覆盖下层止水环，在钢管上翻高 15 cm。在结构顶板混凝土浇筑完成后开始封堵管井：首先，将管井用级配砂石回填至垫层底，用垫层同标号混凝土浇筑至垫层底；其次，安放内部止水环，内部止水环宽度为 5 cm，厚度为 2.5 cm，满焊在钢管侧壁，深度在板顶下 10 cm 处，焊接完成后用高出底板混凝土标号一个等级的微膨胀混凝土将钢管内部浇至内止水环高度；最后，用厚钢板将内止水环中间的孔洞满焊封死，顶部 15 cm 预留部分用水不漏封堵密实。

3.相关注意事项

西安地铁 2 号线出入场应编制降水专项施工方案。当管井成井穿越中砂、粗砂以及粗砂含水层时，应采用加水反压方式，避免该段塌孔，并在滤水管外缠绕相应数目的砂网，防止涌砂。在加强降水井施工质量控制的同时，须严格控制出砂量、出泥量。对细粒地层的流失要进行密切监测，同时须密切监测地面沉降，如出现异常则应立即停止降水，并采取回灌措施。

第五章 城市轨道交通站点主体洞桩法施工技术

第一节 地铁车站黄土地层洞桩法施工技术

本节主要以西安地铁 6 号线广济街站为例，介绍地铁车站黄土地层洞桩法施工技术。

一、工程概况

（一）工程简介

广济街站位于西安地铁 6 号线二期工程上。二期工程线路长约 19.493 km，均为地下线，共设计 6 座换乘站，11 座普通站，设停车场一处，新建主变电所一座。

本车站为地下站，车站全长 159 m，站宽 15.5 m，有效站台中心里程 YAK33＋567.00，起讫里程 YAK33＋493.500～YAK33＋652.500。结构形式为单柱双跨地下 2 层岛式，采用暗挖法施工。车站设置 4 个通道和出入口，以及 2 个风亭。

（二）工程地质与水文地质

1.工程地质

（1）地形地貌

广济街站的场地地貌为皂河二级阶地。场地地形平坦，临近钟楼、回民街等著名景点，交通繁忙，车站场地两侧均为商业建筑。勘探点地面高程为407.25～408.31 m，拥有1.06 m的最大高差。

（2）地层岩性

根据本次钻探，现将各层地基土按层序分述如下：

杂填土：黄褐色至深褐色，局部为杂色，土质不均匀，局部以建筑垃圾为主，含较多灰渣、砖块等，欠压实至压实。

素填土：黄褐色至深褐色，土质不均匀，成分以黏性土为主，局部含少量灰渣及砖瓦碎块等，疏密不一。

黄土状土：黄褐色至褐黄色，土质欠均匀，大孔隙发育，含少量氧化铁、钙质结核、植物根须等，可塑、局部坚硬，属中压缩性，具轻微至中等湿陷性，该孔仅存在D6CZ7-19及D6XZ7-48号孔内。

中砂1：褐黄色至浅灰色，成分以石英、长石为主，云母片及暗色矿物次之，夹粉细砂薄层，级配不良，中密，稍湿至饱和，该孔仅存在D6CZ7-19及D6XZ7-48号孔内。

新黄土1：褐黄色，土质均匀，针状孔隙发育，含微量氧化铁、钙质条纹及零星蜗牛壳碎片，硬塑至可塑，上部土样具轻微至中等湿陷性，局部具自重湿陷性，属中压缩性土，个别土样具高压缩性，该层在本工点两侧工点均有分布，本工点内全部挖除。

新黄土2：褐黄色，土质均匀，针状孔隙发育，含微量氧化铁、钙质条纹及零星蜗牛壳碎片。在水位附近有软化现象，可塑（部分土样为软塑），属中压缩性土，个别土样具高压缩性。

古土壤：棕黄色至浅棕红，土质较均匀，具块状结构，含多量钙质条纹及钙质结核，底部钙质结核较为富集，局部富积成薄层，可塑。属中压缩性土。

粉质黏土 1：黄褐色至浅灰黄色（局部浅灰褐色），土质均匀，可见少量氧化铁、黑色锰质斑点及砂颗粒，可塑，部分土样为硬塑），属中压缩性土。

中砂 2：褐黄色至浅灰黄色，成分以石英、长石为主，云母片及暗色矿物次之，夹粉细砂薄层，级配不良，密实，饱和。

粉质黏土 2：深灰黄色至灰褐色至浅灰色至灰色（局部深黄褐色），土质均匀，可见少量氧化铁、黑色锰质斑点及砂颗粒，可塑（部分土样为硬塑），属中压缩性土。

中砂 3：褐黄色至浅灰色，成分以石英、长石为主，云母片及暗色矿物次之，夹粉细砂薄层，级配不良，密实，饱和。

（3）地裂缝

根据本次详勘结果分析，地铁车站区域内土层分布稳定，无明显地裂缝。

（4）地震液化及地基震陷

本车站场地的液化判定水位按现水位抬高 2.0 m 考虑，结合上述分布饱和的中砂 1 状态，根据《建筑抗震设计规范》（GB 50011—2010）（2016 年版）初判不液化。因此，设计可不考虑本车站场地的地震液化问题。场地内无大厚度软弱土分布，亦可不考虑地基震陷问题。

（5）黄土陷穴及隐伏坑洞

根据勘察结果，场地无黄土陷穴及隐伏坑洞的存在。场地位于市政道路下，地下管网较多，对施工影响较大，存有地下管道渗漏水导致隐伏坑洞的可能性。因此，应对地下管网及管沟进行专门调查，评价其对工程的影响。

在勘察过程中，在 D6CZ7-17 钻孔内 5.50～7.30 m，D6CZ7-18、D6XZ7-46 钻孔 5.80～8.30 m 范围内及 D6XZ7-58（3.30～5.0m）发现废弃防空洞（规程为 2.0 m×2.2 m），充填物为杂填土。对其应加强专项调查，并妥善对待处理。

（6）地面沉降

第一，区域地面沉降。根据长安大学工程设计研究院于 2015 年 9 月提交的资料可知，自 2005 年起，西安地区地面沉降的量级和速率得到一定的控制，新的沉降中心发生在高新技术开发区和曲江新区，最大的年沉降量发生从八里村移至西南郊的鱼化寨，年沉降接近 10 cm。在不考虑地裂缝带可能出现的地面差异沉降外，现状条件下地面沉降危险性小。

第二，与工程有关的地面沉降。根据场地地质情况，若施工期间发生工程降水可能会对地面产生一定的影响，尤其是两侧紧邻较多建筑物，建议采用适当的措施，减少因降水引起土层有效自重应力增加而产生的地面沉降或差异沉降等。

（7）填土

场地两侧分布有较厚的杂填土和素填土，平均厚度为 7.74 m，勘察钻孔显示最大厚度为 10.50 m，在施工开挖时应防止其局部坍塌。

2.水文地质

（1）地表水体

车站所在区域内存在渭河、浐河、灞河以及沣河等，其距离车站区间超过 5 km，兴庆湖、莲花湖、护城河等地表水体距该场地较远，因此可不考虑河流等对本车站的影响。

（2）地下水

地下水位：广济街站历史最高地下水位为 401.00 m。根据勘测结果，西安市地铁 6 号线二期工程广济街站稳定地下水的水位埋深较浅，为 9.20～10.30 m，高程为 397.34～398.43 m。

地下水类型：根据本次勘察资料，该地区的主要地下水为第四系孔隙潜水，且水量较大。

地下水补给与排泄：广济街站区域地下潜水补给来源为地下径流侧向补给、大气降水等。潜水排泄路径为地下径流和自然蒸发等。

地下水流向、流速：根据本次勘察结果，车站区间地下水流向自东南向西北，流速为 5.00 m/d。

地下水水质特征及水、土腐蚀性评价：该区域环境类型为Ⅱ类。广济街站及周边地下水对混凝土结构、钢筋结构具有微腐蚀性。

（3）工程降水

本次勘察期间地下水高程为397.00 m，车站设计轨面设计高程为385.223 m，基础埋深约为23.5 m，基础底标高为383.833 m。考虑到地下水位的年变化幅度，在车站及附属建、构筑物施工过程中如需降水，降水初步设计的地下水高程为399.0 m，所需的渗透系数 K 建议采用7 m/d。

成功降水是保证基坑开挖稳定性的关键措施之一，因此应高度重视基坑降水工作。根据场地勘察情况，宜采用井点降水方案。方案应由有资质的专门单位设计，并聘请西安地区有经验的专家进行审查。降水井的结构应进行专门设计。由于降水井的施工工艺及滤水管质量会直接影响单井出水量的大小，因此该场地若进行井点（管井）降水，应严格控制成井工艺，严禁降水井中出现涌砂、涌土现象。如发现降水井涌砂，则应立即停抽，必要时另行成井。

（4）车站抗浮设计水位

广济街站抗浮设计水位高程为401.0 m。

二、洞桩法导洞施工模拟分析

西安地铁广济街站位于西安市广济街和西大街十字路口，沿西大街，快车道、慢行道和人行道向东展布，车站南北两侧均为商业建筑，因此广济街站采用洞桩法进行施工。考虑到洞桩法施工的复杂性，下面采用 Midas GTS 软件对洞桩法施工进行模拟。

采用 Midas GTS 软件模拟分析洞桩法施工时，具有如下的优点：

①几何建模可以考虑到洞桩法施工的各种施工顺序、施工进尺等要求。

②网格划分精细化，在重点关注的部位可以进行网格的精细划分。

③内嵌丰富的本构模型，准确模拟其应力应变关系。

④内嵌网格单元种类丰富，确保数值计算与实际受力状态的耦合。

基于以上所述的优点，Midas GTS 能够直观、快速地进行复杂模型的建立和丰富的后处理表达。

（一）数值计算模型构建

1.边界条件

在施加边界条件的时候，对整体固定底部边界，限制模型的水平和竖直方向的位移；对模型周边，限制水平方向的位移；模型上部取至地表，为自由边界。

2.模型本构选取

土体具有如下的特性：一般由气相、液相、固相三相组成，其中的水状态复杂多变，而且在不同状态时，三相之间能够相互转化；同一区域同一层土，土体性质沿水平和竖直方向的变化比较复杂，因此其初始应力场很难测定；土体的性质与其组成成分、应力历史、形成条件和所处的环境密切相关，非常复杂；土体的应力应变关系与很多因素密切相关，如荷载加载速率、应力路径、应力水平、结构、状态、成分等，此外土还具有各向异性、剪胀性等。

目前，专家学者们已经研究得到了数十种甚至上百种的土体本构模型，但是常用的模型中并没有任何一种能够准确地反映土体所有的工程性质。正是因为土体是一种受多因素影响的材料，在进行实际的工程模拟时，需要进行测定的参数过多，加之地下空间工程的不确定性较高，所以在进行数值模拟时，应抓住主要影响因素、忽略次要影响因素，针对具体的工程状况，结合工程区的施工经验，选取能够反映土体主要性质的本构模型。

摩尔-库仑模型是最通用的岩土体本构模型，它适用于那些在剪应力下屈服，但剪应力只取决于最大、最小主应力，而第二主应力对屈服不产生影响的材料。相比于其他的弹塑性本构模型，建立摩尔-库仑本构模型时需要的土体力学参数少，且易于从地质勘察报告中获取。适用于摩尔-库仑本构模型的代表材料有松散或者胶结的粒状材料，如土体、岩石、混凝土等，可适用于土木工程中的地下开挖、边坡稳定等行为的研究。基于以上种种因素，进行洞桩法修建地下车站的数值模拟分析适宜采用摩尔-库仑本构模型。

3.计算假设

采用 Midas GTS 软件进行洞桩法修建地下车站的模拟时，为了模拟的准确与方便，在进行模型计算时，应作如下假定：

①假定影响范围内的土层性质为均匀分布，地表水平且在影响范围内无任何建筑物存在。

②土体的变形为各向同性。

③不考虑地下水对施工的影响。

④初始应力只考虑土体自重的影响。

4.材料参数

（1）土层参数

想要准确地描述岩土体材料的力学性质，除了前文所阐述的本构关系的选取外，还有土层参数的把握。合适的土体本构和土层参数直接决定了计算结果的准确性和可靠度。

在数值分析时，一般采用土体的弹性模量 E；而现场地质勘察报告中提供的则为压缩模量 E_s，一般不能直接用于数值模拟的分析。目前，关于两者的换算有以下两种方法：

第一，土力学中基于线弹性假定得到了如下式所示的理论关系：

$$E＝E_0＝E_s（1－2\mu K_0）＝Es（1－2\mu^2）/（1－\mu） \tag{5-1}$$

只需将地勘报告中的 E_s、μ 代入式（5-1）即可得到弹性模量 E。但是由于土体并非完全弹性体且室内侧限压缩试验存在难以避免的误差，因此有时候理论计算结果与实际的弹性模量存在一定的偏差。

第二，根据经验公式 $E＝2.0\sim5.0E_s$，通过反复试算进行确定。这种方法虽然可能经过多次试算才能得到合理的弹性模量值，但是相比第一种方法更加符合实际。

（2）注浆加固圈参数

根据实际工程中常用的辅助施工方法，即在导洞开挖前采用小导管注浆加固，以提高围岩的整体稳定性，并利用等效计算方法，将加固措施转换为对加固区域土体内摩擦角值和黏聚力值的增强。此处依据经验将围岩参数中的黏聚力 c、内摩擦角 φ 的值按提高 30% 考虑，针对小导管注浆的效果，参考前人研究结论，将其视为在开挖面周围形成了 0.6～0.8 m 的加固圈。

（3）衬砌结构参数

在数值分析的过程中，利用抗压刚度相等的方法，将刚度等效换算，在开挖的过程中按照进尺对支护结构弹性模型进行与围岩实体的折算。参数折算公式为：

$$E = E_0 + （S_g \times E_g）/S_c \qquad\qquad (5-2)$$

式中，E 为折算后地层的弹性模量；E_0 为原地层的弹性模量；S_g 为支护等效截面积；E_g 为支护体的弹性模量；S_c 为支护体断面截面积。

5.数值模拟监测点布置

为了更直观地对不同导洞开挖方案所引起的变形效应进行分析与研究，在纵向长度为 40 m 的模型上进行了监测断面的选取。考虑到数值模拟的限制性，模型中的导洞开挖将会不可避免地产生边界效应，如果将监测点置于边界效应影响区域内，则后续的分析结果将不再可靠。因此，笔者建议对模型纵向 20 m 处的断面进行布点监测，包括地表沉降监测点、各导洞的拱顶监测点、拱底监测点，共计 41 个。其中，地表沉降监测点布置如下：在横向上相邻两网格点的间距为 2 m；从模型的两端至中间，有一定梯度的变化；在导洞所处区域，布置的监测点较为密集。

（二）数值模拟工况设计

广济街站采用双拱单柱双层结构，其开挖导洞为双层 4 导洞，于上下两层分布，上层 3 个导洞，下层 1 个导洞。为了对导洞开挖方案进行优化分析，应考虑跳挖步距、施工顺序、台阶长度这三个影响因素四种水平的正交试验的方案设计。

1.影响因素及水平

在正交试验设计中，影响因素是指对试验指标产生影响的各类因子，需要结合具体情况进行选取。水平是指上述每种影响因素的不同取值情况。

这里主要分析在不同跳挖步距、不同施工顺序和不同台阶长度三种影响因素四种水平作用下地表沉降和导洞沉降的变形规律。其中，不同跳挖步距包括4 m、8 m、12 m、16 m 四种水平，施工顺序分为甲、乙、丙、丁四种水平，不同台阶长度分为 2 m、4 m、6 m、8 m 四种水平。对上述拟考虑的影响因素水平按照正交试验的原则进行工况设计。

（1）跳挖步距

洞桩法开挖地铁车站的导洞数量较多，本车站的导洞数量为上下双层 4 导洞，而跳挖步距反映的是 4 个导洞的开挖顺序和各导洞之间的距离，即不同导洞工作面之间的距离。确定合理的跳挖步距，可以灵活制定施工工期，兼顾施工速度，并能很好地控制地表沉降效果。由于本车站采用台阶法施工，故跳挖步距以导洞开挖的掌子面为准。

（2）施工顺序

对于单独洞室开挖施工，各个导洞开挖施工对地表沉降产生的影响是单一的。但是对于群洞开挖，便不能将各导洞对地表的影响进行简单相加，而必须考虑群洞施工中导洞施工顺序的影响。本车站的导洞施工顺序分为甲、乙、丙、丁四种方案。其中，方案甲为"先下面后上面，先两边后中间"，方案乙为"先上面后下面，先中间后两边"，方案丙为"先上面后下面，先两边后中间"，方案丁为"先下面后上面，先中间后两边"。

（3）台阶长度

在洞桩法导洞施工中，利用台阶法进行导洞的开挖有利于地表沉降的控制。本车站亦采取这种方法，将导洞施工部分进行了模型的分组，分别为注浆组、衬砌组（分为上台阶衬砌和下台阶衬砌）、上台阶组、下台阶组以及核心土组。在进行正交试验时，通过控制核心土的长度为常数（2 m），变量为上下台阶的长度，再进行导洞施工方案的正交试验分析。

2.正交试验工况设计

在进行正交试验工况设计时，往往会用到正交表。正交表是以均衡分散为理念，以组合数学为思想，是在正交方和拉丁方的基础上建立的，它是进行正交试验设计的常用工具。按照正交试验设计的原则，本车站的正交试验共计16种工况，正交试验设计方案如表5-1所示。

表5-1　正交试验设计方案

试验列号	跳挖步距/m	施工顺序	台阶长度/m
1	4	甲	2
2	4	乙	4
3	4	丙	6
4	4	丁	8
5	8	甲	4
6	8	乙	2
7	8	丙	8
8	8	丁	6
9	12	甲	6
10	12	乙	8
11	12	丙	2
12	12	丁	4
13	16	甲	8
14	16	乙	6
15	16	丙	4
16	16	丁	2

3.正交试验结果分析方法

对设计好的试验工况逐一进行数值模拟，然后对每种工况下对应试验指标的结果进行极差分析，即可得出既有线对各影响因素的敏感性以及最佳的方案组合。

（三）洞桩法导洞施工数值计算结果分析

1.地表沉降数值模拟结果

将模型地表监测点的竖向变形以 $Y=20$ m 处的剖面结果表示。提取各工况下监测断面的地表沉降值，绘制其对应的各工况沉降曲线。

在研究上述 16 种工况的监测断面地表竖向变形情况后，笔者发现当导洞开挖方案发生变化时，其最大地表沉降值也随之变化。工况 1 至工况 16 的地表最大沉降值依次为：30.99 mm、40.66 mm、38.56 mm、43.62 mm、37.47 mm、31.26 mm、39.04 mm、41.76 mm、40.59 mm、40.29 mm、30.58 mm、36.87 mm、46.88 mm、38.90 mm、35.49 mm、34.51 mm。其中，工况 11 所产生的地表沉降值最小，为 30.58 m，工况 13 所产生的地表沉降值最大，为 46.88 m。各个工况的地表沉降槽不一，对应的下导洞隆起情况亦不同。为了进行正交试验的分析，将各个工况的最大地表沉降值列入正交试验分析表，进行敏感性分析。

2.导洞拱顶拱底变形数值模拟结果

为了详细分析导洞变形规律，从各导洞的监测点变形曲线出发，限于工况众多，在此仅以 16 种正交试验中的工况 1 为例，揭示其变化规律和原因。

（1）各导洞监测点变形规律

由上述 16 种正交试验所得的导洞监测点变形曲线可以看出，在 4 个导洞的拱顶变形方面，不管施工过程中的变化情况如何，最后的结果总是遵循着中导洞变形值＞左右导洞变形值＞下导洞变形值这一规律。与此相反，4 个导洞的拱底变形总是呈现出下导洞变形值＞左右导洞变形值＞中导洞变形值这一规律。并且从导洞各监测点变形曲线可以看出，各导洞监测点的变化曲线的变化规律可以归纳成三个阶段：初始缓慢变化段、中间急速变化段和最后水平稳定段。

（2）各导洞监测点变形原因

在初始缓慢变化段，由于开挖之后支护的滞后性（数值模拟中支护滞后开挖一步），4 个导洞的拱顶均发生了向下的变形，拱底则产生了向上的隆起。但是此时距离模型的中间断面 $Y=20$ m 处的监测点距离较远，开挖变形在此处所产生的效应较小。

在中间急速变化段，随着开挖的进行，各导洞掌子面与监测断面不断接近，开挖产生的拱顶、拱底变形效应迅速增大，直至各导洞支护结构的加入。从模型的动态施工步序上来看，产生这种情况的原因是在对应的施工步序下，各导洞拱底监测点位置处施作完下台阶支护的效果，在此位置之后，下台阶支护的"加入"及时对监测点处下台阶位置进行了受力的分担，控制了监测点处的拱底隆起。这说明在导洞开挖过程中，及时施作下台阶的支护，将会有效地控制拱底隆起。同理，各导洞的拱顶监测点变化原因是上台阶支护的及时加入，有效地控制了各拱顶监测点的变形。

在最后水平稳定段，在导洞施工的掌子面经过监测断面后，上下台阶的支护已经完成。随着施工步序的开展，虽然不断向后开挖导洞，但是在监测断面处有支护结构的存在，其变形不再继续。这说明了在导洞开挖时及时施作支护结构的重要性。

从各导洞监测点变化阶段还可以看出，中导洞的缓慢变化阶段总是延迟左右导洞两个施工步序，而左右导洞更是延迟下导洞两个施工步序，这是因为采用的导洞开挖跳挖步距为 4 m；在急速变化阶段，各个导洞的拱顶总是优先拱底达到峰值，且其优先步序总为两个施工步序。上台阶和下台阶的开挖支护顺序为"上台阶开挖结束—上台阶支护＋核心土开挖结束—下台阶开挖结束—下台阶支护结束"，上台阶支护和下台阶支护共计两个施工步序，这在一定程度上验证了数值分析的正确性。

3.极差分析

统计上述数值计算的 16 种工况的试验结果，以地表最终沉降为评价指标，分析施工参数对此试验指标的敏感性，判断其优先影响级别。

211

由极差分析结果可以看出，跳挖步距、施工顺序、台阶长度对地表沉降值的影响程度为：台阶长度＞施工顺序＞跳挖步距。

（四）导洞施工方案的优化

由前文的正交试验分析结果可以知道，在选择的三个因素四种水平范围内，在第 11 种工况中，即当跳挖步距 12 m＋施工顺序（先上面后下面，先两边后中间）＋台阶长度 2 m 时，地表最大沉降值仅为 30.58 mm，对应的下导洞拱底隆起值为 24.51 mm。由此可以得出，在理论最优水平组合时，地表沉降以及各导洞监测点的变形会更小。但是需要注意的是，在实际工程中，对施工方案的评价并不仅仅是看地表沉降和导洞施工过程的变形。在控制地表沉降方面，如果需要控制的变形很小，但是施工技术难度大而操作困难、造价过高或者存在其他的不利影响，那么这种方案就并非最优方案。因此，评价某施工方案是否为最优应该从控制效果、经济性、技术可行性等方面进行综合分析。

1.跳挖步距的确定

跳挖步距反映的是不同导洞之间的开挖先后顺序和距离。从上文的极差分析结果可以知道，在选取的影响因素和设置的水平范围内，跳挖步距是影响地表沉降的第三要素。因此，在确定导洞施工顺序和台阶长度的情况下，选择合理的导洞跳挖步距不仅可以控制地表沉降及导洞各监测点的变形，还能在施工进度方面提早进行各个掌子面的同时施工。在本次模拟分析中，跳挖步距共设置了 4 m、8 m、12 m、16 m 四个水平，从计算结果可以看出，随着跳挖步距的增加，地表沉降并非单调变化，12 m 跳挖步距的地表沉降最小，16 m 跳挖步距的地表沉降最大。考虑到跳挖步距的大小还影响着施工工期，结合实际的施工情况，可以选择 12 m 作为参考值。

2.施工顺序的确定

由正交试验的分析结果可以看出，先开挖上层导洞，后开挖下层导洞，先进行边导洞的开挖，再进行中导洞的开挖所产生的地表沉降最小，这点也与其他文献的分析结果相同。在实际的施工过程中，在安排导洞施工顺序时，应尽可能满足先上面后下面、先两边后中间的条件。

3.台阶长度的确定

由正交试验的结果可以知道，上下台阶的长度是影响地表沉降的最大因素，其极差相比于跳挖步距和导洞施工顺序来说更敏感。当台阶长度从 2 m 到 4 m、6 m、8 m 变化时，地表沉降值也随之增大，但是在 4 m 之后，地表沉降值上升趋势减缓。虽然当台阶长度为 2 m 时地表沉降结果最小，但是考虑到导洞施工空间问题，各施工器械安排的灵活性因素，在此建议台阶长度取值为 4 m，这样可以兼顾沉降指标和经济性的双重要求。

三、洞桩法边桩设计参数优化

参考上文关于洞桩法导洞施工方案优化分析的模型设计，在进行黄土地区洞桩法边桩优化分析时，考虑到纵向开挖的空间效应以及分析边桩行为的影响，建立的模型在不改变原来横向和竖向尺寸的基础上，改变了纵向取值。以隧道的轴线方向为 Y 轴，几何模型的尺寸最终取值为 $X \times Y \times Z = 160 \text{ m} \times 15.5 \text{ m} \times 60 \text{ m}$。

在本工程中，上层左右导洞贯通后需要在内部施作边桩，边桩作为将来的车站围护结构，与拱顶冠梁扣拱连接，承受车站从拱顶传递的力。目前，大多数学者根据抗弯刚度相等的原则将边桩转化为地下连续墙，虽然两者的受力形式相近，但是考虑到边桩及中柱的空间分布特征，笔者建议采用 Midas GTS NX 中的桩单元和梁单元来模拟边桩和中柱结构。

（一）数值模拟监测点布置

模型的边界条件、本构关系、计算假设、土层参数、注浆加固圈参数以及衬砌结构参数的相关约定及取值均与前文相同，此处不再赘述。

为了更直观地对不同边桩参数所引起的地表变形进行分析与研究，在沿模型的纵向长度上取了中间断面进行监测，共计布置了 31 个监测点，在边桩上沿桩身竖向布置了多个监测点，模型中相邻的两个网格间距为 2 m，边桩的具体监测点取的是边桩在模型中的节点，这样对监测结果的提取较为方便。

（二）单因素变量法工况设计

在进行边桩参数敏感性分析时，通过单因素变量法，分别控制边桩的桩长、直径、桩心距来进行边桩参数的敏感性分析，并进行合理的参数选取，为之后所要进行的分析工作提供参数基础。

在本次模拟分析中，边桩的长度参数使用了嵌入深度来代替，其值包括 3 m、4 m、5 m、6 m、7 m 五种水平，边桩直径分别为 0.8 m、0.9 m、1.0 m、1.1 m、1.2 m 五种水平，边桩的桩心距则为 1.3 m、1.4 m、1.5 m、1.6 m、1.7 m 五种水平。

（三）洞桩法边桩数值计算结果分析

1.边桩嵌入深度的影响

为了对边桩参数进行优化，须分析单一边桩参数变化下的影响效果。为此，应从地表沉降和边桩水平位移出发，选取它们作为研究对象，分析过程如下：

在地表沉降方面，随着边桩嵌入深度的增加，模型的沉降值减少，并且由开挖卸载引起的二层底板的回弹值也逐渐减小。由不同边桩嵌入深度工况下地表沉降曲线和最大沉降值的变化趋势可以看出，当边桩的嵌入深度从最初的 3 m 变化至 7 m 时，地表沉降与地表沉降槽宽度系数均呈现减小的趋势，在变化过程中，地表沉降由嵌入深度为 3 m 时的 58.24 mm 减少至嵌入深度为 7 m 时的 52.59 mm，共计减小了 5.65 mm；其变化速率也随着边桩嵌入深度的增加而降低，并在边桩嵌入深度为 6 m 之后趋于平缓。

当边桩的嵌入深度由初始的 3 m 增加至 7 m 时，边桩的水平变形规律基本相同。随着边桩嵌入深度的增加，其水平位移值呈减小趋势，边桩嵌入深度从 3 m 到 4 m、5 m、6 m、7 m 变化时，相应的边桩最大水平位移值依次为 20.31 mm、19.52 mm、18.52 mm、17.82 mm、17.55 mm，共计减小了 2.76 mm。

2.边桩直径的影响

当边桩的嵌入深度固定为 6 m、桩心距固定为 1.5 m 时，随着边桩直径的增加（从 0.8 m 变化至 1.2 m），地表沉降值与地表沉降槽宽度系数均呈现减小的趋势。在变化过程中，地表沉降值由直径为 0.8 m 时的 54.86 mm 降至直径为 1.2 m 时的 52.38 mm，共计减小了 2.48 mm。相比于桩长的变化，直径的变化在控制地表沉降方面效果显得较微弱；其变化速率也随着边桩直径的增加而降低，并在边桩直径为 1 m 之后趋于平缓。

当边桩直径由初始的 0.8 m 增加至 1.2 m 时，边桩的水平变形规律也是基本相同的。在不同边桩直径工况下，随着边桩直径的增加，其水平位移值呈减小趋势，边桩直径从 0.8 m 到 0.9 m、1.0 m、1.1 m、1.2 m 变化时，相应的边桩最大水平位移值依次为 23.61 mm、20.44 mm、17.82 mm、16.82 mm、16.32 mm，共计减小了 7.29 mm。

3.边桩桩心距的影响

当边桩的嵌入深度为 6 m、直径为 1.0 m 时，随着边桩桩心距的增加（从 1.3 m 增加到 1.4 m、1.5 m、1.6 m、1.7 m），地表沉降值依次为 42.37 mm、47.32 mm、52.78 mm、55.69 mm、61.38 mm，共计增大了 19.01 mm，即地表沉降值随着边桩桩心距的增加而增加。

当桩心距由初始的 1.3 m 增加至 1.7 m 时，边桩的水平变形规律基本相同，相应的边桩最大水平位移值依次为 15.41 mm、16.20 mm、17.82 mm、21.17 mm、25.19 mm，共计变化值为 9.78 mm，即边桩水平位移值随着桩心距的增加而增加。

（四）洞桩法边桩设计参数取值

从上述分析来看，在选择的水平范围内，随着边桩嵌入深度、边桩直径的增大,相应的地表沉降值和边桩水平位移值逐渐减小;在边桩桩心距方面，随着各边桩中心距离的增加,其对应的地表沉降值和边桩水平位移值逐渐增加。《城市轨道交通结构安全保护技术规范》(CJJ/T 202—2013)对浅埋暗挖洞桩法地表沉降和边桩水平变形控制标准为:沉降≤60 mm,边桩水平位移≤24.4 mm。因此,洞桩法边桩参数的具体优化取值如下:

1.嵌入深度的确定

综合边桩不同嵌入深度下,模型的竖向变形和边桩的水平变形规律可以得出:地表沉降值与边桩的水平位移值随着边桩嵌入深度的增加而减小的速率趋于平缓,在边桩满足稳定性与承载力的前提下,增加边桩嵌入深度来减小变形的效果是不太明显的;并且边桩嵌入深度为6 m是地表沉降曲线和边桩水平位移曲线的拐点,6 m相比于5 m对地表沉降和边桩水平位移有较好的控制效果,之后随着边桩嵌入深度的增加,地表沉降值和边桩水平位移值逐渐减小,但是控制效果相对来说已经不太明显。当边桩嵌入深度为5 m和6 m时,地表沉降值分别为53.49 mm和52.77 mm,边桩水平位移值分别为18.52 mm和17.82 mm,虽然从数值上来看均满足结构的变形控制标准,但是沉降越大,隧道结构后期的维修工作越复杂、维护费用越高,而且会降低既有隧道结构的耐久性。综上分析,边桩嵌入深度应控制在6 m左右。

2.直径的确定

由不同边桩直径工况下,模型的竖向变形和边桩的水平变形规律可以得出:在边桩满足稳定性与承载力的前提下,边桩的直径变化对地表沉降的影响较小,而对边桩的水平变形则影响较大。并且,当边桩直径在1.0 m之后,地表沉降值与边桩的水平位移值随着边桩的直径增加而减小的速率趋于平缓,对地表沉降和结构变形的控制效果变得不再明显。综合分析,边桩的直径优化值应取1.0 m。

3.桩心距的确定

在模型的纵向范围内,桩心距的变化将会导致一定纵向范围内边桩数量的差异。边桩桩心距从1.3 m逐渐增加为1.7 m,其对应的模型纵向范围内的边桩数量也随之从单侧11根变化至单侧9根,影响着边桩以及隧道结构荷载分担的比例。当桩间距增大时，各桩承受的荷载较人，各桩在很大程度上影响着扣拱结构的承载力及地表沉降；当桩间距减小时，左右冠梁下的边桩数量增加，各桩进行了荷载的分担，能有效地控制结构变形和地表沉降。因此，通过设置合理的边桩桩心距来调节结构和地表沉降的变形具有重要意义。

由以上分析可知，在边桩满足稳定性与承载力的前提下，通过减小边桩桩心距来减小变形的效果明显，地表沉降值随着边桩桩心距的增大而增大。在边桩桩心距为 1.5 m 之后，边桩的水平位移变化速率快速增大，考虑到具体工程的实施性及经济性，在此取边桩的桩心距为 1.5 m。

第二节　地铁车站导洞开挖
洞桩法施工技术

本节主要以乌鲁木齐地铁 1 号线与 3 号线的换乘站为例，介绍地铁车站导洞开挖洞桩法施工技术。

一、工程概况

（一）工程简介

乌鲁木齐轨道交通某标段全长 1.25 km，该段上的某站为 1 号线与 3 号线换乘站。1 号线车站沿新医路东西方向设立，位于新医路与友好北路、鲤鱼山南路交叉口，偏向于新医路南侧，车站总长 329.4 m。其中，小里程暗挖段长 198 m，设 3 座工作竖井，车站主体采用洞桩法施工；大里程明挖段长 131.4 m，采用围护桩＋钢支撑支护＋锚网喷支护。3 号线车站沿友好北路方向设立，位于友好北路与新医路交叉口友好路段，车站占友好北路东侧半幅车道及人行道位置，全长 307.8 m，采用明挖法施工。

（二）工程地质与水文地质条件

1.工程地质条件

本地铁站位于乌鲁木齐河河漫滩，地面标高为 807.61～812.43 m。车站地处交通主干道，道路两侧地表建（构）筑物密集，地下管线分布复杂。乌鲁木齐深处大陆腹地，属于中温带大陆干旱气候区。

场地范围内主要地层由冲积、洪积河床堆积形成的第四系全新统至晚更新统圆砾、卵石及下伏的侏罗系泥岩、砂岩构成，地表广泛分布人工素填土和杂填土，在卵砾石层中局部分布透镜体状黏质粉土和粉细砂等。

2.水文地质条件

根据地质勘察报告，勘察深度范围内实测到一层地下水，地下水类型为潜水：水位埋深为 6.4 m，水位标高为 801.92 m。潜水主要接受大气降水、侧向径流、管沟渗漏、绿化灌溉补给，以蒸发、侧向径流方式排泄。潜水年变化幅度为 1～2 m。

本场地环境类型属 I 类，根据本场地水化学分析报告，按《岩土工程勘察规范》（GB 50021—2001）（2009 版）对地下水腐蚀性进行初步判定：潜水对混凝土结构具有中腐蚀性。

二、洞桩法导洞形式

该车站采用 PBA 施工，首先要进行小导洞的开挖。车站小导洞为两层上下分布。在导洞形式方面选取了 3 种方案，分别为 4 导洞形式、6 导洞形式以及 8 导洞形式。

（一）4 导洞形式

具体导洞分布为下层 1 导洞，上层 3 导洞，上下层导洞底部垂直高差为 14.33 m。其中，下层导洞与上层中导洞的尺寸一致，宽 9.4 m，高 5.6 m。

上边导洞（上层边导洞）的尺寸为宽 4.6 m，高 5.1 m，并相对于中导洞的竖直中线对称分布，如图 5-1 所示。

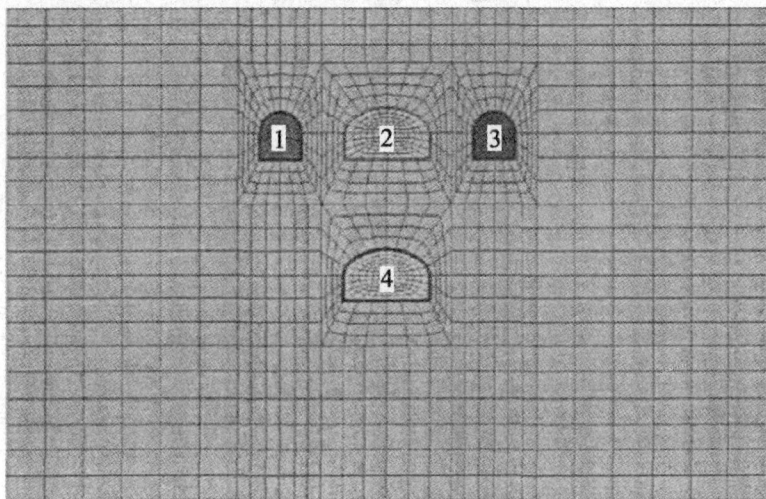

图 5-1　4 导洞形式模型图

（二）6 导洞形式

具体导洞分布为下层 3 导洞，上层 3 导洞，上下层导洞底部垂直高差为 14.33 m。其中，下层中导洞与上层中导洞的尺寸一致，均为宽 9.4 m，高 5.6 m。

上边导洞（上层边导洞）与下边导洞（下层边导洞）均为宽 4.6 m，高 5.1 m，并相对于中导洞的竖直中线对称分布，如图 5-2 所示。

图 5-2　6 导洞形式模型图

（三）8 导洞形式

具体导洞分布为下层 4 导洞，上层 4 导洞，上下层导洞底部垂直高差为 14.33 m。下层导洞与上层导洞的尺寸一致，均为宽 4.6 m，高 5.1 m，如图 5-3 所示。

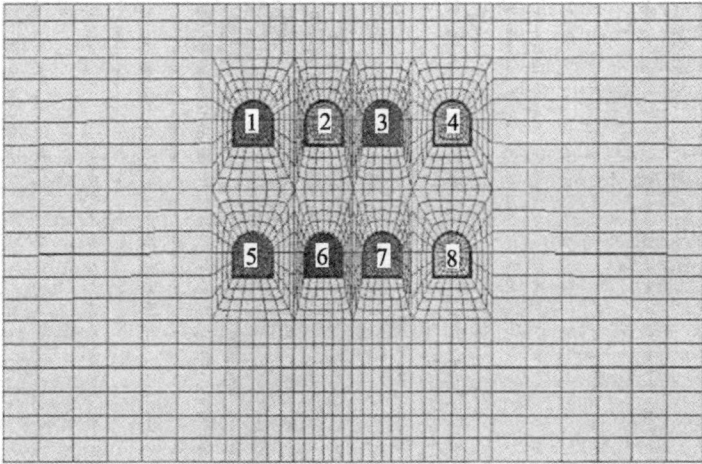

图 5-3　8 导洞形式模型图

在小导洞紧凑分布的工况下，必然存在明显的群洞效应。车站穿越地层土体自稳能力较差，采用暗挖法施工易发生流砂甚至塌方。通常，地表沉降控制值是城市地下洞群系统施工的主要技术指标。为了控制地表沉降量，确保地下管线和周边环境安全，在理论研究方面，必须进行施工效应的模拟分析，确定采用不同开挖方案时地表的沉降规律，从而优化施工开挖方案，保证其沉降量小于规定的允许值。

三、洞桩法 4 导洞形式施工工序分析

通过对 4、6、8 导洞形式进行分析，笔者发现 4 导洞形式在地表沉降控制、地层位移以及围岩安全系数等方面具有一定的优势，并且在施工工期与施工成本方面具有一定的优势。因此，本模型采用 4 导洞形式进行分析，并且针对 4 导洞的三维模型，进一步展开工序分析。

车站的开挖采用顺作法施工，顺作法的技术原理是在完成拱部二衬、形成桩、柱、拱的支护体系后，在桩、柱、拱支护体系的防护下开挖基坑上方并设置内支撑，进行桩间喷锚，直至开挖到基坑底，然后依次施作结构底板、中板、中板上的侧墙，与拱部二衬连接，完成车站结构的施工。

（一）4 导洞分布

整个车站为三跨结构：左边跨的距离为 4.25 m，右边跨的距离为 6.8 m，右边跨的尺寸大于左边跨，为非对称横断面。上层导洞底板与下层导洞拱顶的距离为 8.7 m，车站横断面宽 25.8 m，高 19.9 m。

（二）4 导洞施工工序

4 导洞施工工序为上下施工顺序与中边施工顺序的组合，有四种：先上后下，先中后边；先上后下，先边后中；先下后上，先中后边；先下后上，先边

后中。

在导洞开挖的同时，施作边桩、中柱、扣拱，然后回填混凝土，并从上至下开挖土体至底板，然后自下而上施作底板、侧墙、中板等。在多导洞开挖的情况下，为控制导洞的相互影响，相邻导洞的开挖掌子面之间的距离应控制在20 m，掌子面错段开挖。从导洞开挖，到边桩、中柱、纵梁、底板、扣拱、衬砌的施作，再到底板中板的浇筑，对全周期开挖进行研究分析。为了更好地模拟开挖过程简化施工，上下中导洞按全断面开挖，每个工况有数个施工步。

1.先上后下，先中后边

工况一为先开挖上层中导洞，待掌子面开挖至 20 m 处，开始开挖上边导洞；待上边导洞开挖掌子面距离初始位置 20 m 时，开始开挖下导洞。

在导洞开挖的同时，进行边桩、冠梁、底纵梁、中柱、顶纵梁以及扣拱的施作，进而自上而下开挖土体，进行底板、侧墙和中板的施作。工况一分为 18 个施工步，具体施工步骤如表 5-2 所示。

表 5-2　工况一车站导洞开挖工序

施工步	具体施工步骤
1	上中导洞开挖至 20 m，施作初支
2	上中导洞开挖至 40 m，上边导洞开挖至 20 m，施作初支
3	上中导洞开挖至 60 m，上边导洞开挖至 40 m，下导洞开挖至 20 m，施作初支；左右小导洞内施作至 20 m 范围边桩
4	上中导洞开挖至 80 m 贯通，上边导洞开挖至 60 m，下导洞开挖至 40 m，施作初支；左右小导洞内施作至 40 m 范围边桩；冠梁施作至 20 m，底纵梁施作至 20 m
5	上边导洞开挖至 80 m 贯通，下导洞开挖至 60 m，施作初支；左右小导洞内施作至 60 m 范围边桩；冠梁施作至 40 m，底纵梁施作至 40 m；上中导洞纵向至 20 m 处施作中柱
6	下导洞开挖至 80 m 贯通，施作初支；左右小导洞内施作至 80 m 范围边桩；冠梁施作至 60 m，底纵梁施作至 60 m；上中导洞纵向至 40 m 处施作中柱；顶纵梁施作至 20 m

施工步	具体施工步骤
7	冠梁施作至 80 m；底纵梁施作至 80 m；上中导洞纵向至 60 m 处施作中柱；顶纵梁施作至 40 m；开挖导洞间土体至 20 m，施作中柱、底梁、冠梁、顶梁、二衬并回填混凝土
8	上中导洞纵向至 80 m 处施作中柱；顶纵梁施作至 60 m；开挖导洞间土体至 40 m，施作中柱、底梁、冠梁、顶梁、二衬并回填混凝土
9	顶纵梁施作至 80 m；开挖导洞间土体至 60 m，施作中柱、底梁、冠梁、顶梁、二衬并回填混凝土
10	开挖导洞间土体至 80 m，施作中柱、底梁、冠梁、顶梁、二衬并回填混凝土
11~15	自上而下开挖土体
16	施作底板
17	施作侧墙
18	施作中板

2.先上后下，先边后中

工况二为先开挖上层边导洞，待掌子面开挖至 20 m 处，开始开挖上中导洞；待上边导洞开挖掌子面距离初始位置至 20 m 时，开始开挖下导洞。

在导洞开挖的同时，进行边桩、冠梁、底纵梁、中柱、顶纵梁以及扣拱的施作，进而自上而下开挖土体，进行底板、侧墙和中板的施作。工况二分为 18 个施工步，具体施工步骤如表 5-3 所示。

表 5-3　工况二车站导洞开挖工序

施工步	具体施工步骤
1	上边导洞开挖至 20 m，施作初支
2	上边导洞开挖至 40 m，上中导洞开挖至 20 m，施作初支；左右小导洞内施作至 20 m 范围边桩
3	上边导洞开挖至 60 m，上中导洞开挖至 40 m，下导洞开挖至 20 m，施作初支；左右小导洞内施作至 40 m 范围边桩，冠梁施作至 20 m

施工步	具体施工步骤
4	上边导洞开挖至80 m贯通，上中导洞开挖至60 m，下导洞开挖至40 m，施作初支；左右小导洞内施作至60 m范围边桩；冠梁施作至40 m，底纵梁施作至20 m
5	上中导洞开挖至80 m贯通，下导洞开挖至60 m，施作初支；左右小导洞内施作至80 m范围边桩；冠梁施作至60 m，底纵梁施作至40 m；上中导洞纵向至20 m处施作中柱
6	下导洞开挖至80 m贯通，施作初支；冠梁施作至80 m，底纵梁施作至60 m；上中导洞纵向至40 m处施作中柱；顶纵梁施作至20 m
7	底纵梁施作至80 m；上中导洞纵向至60 m处施作中柱；顶纵梁施作至40 m；开挖导洞间土体至20 m，施作中柱、底梁、冠梁、顶梁、二衬并回填混凝土
8	上中导洞纵向至80 m处施作中柱；顶纵梁施作至60 m；开挖导洞间土体至40 m，施作中柱、底梁、冠梁、顶梁、二衬并回填混凝土
9	顶纵梁施作至80 m；开挖导洞间土体至60 m，施作中柱、底梁、冠梁、顶梁、二衬并回填混凝土
10	开挖导洞间土体至80 m，施作中柱、底梁、冠梁、顶梁、二衬并回填混凝土
11～15	自上而下开挖土体
16	施作底板
17	施作侧墙
18	施作中板

3.先下后上，先中后边

工况三为先开挖下层导洞，待掌子面开挖至20 m处，开始开挖上中导洞；待上中导洞开挖掌子面距离初始位置20 m时，开始同步开挖上边导洞。

在导洞开挖的同时，进行边桩、冠梁、底纵梁、中柱、顶纵梁以及扣拱的施作，进而自上而下开挖土体，进行底板、侧墙和中板的施作。工况三分为17个施工步，具体施工步骤如表5-4所示。

表 5-4　工况三车站导洞开挖工序

施工步	具体施工步骤
1	下中导洞开挖至 20 m，施作初支
2	下中导洞开挖至 40 m，上中导洞开挖至 20 m，施作初支；底纵梁施作至 20 m
3	下中导洞开挖至 60 m，上中导洞开挖至 40 m，上边导洞开挖至 20 m，施作初支；底纵梁施作至 40 m；上中导洞纵向至 20 m 处施作中柱
4	下中导洞开挖至 80 m 贯通，上中导洞开挖至 60 m，上边导洞开挖至 40 m，施作初支；左右小导洞内施作至 20 m 范围边桩；底纵梁施作至 60 m；上中导洞纵向至 40 m 处施作中柱；顶纵梁施作至 20 m
5	上中导洞开挖至 80 m 贯通，上边导洞开挖至 60 m，施作初支；左右小导洞内施作至 40 m 范围边桩；冠梁施作至 20 m，底纵梁施作至 80 m；上中导洞纵向至 60 m 处施作中柱；顶纵梁施作至 40 m
6	上边导洞开挖至 80 m 贯通，施作初支；左右小导洞内施作至 60 m 范围边桩；冠梁施作至 40 m；上中导洞纵向至 80 m 处施作中柱；顶纵梁施作至 60 m；开挖导洞间土体至 20 m，施作中柱、底梁、冠梁、顶梁、二衬并回填混凝土
7	左右小导洞内施作至 80 m 范围边桩；冠梁施作至 60 m；顶纵梁施作至 80 m；开挖导洞间土体至 40 m，施作中柱、底梁、冠梁、顶梁、二衬并回填混凝土
8	冠梁施作至 80 m；开挖导洞间土体至 60 m，施作中柱、底梁、冠梁、顶梁、二衬并回填混凝土
9	开挖导洞间土体至 80 m，施作中柱、底梁、冠梁、顶梁、二衬并回填混凝土
10～14	自上而下开挖土体
15	施作底板
16	施作侧墙
17	施作中板

4.先下后上，先边后中

工况四为先开挖下层导洞，待掌子面开挖至 20 m 处，开始开挖上边导洞；待上边导洞开挖掌子面距离初始位置 20 m 时，开始同步开挖上中导洞。

在导洞开挖的同时，进行边桩、冠梁、底纵梁、中柱、顶纵梁以及扣拱的施作，进而自上而下开挖土体，进行底板、侧墙和中板的施作。工况四分为 17 个施工步，具体施工步骤如表 5-5 所示。

表 5-5　工况四车站导洞开挖工序

施工步	具体施工步骤
1	下中导洞开挖至 20 m，施作初支
2	下中导洞开挖至 40 m，上边导洞开挖至 20 m，施作初支
3	下中导洞开挖至 60 m，上边导洞开挖至 40 m，上中导洞开挖至 20 m，施作初支；左右小导洞内施作至 20 m 范围边桩；底纵梁施作至 20 m
4	下中导洞开挖至 80 m 贯通，上边导洞开挖至 60 m，上中导洞开挖至 40 m，施作初支；左右小导洞内施作至 40 m 范围边桩；冠梁施作至 20 m，底纵梁施作至 40 m；上中导洞纵向至 20 m 处施作中柱
5	上边导洞开挖至 80 m 贯通，上中导洞开挖至 60 m，施作初支；左右小导洞内施作至 60 m 范围边桩；冠梁施作至 40 m，底纵梁施作至 60 m；上中导洞纵向至 40 m 处施作中柱；顶纵梁施作至 20 m
6	上中导洞开挖至 80 m 贯通，施作初支；左右小导洞内施作至 80 m 范围边桩；冠梁施作至 60 m，底纵梁施作至 80 m；上中导洞纵向至 60 m 处施作中柱；顶纵梁施作至 40 m；开挖导洞间土体至 20 m，施作中柱、底梁、冠梁、顶梁、二衬并回填混凝土
7	冠梁施作至 80 m；上中导洞纵向至 80 m 处施作中柱；顶纵梁施作至 60 m；开挖导洞间土体至 40 m，施作中柱、底梁、冠梁、顶梁、二衬并回填混凝土
8	顶纵梁施作至 80 m；开挖导洞间土体至 60 m，施作中柱、底梁、冠梁、顶梁、二衬并回填混凝土
9	开挖导洞间土体至 80 m，施作中柱、底梁、冠梁、顶梁、二衬并回填混凝土

续表

施工步	具体施工步骤
10～14	自上而下开挖土体
15	施作底板
16	施作侧墙
17	施作中板

（三）数值建模

1.模型的简化处理

建立模型的目的是探究洞桩法施工时，导洞开挖形式与导洞施工工序，对车站主体与车站周边土体的影响规律。基于新疆乌鲁木齐地铁 1 号线洞桩法地铁车站项目进行研究，是为了让模型的计算分析容易实现，并且接近现实工程。下面将对项目工况在导洞位置布局、地层与导洞开挖方式以及边桩等方面做简化处理。

（1）导洞位置布局的简化

所取的新疆乌鲁木齐某地铁站研究分析段是非对称结构，而研究沉降变形规律，与对称与否无直接重要联系。所以为了简化计算，在模型选择上，选取的是对称导洞。

（2）地层与导洞开挖方式的简化

上层中导洞与下层中导洞的尺寸较大，在实际施工过程中，会采用中隔壁法施工。

为节省模型计算时间，在考虑地层分布时，应对实际项目的地层进行归类与简化，在模拟上层中导洞与下层中导洞时，采用全断面开挖法。

（3）边桩的简化

乌鲁木齐洞桩法地铁车站在实际施工时，在上边导洞内施作边桩。在本模型中主要利用等效刚度原则，对边桩进行等效简化，简化成地下连续边墙。具体遵循的原则为：

$$\sum E_i A_i = E_1 A_1 \tag{5-3}$$

式中，E_1 表示简化连续墙的等效弹性模量；A_1 表示简化连续墙的截面积；E_i 表示第 i 根钢管桩的弹性模量；A_i 表示第 i 根钢管桩的截面积。

2.计算模型的建立

洞桩法车站三维模型如图 5-4～图 5-7 所示。

图 5-4　洞桩法车站模型单元图（正面）

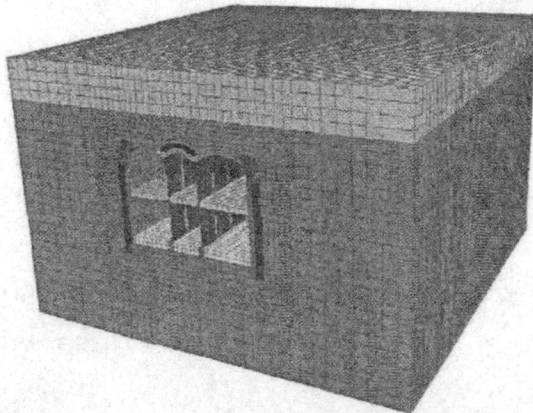

图 5-5　洞桩法车站模型单元图（轴测面）

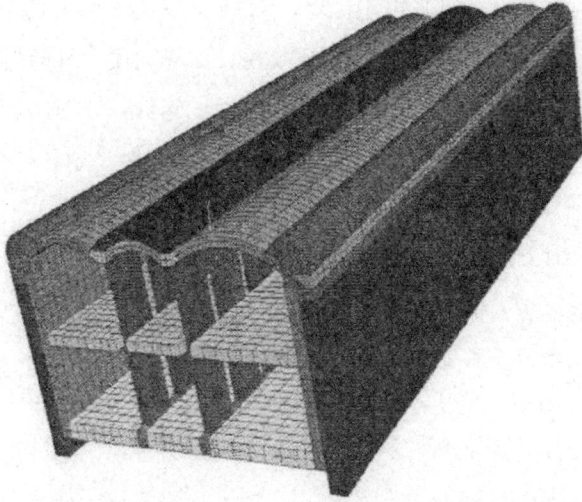

图 5-6　洞桩法车站主体单元图

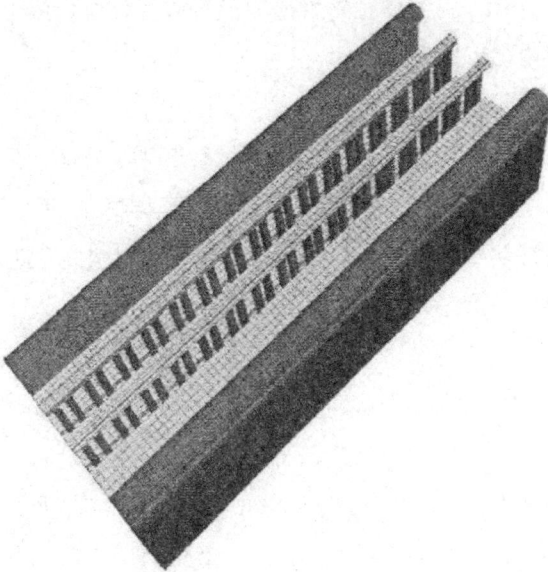

图 5-7　洞桩法车站内部单元图

（1）计算域

在建模时，考虑到建模速度、网格数量、计算速度、计算内存等方面的因素，笔者选取了结构断面比较标准的地段作为计算域，并对不同土层厚度做了适当简化；并采用三维模型，模型的纵向长度为 80 m，划分网格后共计 27 万个网格单元。

上下范围：地下结构顶部直达地表，下边界为隧道底以下 20 m，上下总范围为 50 m。

横向范围：导洞中心部位向左右两侧各 40 m，总长 80 m。

纵向范围：80 m。

（2）荷载类型

在模拟过程中主要考虑永久荷载，仅考虑地层压力，且初始应力场仅由自重产生，不考虑土体构造应力的影响。

（3）边界条件

笔者采用了位移边界条件，固定模型左右边界、前后边界、底边界的方向位移，地面为自由面。

（4）单元类型

由于城市地铁隧道研究的土体以强风化砂岩为主，属于弹塑性材料，故围岩土体的计算力学模型应选用弹塑性模型，并根据摩尔-库仑屈服准则判断岩体的破坏。导洞的初期支护采用 shell 单元模拟，材料定义为混凝土的相关属性。模型中的边桩考虑等效转换为连续墙。

3.测点布置

为了更好地研究群洞效应对洞桩法导洞开挖的影响，可对四种工况进行比较分析，从而得出最佳工序。为此，可在纵向长度 80 m 的三维模型中，设置三个监测断面，分别是 $Y=20$ m，$Y=40$ m 和 $Y=60$ m 断面。每个断面上布设 69 个跟踪监测点，包括每个断面的地表 45 个监测点，以及各个导洞的拱顶、拱肩、拱脚、拱底的 24 个监测点。规定 $Y=20$ m 断面为 1-1 断面，$Y=40$ m 断面为 2-2 断面，$Y=60$ m 断面为 3-3 断面，断面导洞结构监测点的布置如图 5-

8 所示。

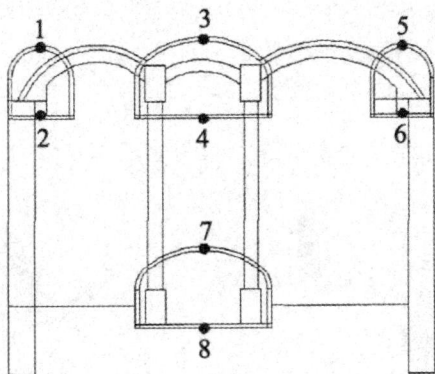

图 5-8　断面导洞结构监测点布置示意图

对于地表沉降监测点的布置，应在纵向上每隔 1 m 布置一个监测断面。

（四）施工工序对比分析

针对以上四种工序（先上后下，先中后边；先上后下，先边后中；先下后上，先中后边；先下后上，先边后中），笔者从地表沉降、地层位移、地层塑性区等方面进行分析评价，确定最佳导洞方案施工工序。导洞编号模型如图 5-9 所示。

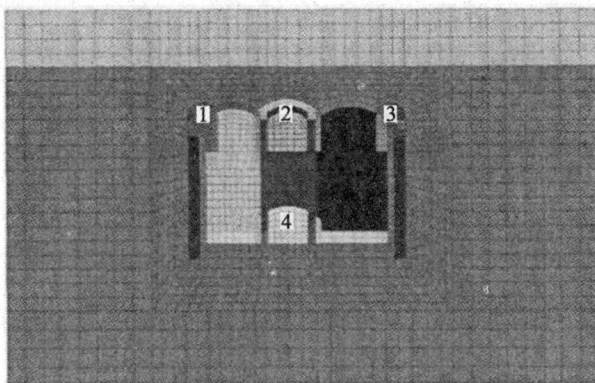

图 5-9　导洞编号模型示意图

1.地表沉降

根据高斯曲线，名义地层损失率、导洞开挖与地表沉降的关系，$Y=20\text{ m}$、$Y=40\text{ m}$ 与 $Y=60\text{ m}$ 的断面监测点数据，可得出车站主体开挖前和开挖完成后的地表沉降曲面图。

其中，车站主体开挖前地表沉降曲面图如图 5-10 所示。

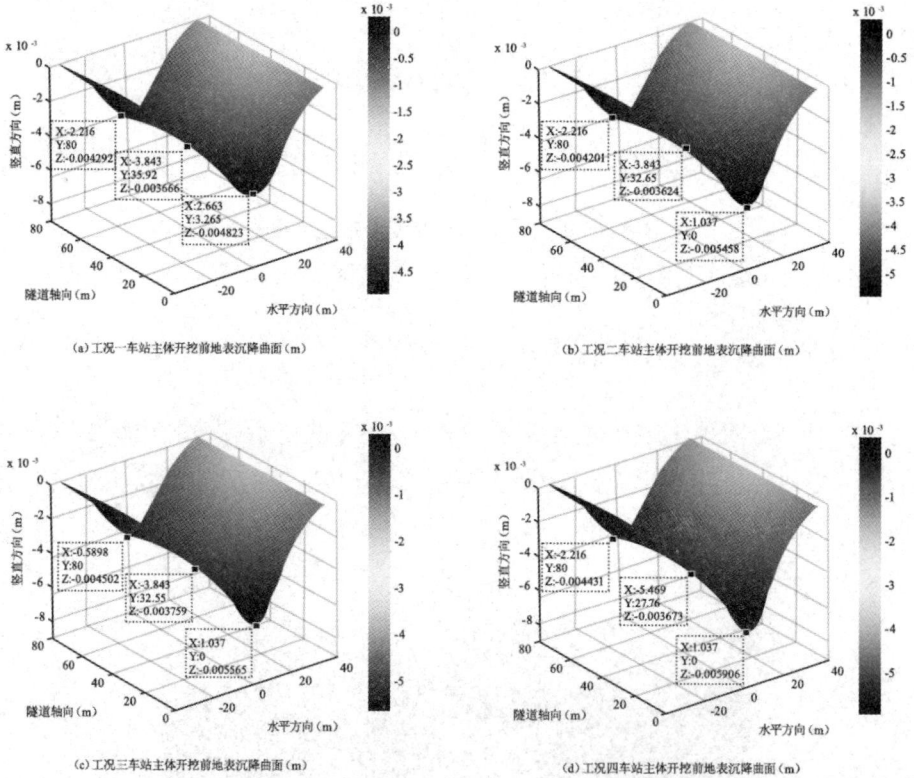

(a)工况一车站主体开挖前地表沉降曲面(m)

(b)工况二车站主体开挖前地表沉降曲面(m)

(c)工况三车站主体开挖前地表沉降曲面(m)

(d)工况四车站主体开挖前地表沉降曲面(m)

图 5-10　车站主体开挖前地表沉降曲面图

对比不同工况，在车站开挖完成之前地表沉降曲面，各工况沉降槽呈现出始挖端和终挖端沉降值较大，而中间部分围岩地表沉降峰值相对较小的特点。这是由模型的边界效应导致的。工况一、工况二、工况三和工况四在隧道轴向的中部沉降峰值分别为：3.7 mm、3.6 mm、3.8 mm 和 3.7 mm。总体而言，在车站主体开挖前，上层导洞先开挖、下层导洞后开挖的工况地表沉降值更小，且先开挖边导洞后开挖中导洞的工况地表沉降值更小。

车站主体开挖完成后地表沉降曲面图如图 5-11 所示。

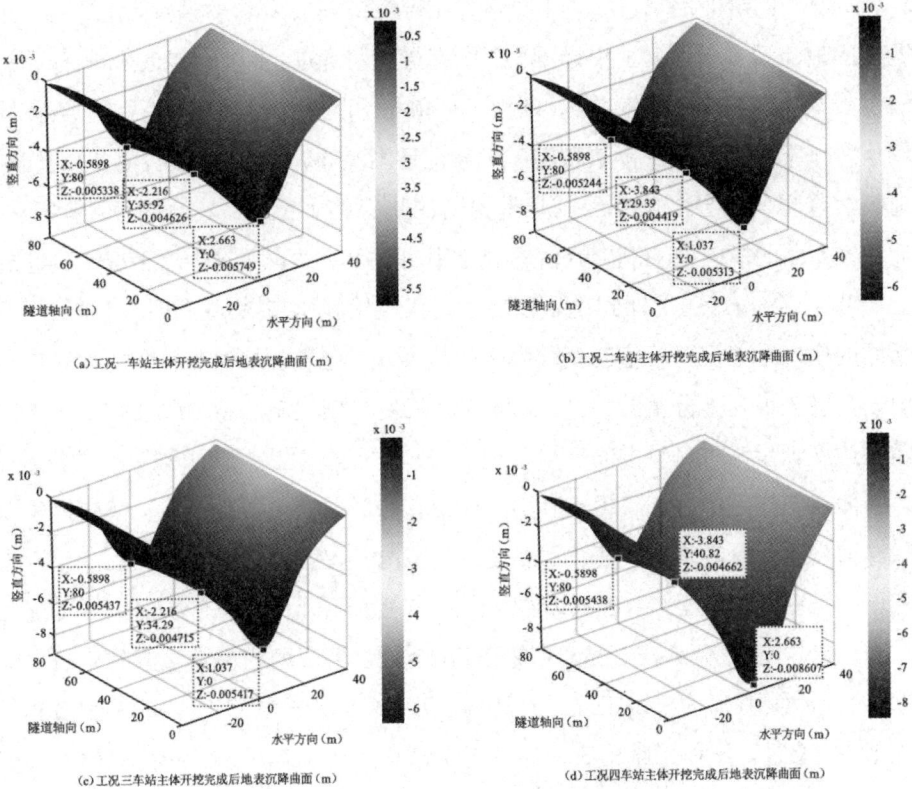

(a) 工况一车站主体开挖完成后地表沉降曲面 (m)

(b) 工况二车站主体开挖完成后地表沉降曲面 (m)

(c) 工况三车站主体开挖完成后地表沉降曲面 (m)

(d) 工况四车站主体开挖完成后地表沉降曲面 (m)

图 5-11 车站主体开挖完成后地表沉降曲面图

工况一、工况二、工况三和工况四在隧道轴向的中部沉降峰值分别为：4.6 mm、4.4 mm、4.7 mm 和 4.7 mm。总体而言，在车站主体开挖完成后，上层导洞先开挖、下层导洞后开挖的工况地表沉降值更小，且先开挖边导洞后开挖中导洞的工况地表沉降值更小。值得注意的是，对于工况四而言，车站主体开挖完成后的地表沉降曲面在开挖始端受边界效应的影响产生的下凹扭曲尤为明显。这说明，在计算模型受边界条件的影响程度时，不仅要考虑开挖隧道和模型的几何尺寸,还要考虑开挖形式。

笔者研究了各工况隧道轴向的 $Y=20$ m、$Y=40$ m、$Y=60$ m 断面的横向地表沉降峰值随施工步变化的情况。施工步为 6 时,所有导洞贯通。此外,工况一、工况二的最滞后掌子面为下导洞,工况三的最滞后掌子面为上边导洞,工况四的最滞后掌子面为上中导洞。在所有导洞贯通前,断面 $Y=20$ m 的横向地表沉降峰值的变化率逐渐减小,断面 $Y=40$ m 和断面 $Y=60$ m 的横向地表沉降峰值变化率分别在施工步 7 和施工步 8 前逐渐减小,即各工况的各断面的横向地表沉降峰值在导洞施工后以基本相同的趋势趋于稳定。在导洞间土体开挖后,各断面的横向地表沉降峰值的变化率再次变大。在工况一、工况二到达施工步 8,工况三、工况四到达施工步 7 时,开始施作扣拱。在扣拱施作后,各断面的横向地表沉降峰值的变化率大幅度减小。这说明扣拱的及时施作对控制地表沉降来说是十分重要的。在工况一、工况二到达施工步 10,工况三、工况四到达施工步 9 时,导洞间土体开挖完毕。由于柱梁拱及回填混凝土的影响,各断面在施作完中柱、底梁、冠梁、顶梁和二衬并回填混凝土后,横向地表沉降峰值变化率变动较小,甚至不变动。在工况一、工况二的施工步 11～15,工况三、工况四的施工步 10～14 中,由于自上而下开挖土体,工况一、工况二在施工步 13,工况三、工况四在施工步 12 处,各断面横向地表沉降峰值变化率再次增大。在工况一、工况二到达施工步 16,工况三、工况四的施工步到达施工步 15 时,施作了结构底板。各工况结构底板施作后,各断面横向地表沉降峰值变化率逐渐变小趋于稳定。

通过分析可以看出,在洞桩法施工中,及时施作扣拱和底板是控制地表沉降的关键。

2.地层位移

笔者分别提取了 4 导洞施工各工况下的地层位移云图进行对比分析,如图 5-12 所示。

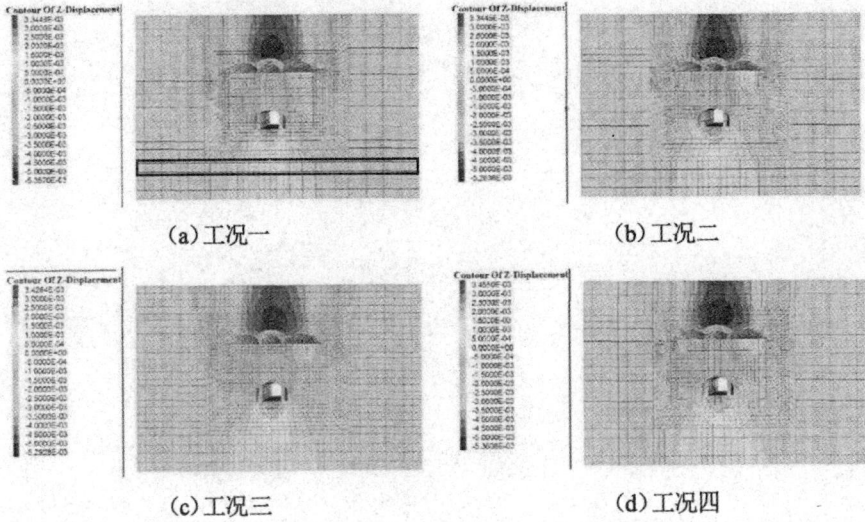

（a）工况一　　　　　　　　（b）工况二

（c）工况三　　　　　　　　（d）工况四

图 5-12　4 导洞施工各工况下的地层位移云图

4 导洞开挖形式各关键点处的竖向位移量差值不大，竖向位移等值曲线云图呈现漏斗状，竖向位移较大值发生在上导洞的拱顶处以及下导洞的拱底处。

四种工况下上中导洞拱顶、上中导洞拱底、下导洞拱顶及下导洞拱底四个关键点竖向位移量与施工步关系曲线如图 5-13 所示。

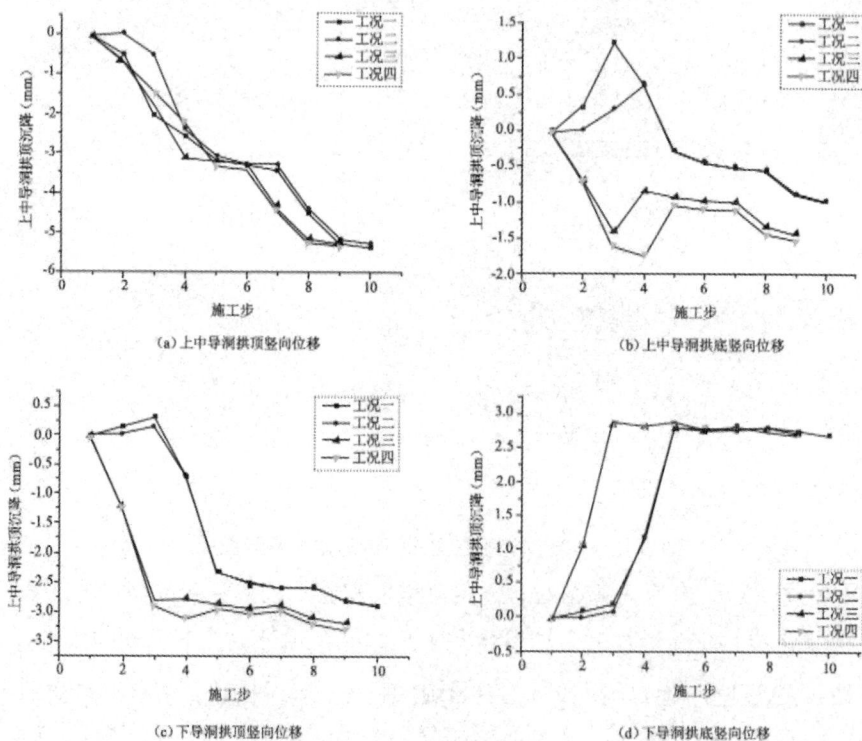

(a) 上中导洞拱顶竖向位移

(b) 上中导洞拱底竖向位移

(c) 下导洞拱顶竖向位移

(d) 下导洞拱底竖向位移

图 5-13　$Y=40$ m断面地层竖向位移等值云图

比较四种工况下上中导洞的拱顶竖向位移曲线可以发现，四条曲线的趋势相同，当开挖掌子面靠近监测点所在截面时，沉降曲线变化最为剧烈，曲线上的反映体现在各工况下的施工步 2 与 4 之间。施工步 5 到施工步 6 由于导洞开挖并支护，上层拱顶沉降值的变化率逐渐减小，拱顶沉降值趋于收敛。工况一与工况二在第 7 施工步、工况三与工况四在第 6 施工步开始进行导洞间土体开挖，造成上层中导洞拱顶沉降值变化率突然增大。工况一和工况二在第 9 施工步、工况三和工况四在第 8 施工步时，$Y=40$ m 断面处施作扣拱，使得导洞拱顶沉降值变化率逐渐减小，再次趋于收敛。

上中导洞拱底竖向位移变化的四条曲线有所不同，这主要是由导洞开挖顺序不同引起的。工况一与工况二导洞开挖形式是先上后下，当开挖至监测点所在截面附近时，上导洞拱底产生隆起位移；而后随着施工步的继续，下导洞开挖至监测截面后对该处土体产生新的扰动，土体整体发生向下位移，导致上中导洞的竖向位移减小。工况三和工况四是先开挖下导洞，后开挖上导洞，下导洞的开挖导致上导洞拱底监测点处产生向下的竖向位移，故曲线向下；而后开挖至上导洞监测点处发生拱底隆起，曲线呈现向上趋势。

比较四种工况的上中导洞拱底竖向位移量最终值可以发现，工况一和工况二的拱底隆起位移量明显要小于工况三和工况四，这表明先上后下的导洞开挖工况要优于先下后上工况。

通过分析导洞拱顶竖向位移变化曲线可知，四种工况施工时下导洞的拱顶沉降主要发生在下导洞开挖至监测点附近截面时。工况一和工况二曲线在施工步 1 和施工步 2 部分的情况反映出上导洞的开挖导致地层应力的释放，从而使下导洞拱顶产生较小的向上位移量。从下导洞拱顶最终沉降量分析看，先上后下的导洞开挖形式对下导洞拱顶沉降影响要小于先下后上的导洞开挖形式。

四种工况的下导洞拱底竖向位移值差距不大，无论先上后下还是先下后上的导洞开挖形式都对下导洞拱底隆起影响不大。从工况一和工况二变化曲线前半部分可以看出，上导洞的开挖会导致下导洞拱底产生很小的向上位移，这主要是因为地层应力的变化，但对最终结果的影响不大。

3. 地层塑性区

在不同工况的塑性区分布方面，各工况车站结构顶部主要分布受拉塑性区。桩梁拱体系的上半部分侧墙外侧围岩无塑性区分布，下半部分侧墙外侧围岩主要分布剪切塑性区。在结构体系的仰拱部位，中柱下端分布向围岩深部及侧向发展的受拉塑性区。结构体系边桩底部围岩主要分布向围岩深部及侧向发展的受剪塑性区。

分析可得，工况二，即先开挖上导洞，且先开挖边导洞后开挖中导洞的工况的塑性区体积最小。工况四，即先开挖下导洞，且先开挖边导洞后开挖中导洞的工况的塑性区体积最大。工况三的塑性区体积较工况一的塑性区体积大，说明在先开挖中导洞后开挖边导洞的工况中，先开挖上层导洞的塑性区体积更小，对地层的扰动更小。对比地表沉降的分析结果发现，工况四的塑性区体积较工况三的塑性区体积大，对地层的扰动范围更大。

这与地表沉降分析的结果相反，说明采用塑性区分布范围的大小和地表沉降的大小没有直接关系。

总体而言，4 导洞形式的洞桩法控制地层变形和地表沉降的关键是要做好导洞开挖阶段的地层位移控制；同时，导洞间部分土体开挖是地层变形率较大的施工步，必须及时施作扣拱完成结构体系顶部的封闭才能有效控制地层位移。在实际施工中，要密切关注主体部分围岩开挖过程中的地层动态，避免由车站主体部分围岩开挖卸荷导致的地层位移失控。

第三节　地铁车站下穿桥梁洞桩法施工技术

本节主要以北京地铁 6 号线花园桥站为例，介绍地铁车站下穿桥梁洞桩法施工技术。

一、工程概况

（一）工程简介

花园桥站是北京地铁 6 号线一期工程车站。车站主体位于花园桥主桥跨的下方，车站西端为明挖三层，中部及东端为暗挖双层，车站西端接盾构区间，东端接矿山法区间。车站总长 233.1 m，宽 26.85 m，暗挖段长 189.5 m，采用洞桩法施工，暗挖段中间从花园桥最大跨度正下方通过。

花园桥于 1994 年竣工后通车。花园桥的主桥为 32 m＋37 m＋32 m 的三跨预应力混凝土连续箱梁桥。南北引桥均为五跨预应力混凝土简支梁。花园桥为双向六车道，机动车道宽 12.37 m，机动车分隔带宽 2 m，防撞墩宽 0.5 m，全桥分成东西两幅，半幅宽 14.15 m，全桥宽 28.30 m，桥下净空 4.5 m，两承台翼墙尾端全长 308.18 m。该桥下部结构采用柔性墩，主桥均设有两个盆式固定支座。全桥墩底采用钻孔灌注桩基础，每墩下有 4 根桩，桩径均为 1.2 m，桩间距达到 3.2 m，主桥主孔桩长 20 m。

花园桥地铁站从花园桥最大跨度 37 m 处的正下方穿过，距离桥桩最近仅有 84 mm，地铁车站与桥桩位置如图 5-14 所示，花园桥主桥立面如图 5-15 所示，箱梁横断面如图 5-16 所示。

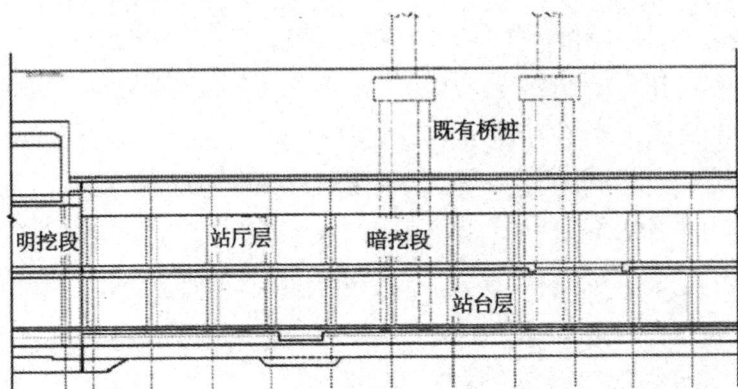

图 5-14 地铁车站与桥桩位置正面图

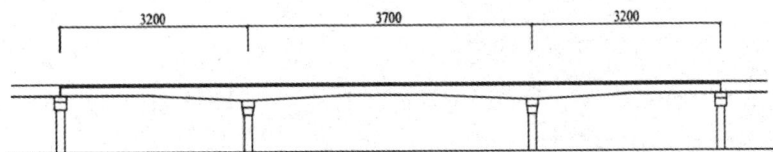

图 5-15 花园桥主桥立面示意图（单位：cm）

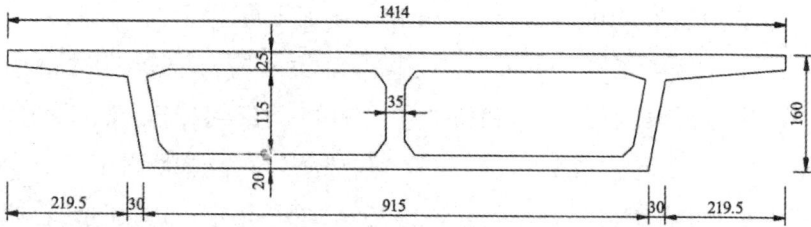

图 5-16　箱梁横断面示意图（单位：cm）

（二）工程地质条件

花园桥站工程地层以第四纪洪积、冲积土层为主。通道范围内地层由上至下依次为：车站结构上覆土以粉质黏土层、粉细砂层为主，车站结构顶拱主要位于粉质黏土层中；中板和底板位于卵石层。该段地层无不良地质作用。

北京地铁 6 号线花园桥站，处于开挖层的土有卵石和黏土，桥桩基底层为卵石，拱顶土层为粉细砂。卵石抗压强度较高，其单块卵石的单轴抗压强度可达 150 MPa，因此砂卵石地基承载力较好，可作为持力层。这些砂卵石地层土体一般无胶结，几乎没有黏聚力，容易受到开挖的扰动而产生流动，因此砂卵石地层受开挖卸荷影响较大。有学者做了一系列砂卵石实验，指出卵石土层与砂土一样有明显的卸荷体缩现象，而且卸荷体缩程度随密度增大而增大，随塑性指数的减小而增大，随围压的减小而增大。由于砂卵石较难取样，且规律较难发现，现没有专门针对砂卵石的本构模型。

（三）车站结构施工工法

该车站过桥段采用洞桩法暗挖施作，5 导洞开挖，按照"先下后上，先边后中"的顺序开挖。施工人员通过地面注浆和施作隔离桩来保护桥梁，先注浆对桥桩进行预加固，再进行车站暗挖施作。

车站主体暗挖部分采用暗挖洞桩法施工，施工步骤为：下导洞开挖→上导洞开挖→远离车站的下导洞内条基及底纵梁施工→边桩及中柱施工→边桩桩间空隙回填→冠梁、顶纵梁施工→上导洞内部分扣拱初支施工→拱部回填→导洞之间扣拱初支施工→拱部二衬施工→导洞之间土体开挖→中板施工→站厅层侧墙施工→中板下土体开挖→临时支撑架设→继续土体开挖→底板施工→站台层侧墙施工→主体施工完成。

花园桥车站施工工序如图 5-17 所示。

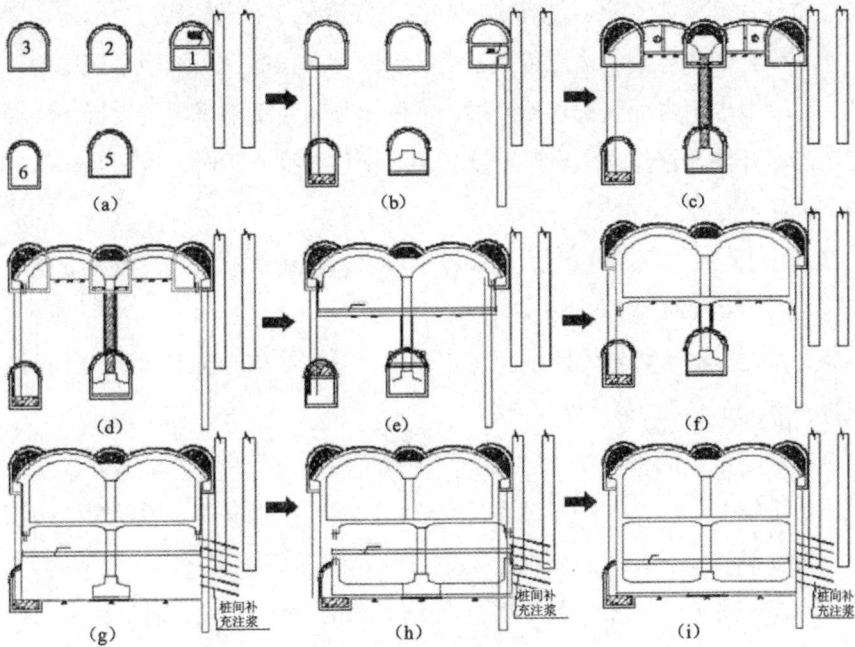

图 5-17　花园桥车站施工工序

第一步，施工导洞开挖、支护。导洞开挖时先开挖下部导洞一段距离后，再开挖上部导洞，先开挖边导洞，再开挖中导洞，按图 5-19 中（a）所示的序号 6→5→3→1→2 进行。小导洞采用台阶法开挖，台阶长度为导洞开挖宽度的 2 倍。在施工时，应按预留核心土台阶法施工，台阶长度为 2 m，上台阶施工完成后，对下台阶进行施工。小导洞施工完成后应及时进行背后回填注浆，注浆深度为小导洞初支背后 0.5 m；注浆浆液采用水泥浆液，注浆压力为 0.3 MPa。每个施工口施工到结构分界里程线后停止开挖。

第二步，花园桥侧下导洞施工到结构分界里程线后，后退施作条形基础。先施作下导洞内条形基础，然后在导洞内人工挖孔施作围护边桩，边桩桩径为 0.8 m，间距 1.2 m，桩身混凝土为 C30 混凝土。边桩施工采用人工挖孔方式、按照跳 3 挖 1 的施工顺序进行。黏土层开挖进尺设为 0.75 m，卵石层开挖进尺设为 0.5 m。浇筑冠梁。用 C20 混凝土回填边桩外侧与导洞间的空隙。在中下导洞中施作底板防水层，施作中间立柱下底纵梁，并预留钢筋接头。

第三步，在中导洞中，进行人工挖孔、回填灰土等；上部中导洞内施作顶纵梁，回填中导洞内顶纵梁背后空隙；主体部分断面拱部采用大管棚＋小导管超前支护，开挖并施作永久及临时支护。在土体开挖支护时，应相互拉开一定距离，间距不小于 10 m。

第四步，当主体顶拱初支达到设计强度后，拆除车站主体范围内导洞的格栅，局部铺设拱部防水层，浇筑拱部二衬。

第五步，拆除永久结构断面范围内剩余的导洞结构，向下开挖土体至第一道支撑下 0.5 m，架设第一道钢支撑。

第六步，继续向下开挖土体至车站中板下 0.5 m，及时施工站厅板及边墙并预留边墙钢筋；等中板达到设计强度后拆除第一道钢支撑，铺设边墙防水层并浇筑侧墙结构使站厅层封闭成环。

第七步，继续开挖土体到基底标高下 0.5 m，及时加设临时支撑并在近桥桩侧进行桩间补充注浆；拆除车站主体范围内剩余下导洞结构，桩间喷射 C20 混凝土，施作底板垫层，在垫层内预埋工字钢支撑。

第八步，铺设底板及边墙防水层，施作底板及侧墙结构，预留侧墙钢筋。

第九步，待侧墙及底板达到设计强度后，换撑并拆除第三道钢支撑，施作剩余侧墙结构，主体结构封闭成环。

二、洞桩法施作花园桥站地层结构模型计算分析

（一）计算模型及地层参数

这里采用 FLAC3D 和地层分析法进行数值分析计算。模型纵向取 40 m 计算，即桥两侧各延伸 9 m；高度取地面以下 50 m，对除顶面外其余五面进行法向约束。模型如图 5-18、图 5-19 所示。

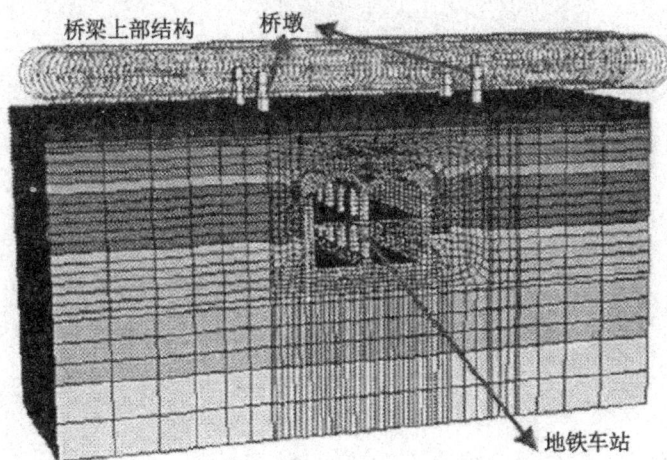

图 5-18　计算模型图

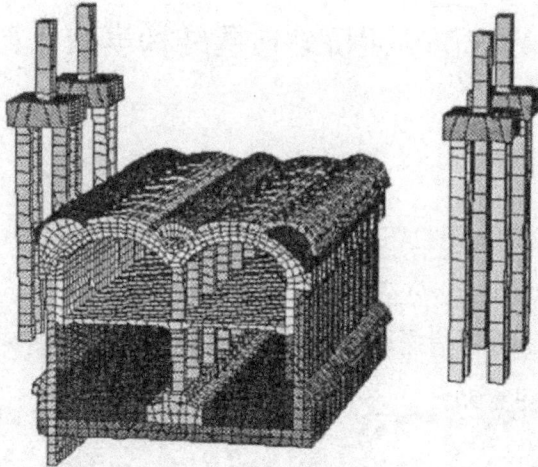

图 5-19　车站与桥桩网格模型

（二）模拟方法及结构参数

该桥为单箱双室梁，桥梁上部结构采用 beam 单元模拟，通过截面特性编辑器可计算出梁的截面参数。

导洞开挖支护中的钢拱架采用 shell 结构单元模拟，根据抗压刚度相等的原则，将钢架的弹性模量折算到网喷混凝土衬砌的弹性模量中，计算方法如下：

$$E = E_0 + \frac{S_g \times E_g}{S_c} \tag{5-4}$$

式中，E 表示折算后喷混的弹性模量；E_0 表示原混凝土的弹性模量；S_g 表示钢拱架的截面积；E_g 表示钢材弹性模量；S_c 表示混凝土的截面积。

既有花园桥桥桩采用 pile 结构单元模拟，pile 单元在其节点处通过具有弹簧性能的 link 单元和周围土层连结，其具有一个切向弹簧（平行于桩身方向）和两个法向弹簧（垂直于桩身方向），通过设置切向弹簧参数和法向弹簧参数来达到桩土耦合效应（即桩土切向摩擦效应及桩土法向挤压效应）。

在该工法中，采用的是大管棚超前支护和小导管超前预注浆支护技术。预支护技术的主要作用是在开挖之前通过改良、加固洞周围岩或地层，以限制围岩或地层在洞室开挖过程中产生的位移。因此，在计算分析中，大管棚超前支护与小导管超前预注浆支护等在开挖面周围的隧道围岩中形成了 0.5～0.8 m 的环状加固圈，本次计算取 0.5 m 加固圈，计算采取摩尔库伦模型，其中黏聚力 c 为 75 kPa，内摩擦角 φ 为 50°。

在施工中，采用围护边桩的钻孔灌注桩围护结构虽然由单根桩组成，但它的受力形式与地下连续墙相近，因此可以通过二者抗弯刚度相等的特性，把钻孔灌注桩围护结构折算成一定厚度的地下连续墙来计算。

临时钢支撑采用 beam 单元来模拟，梁单元是通过它的几何形状、材料性质来定义的。本次计算不对临时支撑结构的稳定性进行分析，仅将梁单元设为各向同性的线弹性材料，没有破坏极限。

（三）计算分析内容及监测点布置

本次计算对洞桩法施作地铁车站时地表沉降和桥墩沉降以及桥桩变形进行分析，设置模型最下角为零点，Z 轴向上为正，纵向 Y 轴由南向北为正，横向 X 轴向右为正。

监测点布置与现场监测点布置位置一致：对 4 个桥墩中部进行测点布置，对地表横向布置 2 条侧线 DH1、DH2，每条侧线 20 个点；对地表纵向布置 3 条侧线，每条侧线 10 个点。如图 5-20、图 5-21 所示。

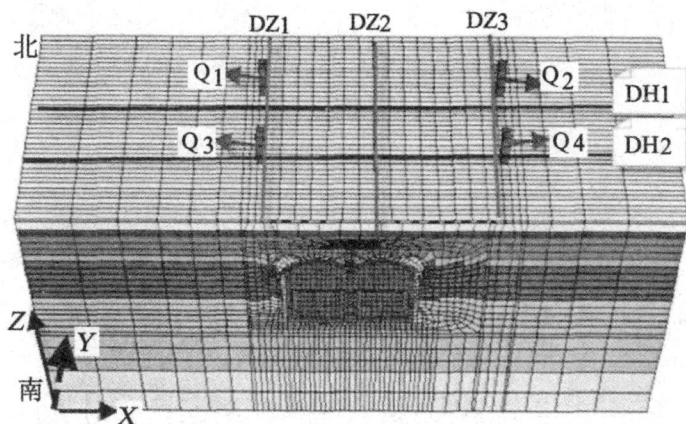

图 5-20　模型监测点布置示意图

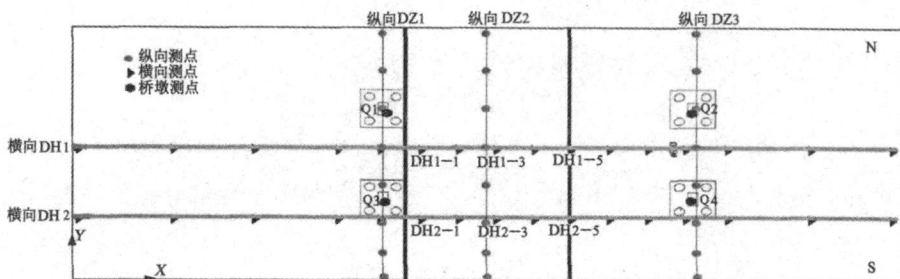

图 5-21　监测点布置平面图

通过对花园桥桥墩历史沉降和上移情况进行研究，可以发现：桥墩 Q1 最大沉降 2.5 mm，发生在导洞开挖阶段；最大上移 0.8 mm，发生在导洞开挖阶段。桥墩 Q2 最大沉降 2 mm，发生在车站主体开挖阶段；最大上移 0.5 mm，发生在导洞开挖阶段。桥墩 Q3 最大沉降 2.6 mm，发生在导洞开挖阶段；最大上移 0.8 mm，发生在主体开挖阶段。桥墩 Q4 最大沉降 1.6 mm，发生在车站主体开挖阶段；最大上移 0.5 m，发生在导洞开挖阶段。地铁车站的施工导致距离车站较远侧和较近侧桥墩都有一定程度沉降，其中较近侧桥墩沉降较大。

根据研究可知，车站施工导致 4 个桥墩都有一定程度的横向变形。

（四）洞桩法施工阶段分析及地表沉降分析

进行数值分析计算时首先计算出地层应力，然后模拟成桥阶段，成桥阶段沉降如图 5-22 所示。从图中可以看出，云图分布连续，桥桩沉降情况明显，说明模型网格划分合理，可以用于后来车站施工阶段的分析计算。

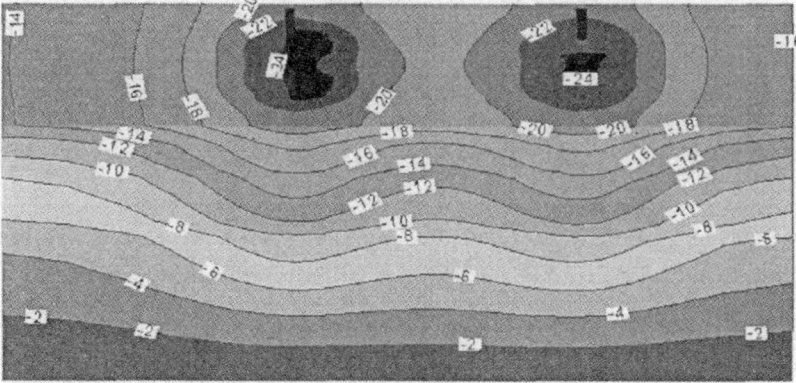

图 5-22　成桥阶段沉降三维云图（单位：mm）

洞桩法施工阶段按图 5-23 所示的施工工序进行模拟。

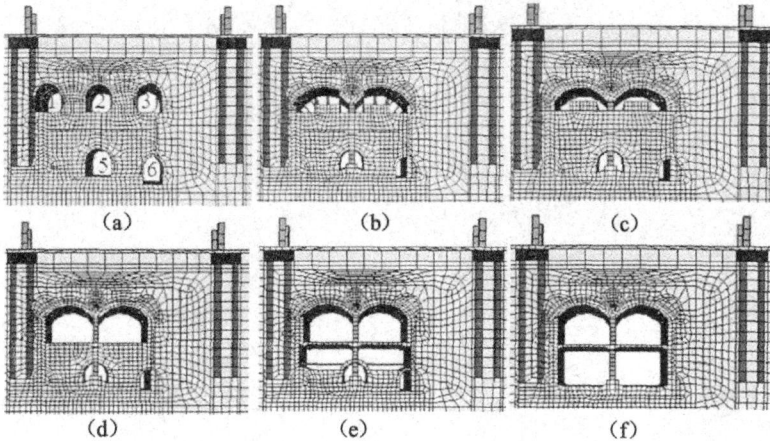

图 5-23　洞桩法施工阶段模拟工序

第一步，按照 6→5→3→1→2 的顺序开挖导洞，导洞纵向错开 10 m，导洞开挖步距为 1 m。

第二步，在下侧边导洞 6 内施作条形基础，下侧中导洞 5 内施作底纵梁；然后在小导洞 1 和 3 内一次性施工钻孔灌注桩，3 导洞的桩做到 6 导洞纵梁上，1 导洞的桩做到底板下 9 m。钻孔灌注桩采用地下连续墙来等效模拟。在中间导洞 2 内施作钢管柱，纵向间距 6 m。之后，在边导洞内架设钢架，钢架背后回填 C20 混凝土。采用超前预注浆加固地层，按步距 3 m 开挖站厅层，先开挖右侧，后开挖左侧，左右错开 10 m 距离，并立即施作初期拱顶支护。

第三步，按照隔一段拆一段的顺序拆除拱顶临时支撑，并及时浇筑拱部二衬，先施工左跨拱顶二衬，后施工右跨拱顶二衬。

第四步，向下开挖至站厅中板底设计标高，施作模板，浇筑站厅层侧墙、中板结构，中板施工按步距 2 m 进行整体施工模拟。

第五步，向下按步距 2 m 开挖，直到中板下 4.5 m，架设一道临时钢管支撑。

第六步，站台层侧墙施工前先拆除钢管横撑，然后浇筑混凝土结构，最后完成车站主体结构。

图 5-24 为洞桩法施工阶段模拟示意图及沉降云图，根据最不利影响，对其从以下 6 个特征阶段进行分析：

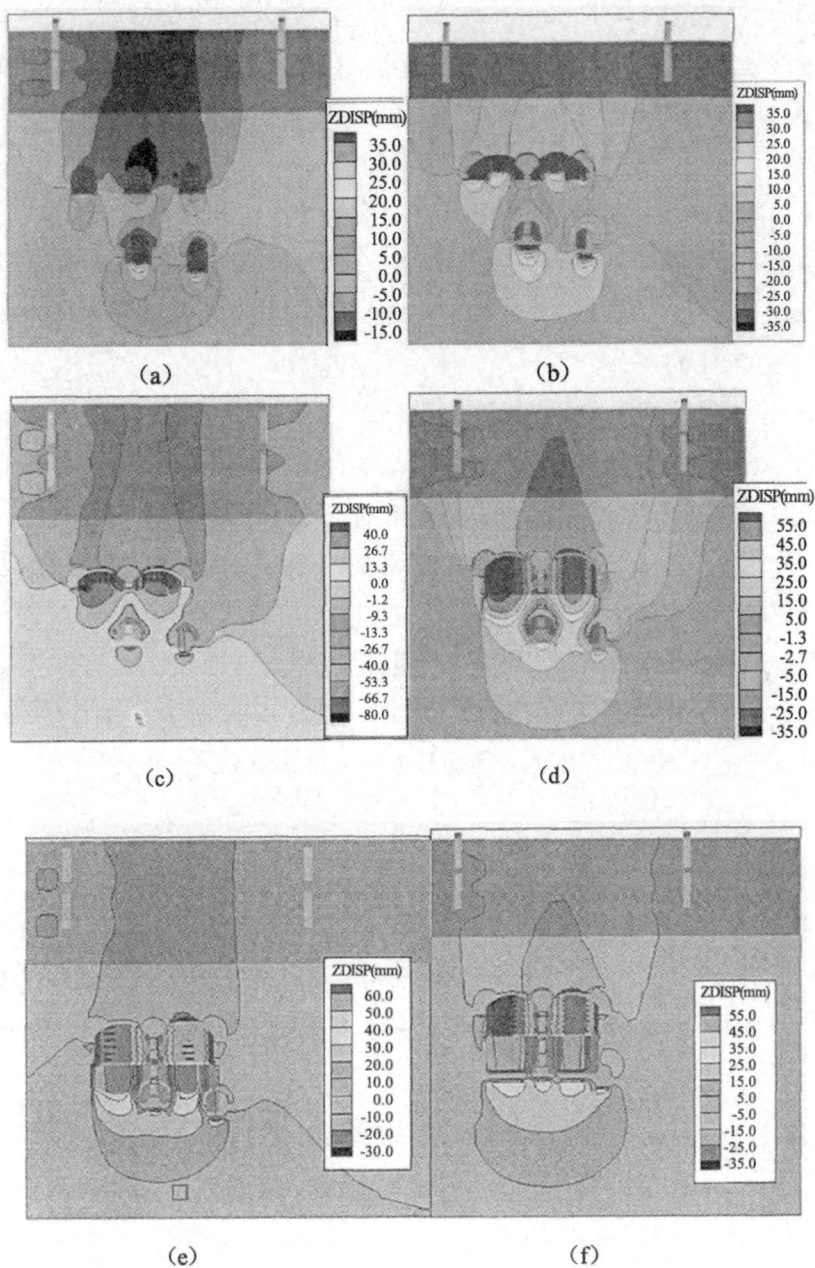

图 5-24　洞桩法施工阶段模拟示意图及沉降云图

第一，小导洞完成阶段：在小导洞开挖完成后，地表最大沉降量出现在车站中线处，为 22 mm。小导洞拱顶最大沉降量出现在上中导洞偏向中间部分达 29.5 mm，上边导洞沉降量约为 14 mm，小导洞拱底最大隆起量出现在中下洞约为 15 mm。

第二，边桩、中柱及纵梁施工阶段：边桩、中柱在施工完成后对地表沉降及其他地方的影响较小。在开挖车站顶部未施作拱部二衬前，地表最大沉降达到 23 mm。由于上部土方开挖卸荷，所以下导洞隆起量达到 20 mm，拱部局部沉降达到 30.8 mm。

第三，扣拱完成阶段：在拆除临时支撑、施作扣拱完成后，地面最大沉降达到 25 mm，土方卸荷导致站厅层开挖底部土体隆起 40 mm。

第四，车站一层开挖阶段：车站一层大面积开挖导致拱顶下沉达到 31 mm，地面沉降达到 26 mm。地面沉降发展较小，说明拱顶二衬起到了良好的支护作用。开挖底部最大隆起量为 40 mm。

第五，中板施作及车站二层开挖阶段：车站二层开挖导致底部隆起量达到 50 mm，导致地面沉降达到 28 mm，拱顶没有进一步下沉。

第六，主体结构完成阶段：最后开挖基本对其他地方没有影响。

（五）地层塑性区分析

图 5-25～图 5-28 所示为地铁施工阶段的塑性区分布。这几个图反映出随着地铁车站的施工，距离车站较近处桥桩底部会出现一定的塑性区域，表现为抗剪达到屈服，并且随着主体的开挖，塑性区域面积渐渐增大。综上可知，桩底土体的抗剪强度还是较低。

图 5-25　导洞完成后的塑性区分布

图 5-26　扣拱完成后的塑性区分布

图 5-27　车站一层开挖后的塑性区分布

图 5-28　车站主体完成后的塑性区分布

三、桥梁结构分析

（一）桥墩变形分析

地铁车站施工导致距离车站较近一侧的桥墩 Q3 沉降达到 2.8 mm，Q1 桥墩沉降达到 2.6 mm。桥墩的沉降主要集中在导洞开挖阶段，导洞开挖导致桥墩 Q3 沉降达到最大值。导洞开挖采取先下后上的顺序，上导洞开挖卸荷导致桥墩沉降减小，边桩、中柱及纵梁施工导致桥墩沉降进一步减小，地铁车站主体开挖导致桥墩进一步下沉，但 Q1、Q3 的桥桩底部进行了注浆加固，因此地铁车站主体的大面积开挖没有导致 Q1、Q3 沉降过大，反而导致距离车站较远一侧的桥墩 Q2、Q4 沉降加大。在主体结构施工完成后，Q2、Q4 沉降达到最大值。车站一层的施工导致桥墩有上移趋势，这是由于当车站一层施工时，开挖范围高于桥桩底部，此时桥桩表现为长桩，大面积卸荷导致桥桩上移，从而导致桥墩的原有沉降减小；当地铁车站二层施工时，开挖范围渐渐低于桥桩底端，此时桥桩表现为短桩性质，车站底部开挖导致桥桩向车站侧下倾，从而导致桥墩急剧下沉。

最不利于桥梁的情况就是发生不均匀沉降，因为各墩台的沉降差会直接导致桥梁上部结构裂缝呈现出发展状态。

车站施工导致桥梁变形可以分为三个阶段：

1.导洞开挖阶段

这一阶段桥墩会下沉。当下导洞开挖时，桥桩位于开挖区影响最大范围内，此时桥桩表现为短桩，桩底受扰动的敏感程度较大，开挖导致桥桩以较大的速率下沉，桥桩下沉带动桥墩整体下沉。上导洞在开挖前高于桩底，对桩底影响程度较小，但由于导洞上方没有较强的加固措施，上导洞开挖会对地表影响较大，所以地表沉降加大，从而导致桥墩进一步沉降，但沉降速率有所减小。

2.车站扣拱二衬施作及站厅层开挖阶段

这一阶段桥墩沉降减小，有上移趋势。在这一阶段，开挖区明显高于桩底很多，桥桩表现为长桩，开挖卸荷会导致桥桩向卸荷区有移动趋势。

3.主体结构完成阶段

这一阶段桥墩又有所下沉。在这一阶段，开挖区渐渐低于桩底，桥桩相对表现为短桩，大面积开挖卸荷对桥桩影响较大，但最后沉降会趋于稳定。

根据研究可知：距离地铁车站较近一侧的桥墩 Q1、Q3 倾斜程度较大，最后倾斜程度达到 0.5‰；距离地铁车站较远一侧的桥墩 Q2、Q4 倾斜程度较小，倾斜程度仅有 0.2‰。导洞开挖阶段对桥墩的倾斜程度较大，该阶段桥墩倾斜量占总倾斜量的 74%左右。当围护桩施工完成以后，桥墩倾斜程度的发展速度明显变慢。

（二）桥桩变形分析

根据相关数据可知，桥桩整体向地铁开挖侧斜下方偏移。

桥桩编号中 Q1 到 Q4 开头的代表桥墩 Q1 到 Q4 下方的桥桩，以 Q1 与 Q3 开头的为近桥桩，以 Q2、Q4 开头的为远桥桩，Q3-1、Q3-2、Q4-1、Q4-2 为前排桩，Q3-3、Q3-4、Q4-3、Q4-4 为后排桩。

1.桥桩竖向变形

根据分析可知，桥桩明显向地铁开挖侧偏移，在地铁车站施工完成后，桥桩整体变形 4.1 mm，而导洞开挖导致桥桩整体变形 3.71 mm，占总变形量的 90%左右。由此可知，导洞开挖是诱发桥桩变形的主要因素。出现这种现象的主要原因是在导洞开挖时桥桩周围没有采取有效的隔离措施，虽然围护桩起到了一定的隔离作用，但也隔断了导洞开挖区与周围土层的变形反应。

桥墩 Q1 与 Q3 下方的桥桩变形趋势基本一致，桥墩 Q2 与 Q4 下方的桥桩变形趋势基本一致，且桩顶沉降大于桩底沉降，桥桩 Q3-3 沉降最大。因此，下面对同一段面上的桥墩 Q3 与 Q4 的桥桩进行分析。

在导洞开挖阶段，桥桩会迅速下沉。扣拱完成阶段对桥桩的变形影响较小。在车站一层施作时，桥桩会有所上浮；车站二层的开挖又导致桥桩有所下沉。与车站等距离的桥桩变形幅度基本一致，桥桩 Q3-2 与 Q3-4 距离地铁车站最近，变形也最大，桥桩 Q3-1 与 Q3-3 次之；远侧桥桩 Q4-1 与 Q4-3 距离地铁车站最近，变形比桥桩 Q4-2 与 Q4-4 大。

车站施工对桥桩 Q3-2、Q3-4 的影响最大，导洞开挖导致桥桩 Q3-2 与 Q3-4 下沉 3.67 mm，而车站一层施工又使其沉降减小 1.8 mm 左右，车站二层施工又使其下沉 1.8 mm，这两根桥桩的变形幅度较大。

车站施工导致桥桩 Q3-1、Q3-3 沉降减小，导洞开挖导致桥桩 Q3-1 与 Q3-3 下沉 1.8 mm，而车站一层施工又使其沉降减小到 0 后又进一步上移 0.7 m 左右。可见，车站一层的大面积卸荷会使得桥桩有明显上移趋势。车站二层施工又使其下沉 0.6 mm。总之，这两根桥桩有上移趋势。

车站施工导致远桥桩 Q4-1、Q4-3 沉降较大。由于没有对此侧桥桩进行注浆保护，在导洞开挖阶段，桥桩 Q4-1 与 Q4-3 下沉 2.54 mm。车站一层施工又使桥桩 Q4-1 与 Q4-3 沉降减小 0.5 mm 左右，车站二层施工又使桥桩 Q4-1 与 Q4-3 下沉 1.1 mm，这是由较远侧桥桩没有注浆加固、车站二层大面积卸荷导致的。

车站施工导致桥桩 Q4-2、Q4-4 沉降略小，导洞开挖导致桥桩 Q4-2 与 Q4-4 下沉 1.27 mm，车站一层施工又使桥桩 Q4-2、Q4-4 沉降减小 0.45 mm 左右，车站二层施工又使桥桩 Q4-2、Q4-4 下沉 1.23 mm。

综上所述，地铁车站施工对近侧桥桩影响较大，整体表现为下沉，桥桩变形趋势基本与桥墩一致。其中，导洞开挖阶段桥桩的下沉量最大，扣拱阶段对桥桩变形影响较小。地铁车站一层开挖使桥桩有向开挖范围移动的趋势，近桥桩移动幅度比远桥桩的移动幅度大，还会使近桥桩的两排桩产生较大沉降差，最大沉降差约有 3.7 mm，这会导致近桥桩桥台产生明显的倾斜。

2.桥桩横向变形

根据相关数据可知，同一个墩台下的桥桩变形基本一致，近桥桩横向变形大，近桥桩的桩底横向变形大于桩顶横向变形，远桥桩的桩顶横向变形大于桩底横向变形。

桥桩横向变形是渐渐增大的，车站开挖对近桥桩的桩顶横向变形影响最大。地铁车站主体开挖对桥桩横向变形影响最大，而导洞开挖导致的横向变形较小。

离地铁车站较近侧的桥墩 Q1、Q3 下方的桥桩向车站开挖侧横向变形较大。桥墩 Q1 的桥桩 Q1-1 横向变形达到了 4.01 mm，桥桩的中部横向变形小，两端横向变形大。桥墩 Q3 的桥桩 Q3-1 横向变形达到了 4.13 mm。桥桩编号 1 和 2 为前侧即先开挖侧，不论桥墩 Q1 还是桥墩 Q3 下方都是 3、4 号桥桩比 1、2 号桥桩横向变形大。

离地铁车站较远侧的桥墩 Q2、Q4 下方的桥桩也产生了一定程度的横向变形，桩顶横向变形较大。桥墩 Q2 的后排桩 Q2-3 与 Q2-4 横向变形达到了 2.50 mm，比前排桩 Q2-1、Q2-2 横向变形大。桥墩 Q4 的后排桩 Q4-3 与 Q4-4 横向变形达到了 2.53 m，比前排桩横向变形大。

综合可知，车站开挖导致桥桩产生了较大的横向变形，近桥桩基本呈弓状变形，底部和顶部横向变形大，桩中部横向变形小。这会使桥桩产生一定的弯矩，桥桩受力从轴压变为偏压状态，该弯矩可能导致桥桩中部产生较大裂缝，极大地降低桥桩的承载能力。

3.桥桩受力分析

根据相关数据可知，随着地铁车站的施工，各桥桩的弯矩出现了较大的变化。在导洞开挖完成后，较远桩 Q3-1 与 Q3-3 的弯矩基本与桥桩的初始弯矩方向相反，随后桥墩 Q3-1 与 Q3-3 的弯矩慢慢增大，桥桩中部出现了较大的正弯矩，桥桩中部的拉应力会较大；较近桩 Q3-2 与 Q3-4 的弯矩基本与初始弯矩方向同向，随着导洞开挖而急剧增大，当达到车站完成后桥桩纵弯矩的 80% 左右后，改为渐渐增大，桥桩中部出现了较大的正弯矩。在一般情况下，桥墩 Q3-2 与 Q3-4 的弯矩最大，桥桩中部的正弯矩也最大。

距离地铁车站较远的桥墩 Q4 的各桩弯矩也随导洞开挖产生较大变化。其中，较近桩 Q4-1 与 Q4-3 的弯矩与桥桩的初始弯矩方向相反，桥桩中部有较大的正弯矩；较远桩 Q4-2 与 Q4-4 的弯矩与初始弯矩方向相比没有变化，桥桩中部累积了较大的正弯矩。随着地铁车站主体部分的开挖，桥桩的不利弯矩又渐渐减小，只是较近桩 Q4-1 与 Q4-3 桩底承受了较大的负弯矩。

此外，桥桩轴力变化不明显，基本没有变化。

总之，地铁车站的开挖会使某桥桩由初始的受拉区变为受压区、受压区变为受拉区，这对桥桩的受力极为不利。其中，导洞开挖会使弯矩产生较大变化，尤其是距离地铁车站较远桥墩下的桥桩桩顶会出现明显的内力突变，因此严格控制好导洞开挖对周围的影响是控制桥桩受力的关键。

（三）承台变形分析

根据相关数据可知，在施工的四个阶段，承台产生了不均匀沉降，离地铁车站较近的承台不均匀沉降较为明显。在导洞开挖阶段，桥墩 Q1、Q3 的承台最大沉降 3.78 mm，沉降差达 5.1 mm；在扣拱阶段，桥墩 Q1、Q3 的承台最大沉降 4.3 mm，沉降差达到 5.9 mm；在地铁车站一层开挖阶段，承台进一步沉降，达到 4.76 mm，沉降差达到 6.2 mm；在地铁车站施作完成后，承台沉降达到 4.87 mm，沉降差达到 6.9 mm。可见，导洞开挖对承台沉降影响很大。此外，靠近地铁车站承台的沉降差也不容忽视，这是由桥桩的不均匀沉降造成的；车站施工对较远的承台影响较小，但也会导致其产生一定程度的不均匀沉降，尤其在地铁车站主体开挖时较为明显，这主要是与地铁车站大面积卸荷有关。

四、桥梁保护

（一）桥桩保护

桩侧开挖会导致桥桩产生沉降、上浮、弯曲等不利于桥桩承载的现象。因此，做好桥桩保护是十分必要的。

常见的桥桩保护措施有注浆加固、复合锚杆桩隔离、桥桩补强或托换、掌子面超前加固等。

1.注浆加固

注浆加固常用于粉土、砂土、黏性土等地基的加固，一般用于防水堵水、提高地基土的刚度并控制地层沉降。

注浆加固有地面注浆加固、洞内注浆加固、超前帷幕注浆加固等方式。对于桥桩的注浆加固，在注浆时可从导洞内或地面预注浆，应优先选择地面注浆加固方式，当地面情况不允许时才考虑从导洞内注浆的加固方式。地面注浆是采用袖阀管对地面桩周围的土体进行加固保护。注浆，可以提高地基的承载能力、增强土体的抗剪强度，从而防止开挖区周围土体产生松动，减少对近邻桩基的影响。洞内注浆是在开挖导洞后在导洞侧壁使用注浆锚管向周围土体进行注浆加固。超前帷幕注浆是采用新意法，在开挖导洞内注浆，通过一定直径的喷嘴将一定量的水泥混合物以较高压力注入要改良的地层中，借助喷射浆液的冲击作用使地层破裂，从而达到加固压实地层的目的。

注浆的方法主要有渗透注浆、劈裂注浆、压密注浆、化学注浆等。渗透注浆一般用于中砂以上和有裂隙的岩石中，对于砂卵石，一般要用超细水泥。劈裂注浆是将浆液以一定压力喷射到注浆点周围的土体中，靠冲击力使地层产生劈裂，然后凝结形成脉状或条带状固结体，浆液和土体一起构成复合地基，从而起到加固土体的作用。压密注浆是利用浆体的冲击扩散能力对注浆周围土体进行挤密压缩。化学注浆是利用电流向土层中灌入硅酸盐浆液，浆液在注浆通道中凝结，并与土粒胶结成有强度的加固土层。

注浆加固的重点在于加固桩底土体，提高桩端承载力。因此，浆液要具有不黏、流动性好、能够进入细小缝隙和粉细砂层、浆液凝固时间短、质量稳定性好、固化时不收缩等特点；此外，浆液结晶后要有较高的强度、防水性和轻微的膨胀性。注浆浆液主要有普通水泥单液浆、纯水泥浆以及水泥水玻璃浆等。

在北京地铁的浅埋暗挖法施工中，为保证开挖面的稳定，小断面的区间开挖和部分大断面的车站开挖，往往采用超前小导管注浆。深孔注浆用得不多，主要是由于深孔注浆的注浆压力不易控制，容易影响周边地区。

2.复合锚杆桩隔离

复合锚杆桩隔离是利用锚杆注浆原理的基础保护措施。由钢筋和灌桩材料组成的桩体是复合锚杆桩的原型，以前多用于地基软弱、地基承载力不足的工程中，用来加强地基的承载能力。

复合锚杆桩曾应用于北京地铁 1 号线和 10 号线换乘站下穿桥梁的工程中。复合锚杆桩属于微型桩，直径一般仅有 150 mm。在使用钻机成孔后，将锚杆置于孔内，并兼做深孔注浆，对孔内进行注浆改善地层，通过三次注浆，形成了较原始地层刚度大的小直径桩体，即复合锚杆桩。注浆液体渗入地层，与原地层结合后可有效提高地层土体的刚度，尤其是在砂层、卵石层等松散性较大的、注浆性较强的地层中，这一做法的效果更加明显。

复合锚杆桩的主要作用如下：能有效将开挖部分与邻近的既有结构隔离开；有助于深孔压浆，能够增强土体强度，尤其是抗剪强度；可与地基土产生复合地基效应，与地基土共同承担荷载；利用其打桩对原有结构不会造成很大影响。

3.桥桩补强或托换

桥桩自身的处理包括桥桩补强或托换，桥桩补强就是在原桥桩的周围补做挖孔灌注桩或采用旋喷桩，并扩大原承台与增补桩的连接，以此来提高桥桩的承载能力。如果桥桩破损严重，已不能继续使用，就要在旧桩旁边施作新桩，让新桩代替旧桩承受上部荷载。

桥桩托换技术的核心在于新旧桥桩之间的承受荷载的转换。目前，国内的桥桩托换技术主要有主动托换技术和被动托换技术，主动托换技术就是从地面进行桥桩托换，将暗挖隧洞旁边的桩与桥梁上部结构分离，可用顶升技术将上部结构顶起，然后在隧道影响范围外进行补桩。被动托换技术是在卸载桥桩的过程中，依靠托换结构变形将上部结构移到新桥桩上，上部结构被动性较大，变形难以控制。

4.掌子面超前加固

用掌子面超前加固对桥桩进行保护时，要把地层看作施工材料。地层在隧道施工中发挥着重要的作用，因此要尽量不扰动地层，高度重视隧道超前加固措施。超前核心土的强度及变形是所有隧道变形的真正原因，相关人员可通过对超前核心土进行保护，提高其强度，从而控制超前核心土的变形，并最终控制周边环境的变形。

下面，笔者以玻璃纤维锚管加固掌子面为例对掌子面超前加固进行论述：

玻璃纤维是以不饱和树脂为基本材料、以玻璃纤维为增强材料复合而成的，玻璃纤维锚管是玻璃纤维的一种成品化应用。

玻璃纤维锚管有以下主要特点：第一，易破除。在隧道工程采用玻璃纤维锚管注浆加固地层后，开挖机械可直接开挖破除通过，不损坏刀具，可全断面开挖，加快工期并保护机械。第二，玻璃纤维锚管锚固段较长，采用全长锚固，锚固后注浆。利用玻璃纤维锚管可更好地进行分段注浆，从而加固周围土层。第三，抗拉强度高、重量轻，抗拉强度可达到钢筋的 1.5 倍。第四，造价低。

玻璃纤维锚管加固掌子面是先在掌子面进行干钻，待钻孔近似平行于隧道轴线并均匀分布在掌子面上时，确认其长度大于隧道直径，将特殊的玻璃纤维锚管插入孔内并立即注入水泥浆。在隧道掘进后，要通过监测读取掌子面挤出变形量数据，一旦发现玻璃纤维锚管长度不足以确保洞室预约束时，就要另设一组玻璃纤维锚管。

玻璃纤维锚管具有抗拉强度高、抗剪强度低、脆性大等特点，在开挖时可直接挖断玻璃纤维锚管。玻璃纤维锚管所用材料是热固性聚酯树脂，加有 50%质量比的玻璃纤维，一般采用直径为 60 mm/40 mm、厚度为 10 mm 的管状加筋件。

钻孔的直径必须在能够保证后续加固和注浆作业前提下尽量小，钻孔后必须立即插入加筋件，然后尽快注浆，所注浆液在 48 h 后最低强度要大于 5 MPa。

在施工中必须实施系统的监控工作，要检查注浆质量、每根加筋件注浆量，且要用拉拔试验检查加筋件、灰浆与地层之间的黏结力。

国外一般采用玻璃纤维锚管全断面注浆加固结合机械预切槽等预支护技术进行全断面开挖，这种方法在保证安全的前提下，可有效缩短工期。

（二）桥梁上部结构保护

1.桥梁同步顶升

桥梁同步顶升是在隧道通过桥梁之前就采用顶升控制系统对桥体进行预支护，在桥墩附近设置临时支座，然后使用液压千斤顶对桥体进行同步顶升，保证桥梁纵各支点同步上升，从而实时控制桥梁上部结构的沉降值。桥梁同步顶升的优点是能够较为精确地控制桥梁上部结构的变形，一旦下部结构沉降超过限值，则千斤顶开始顶升，从而保证桥梁上部结构恢复到正常状态。在桥梁顶升过程中，桥梁上部结构的附加内力和变形与顶升的高度有直接的关系。因此，控制好顶升力的大小和合理确定顶升的高度是做好桥梁同步顶升工作的关键。

花园桥的上部结构采用了同步顶升技术。例如，当靠近地铁车站的桥墩基础沉降超过控制的预警值时，就需要在盆式橡胶支座下的垫板下方加垫钢板，使梁体及盆式橡胶支座复位。

2.局部加固

为防止桥梁顶升过程中千斤顶出现误差，桥梁上部结构也要提前做好局部加固，主要加固方法有：

第一，增大截面法。该方法利用高强度材料将主梁失效的混凝土置换，恢复受损主梁截面。此方法主要用于主梁正截面承载力的恢复和斜截面抗剪能力的提高。

第二，粘贴钢板法。粘贴钢板法，就是在主梁底部直接涂胶粘贴钢板。钢板厚度不应大于 5 m，当其厚度大于 5 m 时，应采用压力注胶粘贴。花园桥的上部结构局部加固就采用了此法。

在花园桥连续梁端箱梁底面粘贴钢板，为的是增加桥梁的极限承载力。

其中，边跨箱梁底粘贴 8 mm×150 mm×25 000 mm 的钢板带，中跨箱梁底粘贴 8 mm×150 mm×29 000 mm 的钢板带。由于粘贴的钢板带较长，为减少钢板带下垂引起的初始位移，设置了钢板压条，钢板压条的间距为 5 m。为消除钢板的初始变形，在钢板带端部应设置锚固设施，用紧固器对粘贴的钢板带施加一定的预拉力后，再将其固定在锚固设施上，最后拆除紧固器。另外，在花园桥站箱梁腹板部位抗剪承载力低的地方粘贴了 L 型钢板。

以上内容阐述了花园桥上部结构局部保护的各种措施，笔者主要得出以下结论：

第一，控制好开挖对地层的影响往往能够降低桥梁的变形程度，掌子面超前注浆对桥墩的沉降和水平变形以及地表的沉降都能起到较好的控制作用。

第二，开挖导洞前施作隔离桩能够有效控制桥墩沉降及水平变形。

第三，利用袖阀管进行地面注浆只能对柱身中部和下部进行注浆，无法抑制桩顶和承台向开挖部分移动的趋势，无法有效控制桥墩的横向变形。

第六章　超深盖挖逆作车站
结构设计及施工技术

第一节　超深盖挖逆作车站
结构设计

提高盖挖逆作车站结构的防水性能和耐久性能是目前基坑工程中亟待解决的关键技术难题，也是影响车站正常使用和后期维护保养的主要因素。因此，对超深盖挖逆作车站进行合理的结构设计具有重要意义。本节主要以合肥地铁大东门站为例，介绍超深盖挖逆作车站结构设计。

一、工程概况

合肥轨道交通大东门站为合肥地铁 1、2 号线的换乘站，因临近合肥古城门大东门而得名，其位于胜利路和长江东路交叉路口西侧，站台宽度为 14 m，两条线路斜交呈"T"形。受区间下穿南淝河、市政下穿隧道（长江东大街下穿隧道）等影响，车站埋深较大。其中 1 号线部分为地下四层，标准段基坑深约 31.7 m、宽约 23 m；2 号线部分为地下三层，标准段基坑深为 24.4 m、宽约 23 m。1、2 号线同期建设，总建筑面积为 35 020 m²，其中 1 号线总建筑面积为 17 005 m²，2 号线总建筑面积为 18 015 m²。

二、叠合墙和复合墙的选用

围护结构与内衬墙的结合方式有叠合墙和复合墙两种。目前，两种方案在国内地铁建设中均有应用，但争论较多。

一般来说，叠合墙车站的综合造价要稍低于复合墙车站，但其施工难度较大，施工质量不易保证，薄弱环节较多，具体表现如下：

第一，预留钢筋连接器难度较大。结构板钢筋对接难度大且连续墙接缝处无法预留钢筋连接器。

第二，边节点接缝漏水，易腐蚀钢筋。边墙裂缝多，易发生渗漏事故。例如，深圳地铁一期工程有几个站采用叠合墙方案，均存在不同程度的侧墙竖向渗水裂缝。

第三，后期堵水费用较高，维护成本高。

结合大东门站临河、地下水位高且具有承压性，含水层为粉砂层、透水性大等特点，本站选用复合墙结构，这样防水质量更有保障。同时，由于本站地下水有弱腐蚀性，如果采用叠合墙、地下连续墙作为永久结构，那么考虑耐久性要求，混凝土等级须提高，故造价比采用复合墙结构略高。通过综合比选，大东门站选择了复合墙结构。

三、顶板、中板与地下连续墙结合方式设计

传统盖挖逆作车站（复合墙结构）的顶板是直接简支在围护结构冠梁顶部的，在进行冠梁施工时须在基坑外部打设短桩或放坡开挖（周边条件允许时）。

但是，大东门站受寿春路下穿工程影响，顶板覆土局部达 5.3 m，在施工冠梁时局部开挖深度达 7.2 m，加之本站周边高层建筑多，环境复杂，变形控制严格，因此减小冠梁的开挖深度至关重要。此外，大东门站局部覆土厚度仅

约 1 m，抗浮不满足要求。基于以上内容，相关人员提出了将地下连续墙顶设置在地面附近，同时在顶板上方的地下连续墙内增设压顶梁，在地下连续墙施工时预留顶板的凹槽，并在凹槽内预埋钢板等措施，以解决局部受压问题。

地下四层车站侧墙顶部所受的拉力将是地下两层车站的 3 倍，弯矩也远大于地下两层车站，仅靠增加配筋很难解决施工阶段拉弯受力问题。在方案研究过程中，相关人员讨论过以下两个方案：

方案一：在侧墙中增加预应力钢筋或钢绞线。该方案的缺点是施工复杂，工艺要求高，难于控制，难以保障质量。

方案二：在两侧的边跨中增加临时型钢柱及桩基。该方案的缺点是造价高，立柱多，影响施工，且侧墙受力仍较大，侧墙顶部配筋密集。

为了达到更好的效果，合肥地铁大东门站项目部提出了利用地下连续墙混凝土保护层（70 mm 厚）预留楼板凹槽的做法。而且为了确保凹槽的质量，使局部受压满足要求，在凹槽上下方分别设置了 70 mm×70 mm 的角钢，并要求在绑扎钢筋笼时用泡沫板或方木临时填充该凹槽，方便后期凿除。由于楼板可以插入凹槽，该方案同时解决了侧墙接出入口、风道开口部位侧墙受力的问题。此外，在设计时，还应预留 100 mm 的施工误差。实践证明，在进行精细化施工时，该方案是可行的。

四、钢管柱与梁接口部位细部设计

钢筋混凝土梁与钢管柱的受力连接是盖挖逆作车站结构设计的重点，特别是中板梁的设置，其与建筑布置息息相关。

钢管柱与梁的连接方式主要有双梁、鱼腹梁和单梁三种。

双梁指在钢管柱两侧各设计一根独立的梁来承担两侧楼板的荷载。此种做法传力明确，梁的钢筋直接从钢管柱两侧通过，结构布置简单；但是对车站建筑的布置影响很大，车站的楼梯、扶梯宽度受限，对车站管线的综合布置影响也很大。

鱼腹梁指在两个钢管柱之间设置单梁，当遇钢管柱时，将梁分成两个从钢管柱两侧绕过去。此种做法在地面建筑中应用较多，因为地面建筑钢管柱直径一般较小，且梁受力较小，梁内钢筋方便弯曲。地铁车站的钢管柱一般较大，梁从两侧绕过很困难，且钢筋直径较大、弯曲难度大，且此种做法对建筑的布置也有较大的影响。

单梁指结构梁与钢管柱同轴线设计，梁比柱宽，梁遇钢管柱时宽度不变，类似于钢管柱在梁上穿孔。此种做法的梁柱节点处理复杂，但对车站建筑的布置影响较小，因此在地铁车站设计中被广泛采用。

钢管柱与梁接口部位的处理方法有以下几种：

第一，梁的钢筋主要集中于梁的两侧，钢筋在遇钢管柱时局部弯曲可通过。当钢管柱直径较大时此做法施工困难。此外，当运用此方法时，梁内钢筋分布不均匀，受力不好。

第二，在钢管柱周围设计一根环形梁（钢管柱牛腿托住环形梁），梁被钢管柱截断的钢筋直接锚入环梁内。此做法的缺点是施工麻烦，节点部位钢筋密实，施工难度较高。

大东门站钢管柱与梁接口部位的处理方法是：在加工钢管柱时在钢管柱外套一个环板，将环板与钢管柱点焊固定，使其在施工过程中不滑移，将被钢管柱截断的钢筋直接焊接在环板上，通过环板传递钢筋应力，满足受力要求。此做法简单、方便、可靠。

第二节　超深盖挖逆作车站结构施工技术

本节仍然以合肥地铁大东门站为例，介绍超深盖挖逆作车站的结构施工技术。

一、梁板与地下连续墙榫槽连接施工技术

为了满足超深盖挖逆作车站抗浮要求以及结构梁板与地下连续墙的有效连接，合肥地铁大东门站项目部提出了榫槽连接施工技术，即在地下连续墙施工时，在各层楼板标高处预留榫接凹槽，并在榫接凹槽内预埋钢板，各层楼板通过榫槽与地下连续墙形成有效连接，保证整体受力。

（一）地下连续墙施工

由于本车站结构采用复合墙形式，为了保证结构楼板与地下连续墙的有效传力，结构楼板与地下连续墙采用榫槽连接施工技术，即在地下连续墙施工时，在各层楼板标高处预留榫接凹槽，并在榫接凹槽内预埋钢板。为此，在制作地下连续墙的钢筋笼时，将预埋钢板焊接在相应标高（顶板和中板）的钢筋笼上。其中，顶板预埋 400 mm×16 mm 的钢板，中板预埋 70 mm×70 mm 的角钢。然后，在钢筋笼下方预留凹槽位置绑扎泡沫板，开挖至相应标高时凿除泡沫板，铺筑防水卷材，绑扎顶板或中板钢筋，浇筑混凝土。

（二）榫槽施工

榫槽施工是随着基坑开挖深度的增加而逐渐进行的，当开挖至凹槽所在标

高时，将泡沫板凿除。考虑到车站结构为复合墙，为了保证防水卷材的铺设效果，项目部利用水泥砂浆将地下连续墙找平，最后铺筑防水卷材，完成榫槽的施工。

（三）结构梁板施工

在榫槽施工完成之后，就可以进行结构梁板施工，主要包括钢筋笼的绑扎、模板支护及混凝土浇筑等工序。

二、逆作法车站梁板地模施工技术

在盖挖逆作施工时，各层板起到了围护结构内支撑的作用，如果按照先支钢模再浇筑混凝土的方案施工，每层板至少要超挖 2 m 才能有支模空间，不安全，且支模费用较高，施工周期也会延长。因此，可采用地模技术施工。

常规方案是在夯实的地基上抹水泥砂浆，然后刷脱模剂。但若采用这种方案，脱模剂可能会污染钢筋，且在脱模剂涂刷后，工人在上面施工容易破坏涂刷层。

为了提高结构梁板的表面施工质量，本工程提出了地板革地模施工技术，即利用地板革代替脱模剂。地模主要由 C20 细石混凝土（厚度控制为 10～20 cm）和地板革组成。

为了保证地模混凝土施工标高，在浇筑混凝土前应通过测量在横向、纵向每 2 m 位置插一根钢筋，并缠上有色胶布作为标高控制线。当地模混凝土达到强度要求后，在地模混凝土表面铺设地板革，确保主体结构与地模隔绝，能够保证土膜顺利脱落。

顶板与中板的地模施工步骤如下：第一，开挖至土模施工所需标高，人工找平；第二，采用横向分块浇筑 10 cm 的 C20 细石混凝土，整平，用靠尺精确抹平收光；第三，待混凝土达到一定强度后，采用 107 胶将地板革粘贴在混凝土表面。需要注意的是，地板革接缝应采用透明宽胶带再次连接，连接前应排空绝缘板与混凝土表面间的空气，确保密贴。

结构梁的地膜施工步骤如下：第一，根据车站设计轴线先开挖钢管柱梁、底梁土方，通过支立模板来保证梁边线位置准确；第二，浇筑混凝土至与梁边齐平，然后在梁体底面浇筑 10 cm 厚的 C20 细石混凝土；第三，在施工至设计标高后，再施工下反梁倒角斜面，待混凝土达到一定强度后对反梁倒角进行收面处理；第四，当混凝土强度达到施工要求后铺设地板革。

由于盖挖逆作的施工特性，边梁位置每次都会超挖 50 cm，可通过灌水密实的方法来确保边梁底强度。

三、板墙接缝节点施工技术

在采用逆作法施工的车站中，结构梁板与侧墙节点是施工控制的难点，常常会由于接缝处混凝土振捣不密实而影响结构的整体质量，并且可能成为地下水的渗漏通道，从而影响车站结构的耐久性。为此，本工程项目部提出了以下施工技术措施：

第一，楼板与侧墙接缝留在楼板倒角下 30 cm 位置，人工开挖土方，砌砖模并用砂浆抹面，坑底铺 15 cm 粗砂并铺满地板革，该部位钢筋的接头插入地板革下砂层内，与侧墙相接防水板甩槎留在地板革下面，且该处接茬面做成45°斜面，为下层侧墙混凝土浇筑提供方便。

第二，侧墙混凝土浇筑采用浇筑假牛腿及二次注浆工艺，在浇筑的侧墙上部设置特制的斜向模板，以保证假牛腿顶面高出施工缝 20 cm，在接缝处安装注浆管便于后期注浆。

第三，当侧墙混凝土强度达到 2.5 MPa 后，拆除接茬处的模板，人工凿除牛腿混凝土，混凝土凿至距侧墙边缘 2 cm 处，然后用同标号砂浆把剩余墙面抹平。在混凝土强度达到设计要求后，进行二次注浆。

此外，针对板墙接缝处二次注浆后存在的局部渗水点，采用机械注浆法通过注浆针头进行堵漏，能获得不错的效果。

四、侧墙混凝土施工技术

（一）模板安装与加固

侧墙模板使用钢管架与拉杆配合施工。其中，钢管架采用外径为 48 mm、壁厚为 3.5 mm 的钢管，按照 60 cm×75 cm×75 cm 的尺寸搭设钢管排架。模板采用竹胶板，模板支撑龙骨采用 10 cm×10 cm 的方木，龙骨竖向间距为 20 cm，横向间距为 75 cm。在结构底板或中板浇筑时，应沿模板受力的反方向预埋地锚钢筋，地锚钢筋的作用是抵抗浇筑侧墙混凝土对模板的水平推力和模板的上浮力。

为了保证钢管架的整体稳定性和模板的牢靠性，在模板安装好后须对模板进行加固。加固方法如下：将钢管架与预先埋好的锚筋使用拉筋与蝴蝶扣连接，在侧墙上部和下部均匀地设置两排拉杆，间距均为 75 cm，并在横向与纵向设置斜杆对支撑体系进行加固；横向斜杆支撑在临近钢管柱上，纵向斜杆支撑在下翻梁处；在临近模板位置使用可调支撑与横向龙骨连接，通过旋转支撑来调节模板垂直度。

在拆除过程中应严格遵循从上到下的拆模顺序，轻撬慢卸，严禁生拉硬拽，拆除下来的模板、方木应按照损坏程度分类堆放。严禁在混凝土未达到规定强度时擅自拆模。

（二）侧墙混凝土浇筑

在侧墙混凝土浇筑前，相关人员应对基底进行清理，并检查止水带及板下缝（水平）防水结构情况、渗透结晶防水材料、遇水膨胀止水胶和预埋注浆管。

侧墙混凝土浇筑采用输送泵，由已完成侧墙处向另一侧进行浇筑，竖向分层浇筑，层高为 80 cm。在浇筑顶板时，应在侧墙位置顶部埋设 15 mm 钢管作为后期侧墙浇筑施工时的混凝土入口和振捣孔，管间距 1 m。在浇筑负二层侧墙混凝土时，应在侧墙模板顶部设置槽口，槽口的位置高于施工缝 20 cm 左右；并对进料及振捣部位钢筋间距进行适当调整，以利于混凝土浇筑。当混凝土浇筑到槽口位置以后，相关人员须从顶部的槽口斜模位置进行浇筑和振捣，并通过人工挤压方法确保侧墙浇筑密实。

在浇筑侧墙混凝土时，相关人员要分层从浇筑孔灌入混凝土，每层高度不得超过 2 cm，以防止混凝土倾落高度过大而造成离析；要由有经验的操作人员采用高频插入式振捣器进行振捣，快插慢拔。为保证侧墙顶部浇筑质量，在浇筑过程中通过人工均匀敲击模板的方式对混凝土浇筑进行监督。待混凝土浇筑至顶部的时候，浇筑振捣须由专人现场指挥，要合理控制浇筑速度，并兼顾模板安全和混凝土浇筑质量。

侧墙混凝土强度高，自防水要求高，必须做好养护工作，防止混凝土产生裂缝。结合现场实际情况，侧墙顶部宜采用高压水枪人工控制喷淋，对混凝土进行养护。混凝土养护要由专人负责，根据现场情况，每 20～40 min 喷淋一次，使混凝土表面保持湿润。

参 考 文 献

[1] 安亚超，张胜龙，王文斌，等.城市轨道交通矩形减振隧道参数仿真研究 [J].铁道建筑，2022，62（7）：97-100.

[2] 安阳.城市轨道交通地下工程施工技术分析[J].城市建设理论研究(电子版)，2022（28）：73-75.

[3] 白晓岭.城市轨道交通软土地层盾构隧道沉降问题探讨[J].建筑技术开发，2021，48（9）：137-138.

[4] 北京建工集团有限责任公司.建筑分项工程施工工艺标准（上）[M].3版.北京：中国建筑工业出版社，2008.

[5] 柴全成.城市轨道交通隧道施工中的软土地层处理技术[J].品牌与标准化，2023（6）：102-104.

[6] 陈欢.盾构隧道上方基坑施工关键技术[J].现代城市轨道交通，2022（7）：60-65.

[7] 陈克济.地铁工程施工技术[M].北京：中国铁道出版社，2014.

[8] 戴志仁，王俊，胡瑞青.城市轨道交通大直径盾构隧道若干关键技术[J].铁道工程学报，2021，38（6）：75-81.

[9] 邓克涛.城市轨道交通安全风险评估理论与实践[M].北京：北京工业大学出版社，2019.

[10] 樊超.城市轨道交通工程施工技术要点和管理[J].城市建设理论研究(电子版)，2023（18）：178-180.

[11] 宫寅.城市轨道交通盾构隧道内3种典型减振轨道性能比较[J].铁道勘察，2023，49（2）：131-136.

[12] 龚文棋.城市轨道交通隧道盾构施工关键技术研究[J].运输经理世界，

2022（17）：7-10.

[13] 苟红松，刘伊江，高慧翔.城市轨道交通隧道环境模拟软件开发研究[J].暖通空调，2022，52（S2）：118-121.

[14] 顾志敏，吴哲.城市轨道交通盾构隧道变形超限的壁后注浆加固治理技术[J].城市轨道交通研究，2022，25（5）：61-65.

[15] 胡伟东.城市轨道交通隧道掘进过程中的水压爆破施工技术[J].城市道桥与防洪，2020（1）：121-123.

[16] 黄俪.城市轨道交通全自动运行线路隧道区间水灾及外部入侵安全监测技术[J].城市轨道交通研究，2023，26（2）：137-140，145.

[17] 贾璐，温法庆，李亚军.南昌地区复合地层盾构施工技术探索与创新[M].武汉：武汉大学出版社，2017.

[18] 姜文星，胡新朋，余鲸，等.大盾构隧道内部结构预制构件设计与施工技术研究[J].现代城市轨道交通，2022（9）：57-62.

[19] 李保虎.城市轨道交通盾构法隧道施工工艺研究[J].工程建设与设计，2022（2）：124-126.

[20] 李迎春.城市轨道交通盾构隧道管片缺陷分析及修补技术研究[J].江苏建筑，2021（4）：63-66.

[21] 李志军，李宇江，黄永生，等.城市轨道交通工程硬岩双护盾TBM隧道修建关键技术[M].北京：人民交通出版社，2018.

[22] 连正，申玉生，资晓鱼，等.圆砾地层深大基坑施工降水设计及应用研究[J].都市快轨交通，2021，34（2）：104-110.

[23] 梁正才.城市轨道交通区间隧道存在的问题及维护策略研究[J].城市轨道交通研究，2022，25（12）：283-284.

[24] 廖全明.论述基坑支护结构的设计原则和分类类型[J].四川建材，2006，32（2）：182-183.

[25] 林佳晨.城市轨道交通隧道工程BIM参数化建模研究方法[J].绿色建筑，2023，15（1）：10-12.

[26] 林希豪,刘远明,张凯锋,等.溶洞对城市轨道交通区间隧道安全影响[J].中国水运,2023(1):147-148.

[27] 马冉.基坑支护结构的类型及动态可靠性研究[J].中国新技术新产品,2011(5):153.

[28] 孟刚,樊想,李树强,等.城市轨道交通明挖隧道开挖技术[J].建筑技术开发,2022,49(4):96-99.

[29] 念冬.城市轨道交通盾构法隧道施工新技术及应用[J].中国高新科技,2021(14):96-97.

[30] 牛文,黄日生,刘红伟.盾构隧道施工技术与管理研究[M].天津:天津科学技术出版社,2021.

[31] 齐明明.城市轨道交通暗挖隧道下穿建筑物安全施工技术研究[J].中国设备工程,2021(22):250-251.

[32] 申玉生,陈先智,卢治仁,等.富水圆砾地层地铁车站超深基坑施工关键技术[M].北京:中国铁道出版社,2019.

[33] 舒文军.城市轨道交通暗挖隧道错相减震爆破技术研究[J].价值工程,2022,41(12):99-102.

[34] 司玉迪.城市轨道交通隧道双护盾 TBM 过站施工技术[J].隧道建设（中英文）,2019,39(Z1):411-419.

[35] 孙福双.城市轨道交通盾构法隧道施工技术分析[J].工程技术研究,2021,6(12):98-99.

[36] 孙延伟,刘杰.盾构机掘进姿态精确控制技术[J].广东建材,2008(7):228-230.

[37] 孙玉永.复杂环境下异型深大基坑盖挖逆作综合技术研究及应用[M].合肥:合肥工业大学出版社,2019.

[38] 覃潇潇.城市轨道交通隧道盾构施工技术特点分析与应用[J].工程机械与维修,2022(2):218-220.

[39] 汪福源.城市轨道交通盾构法施工监测分析[J].智能建筑与智慧城市,

2021（10）：166-167.

[40] 王高琛，郑文玺，曹宏宇，等. 城市轨道交通全自动运行地下车辆基地设计研究与实践[J]. 现代城市轨道交通，2023（9）：6-12.

[41] 王申侠. 地铁围护结构设计概论[J]. 山西建筑，2008，34（17）：111-113.

[42] 王玮. 城市轨道交通运营线路设备安装施工[J]. 中华建设，2021（19）：146-147.

[43] 王颖苗. 城市轨道交通暗挖隧道施工安全的探讨[J]. 铁路节能环保与安全卫生，2022，12（2）：57-60.

[44] 温森，张明旭，周义，等. 城市轨道交通双线叠交盾构隧道合理竖向净距研究[J]. 城市轨道交通研究，2023，26（6）：68-72.

[45] 吴川，滕东华，汤春燕. 城市轨道交通特种设备双重安全预防机制应用管理系统[J]. 城市轨道交通研究，2021，24（S1）：188-190，196.

[46] 吴发展，刘道炎. 城市地铁穿越岩溶地段盾构掘进技术[J]. 青海交通科技，2022，34（4）：152-158.

[47] 吴其玉，张章，于小军. 城市轨道交通新技术及安全管理[M]. 北京：中国石化出版社，2021.

[48] 吴璇. 城市轨道交通车站环境与设备监控系统分析[J]. 南方农机，2021，52（7）：162-163，172.

[49] 谢耀春. 城市轨道交通盾构法监测探讨[J]. 低碳世界，2021，11（3）：219-220.

[50] 辛振兴，孟继来. 城市轨道交通地下区间排水系统设计分析[J]. 河南科技，2021，40（14）：95-97.

[51] 薛锋，朱志国，陈钉均. 城市轨道交通新技术[M]. 成都：西南交通大学出版社，2016.

[52] 姚文康. 城市轨道交通盾构隧道疏散路径研究[J]. 中国高新科技，2022（12）：73-77.

[53] 余振，欧志新. 城市轨道交通概论[M]. 成都：西南交通大学出版社，2014.

[54] 袁玮琳.地铁盾构施工对邻近桥梁桩基的影响及防护研究[J].工程机械与维修，2021（6）：126-128.

[55] 曾晓军.深基坑支护结构的选型[J].城市建设与商业网点，2009（18）：78-79.

[56] 张冰，于景臣，刘巧静，等.城市轨道交通工程施工[M].北京：中国铁道出版社，2014.

[57] 张泉艳，刘建强，周勇.城市轨道交通规划设计与建设管理[M].北京：中国石化出版社，2021.

[58] 张生.城市轨道交通建设期间交通疏解问题与技术研究[J].现代城市轨道交通，2022（10）：99-104.

[59] 赵根键.城市轨道交通电缆线路隧道施工技术研究与应用[J].科技资讯，2022，20（15）：98-102.

[60] 钟伟超.城市轨道交通隧道盾构施工技术特点分析与应用[J].科技创新与应用，2023，13（4）：178-181.

[61] 周捷，邹光炯，彭辉.轨道交通大断面深埋隧道施工工法：扩大拱脚台阶法[J].都市快轨交通，2023，36（3）：117-123.

[62] 周振平，李红梅.基坑支护结构类型浅析[J].西部大开发（中旬刊），2011（1）：74，91.

[63] 朱玉娇.城市道路隧道与轨道交通合建穿湖通道方案分析[J].隧道与轨道交通，2022（2）：69-73，82.